21世纪高等院校应用型经管规划教材

服务营销管理

（第4版）

Management of Services Marketing

陈祝平　郭　强　王文怡◎编著

電子工業出版社
Publishing House of Electronics Industry
北京·BEIJING

图书在版编目（CIP）数据

服务营销管理 / 陈祝平，郭强，王文怡编著. —4 版. —北京：电子工业出版社，2017.7
21 世纪高等院校应用型经管规划教材
ISBN 978-7-121-31730-9

Ⅰ. ①服… Ⅱ. ①陈… ②郭… ③王… Ⅲ. ①服务营销－营销管理－高等学校－教材
Ⅳ. ①F719.0

中国版本图书馆 CIP 数据核字(2017)第 120998 号

策划编辑：刘露明
责任编辑：刘淑敏
印　　刷：北京盛通商印快线网络科技有限公司
装　　订：北京盛通商印快线网络科技有限公司
出版发行：电子工业出版社
　　　　　北京市海淀区万寿路 173 信箱　邮编 100036
开　　本：787×1092　1/16　印张：12.75　字数：295 千字
版　　次：2002 年 11 月第 1 版
　　　　　2017 年 7 月第 4 版
印　　次：2023 年 1 月第 8 次印刷
定　　价：42.00 元

凡所购买电子工业出版社图书有缺损问题，请向购买书店调换。若书店售缺，请与本社发行部联系，联系及邮购电话：（010）88254888，88258888。
质量投诉请发邮件至 zlts@phei.com.cn，盗版侵权举报请发邮件至 dbqq@phei. com.cn。
本书咨询联系方式：（010）88254199，sjb@phei.com.cn。

前 言

近十几年来，国内外服务营销研究的热点主要是服务创新、服务感知质量、服务接触、服务体验、关系营销、内部营销、网络营销、全球化服务营销、服务利润链、服务质量的财务分析和行为心理分析、服务营销与服务生产率、服务营销的道德问题、服务失误和补救、个性化服务、顾客关系管理、员工满意与顾客满意的关系、服务中的C2C关系和顾客兼容性等。本教材作者在教育部人文社科基金的帮助下完成了有关服务创新的特点及服务创新政策的研究，并对前几年在香港王宽诚教育基金的资助下研究的“基于服务特性的服务营销模型”这一成果进行了深化，在教材中通过相关链接和案例讨论等内容来反映这些研究热点和成果。

本教材自2002年初版以来，多次再版，受到学界和业界的关注，被许多高校选为教材并被中国市场学会选为中国市场总监业务资格考试指定教材。

据营销学者（左仁淑和夏长清等）介绍，目前国内服务营销教材从内容体系设计上可以分为“服务特性说”（以陈祝平为代表）、“服务质量说”（以汪纯孝为代表）、“顾客满意说”（以曹礼和为代表）、“综合管理说”（以郭国庆、叶万春和吴晓云等为代表）4 类。本教材从框架体系上来说基本属于“服务质量说”，但全面融入了“服务特性说”体系的内容，是“服务质量说”与“服务特性说”体系的整合。本教材有关服务质量的基本立意是“顾客满意的服务质量”，是顾客对服务质量的感知与期望的一致，因此也融入了“顾客满意说”的思想内容。另外，本教材也用一定篇幅介绍了“综合管理说”所依据的服务营销7P要素组合，进一步增强了本教材对国内服务营销教材内容的整合性。

本教材此次修订的基本框架不变，仍然采用赞瑟姆（Valarie A. Zeithamal）、贝利（Leonard L. Berry）和帕拉休拉曼（A.Parasuraman）的“服务质量5差距模型”（The 5-Gap Model of Service Quality）并全面融入本教材作者原创的“基于服务特性的服务营销8维度模型”的内容。根据这个框架，服务营销总的目的是让消费者对服务质量的感知符合他们对服务质量的期望（第2章），从而让消费者满意。为实现这个目的，服务营销有4个依次衔接的内容。

第一，服务营销要了解消费者对服务质量的期望（第2篇），包括进行服务调研（第3章）、建立与消费者的服务关系和进行市场细分等（第4章）。

第二，服务营销要根据消费者对服务质量的期望制定服务质量标准和服务理念规范（第5章），当消费者的期望有变化时，进行服务创新、建立服务特色和进行服务的知识营销、文化营销等（第 6 章）。

第三，服务营销要按照服务质量标准对服务过程和实绩进行管理（第 4 篇），包括对服务人员的服务技能化、服务专业化及服务内部营销（第 7 章），服务中间商渠道和服务网络渠道（第 8 章），以服务对象即顾客为中心的个性化服务、自助化服务及服务互动营销（第 9 章），服务时间、地点和价格的调节（第 10 章），服务的时间效率、空间效率和服务合作营销（第 11 章）进行管理。

第四，服务营销要对消费者进行服务质量的承诺及管理，包括对服务广告促销承诺、服务品牌承诺和服务有形提示（服务环境）承诺等进行管理（第 5 篇、第 12 章）。

此外，本次修订由西南交通大学郭强与王文怡完成，并得到了舒云菲、苟莉佳、张婷在资料收集等方面的协助。新版主要是对前版的查旧添新、修漏补遗。结合学科发展和教学改革的方向，对正文细节内容进行了调整和精简，对文中具有时效性的内容进行了系统更新；结合教材内容和时事热点，对章后习题进行了更新，丰富了章尾习题形式；添加了“本章学习导航”、“关键词解析”、“前沿话题”三个特色栏目，引导读者对章节脉络进行系统把控，方便对关键知识的记忆和回顾，拓宽教材内容的视野。

本教材在修订过程中参考了大量资料，在此向所有资料的提供者表示感谢。

目　录

第 1 篇

导　论

第 1 章

服务业

本章学习导航

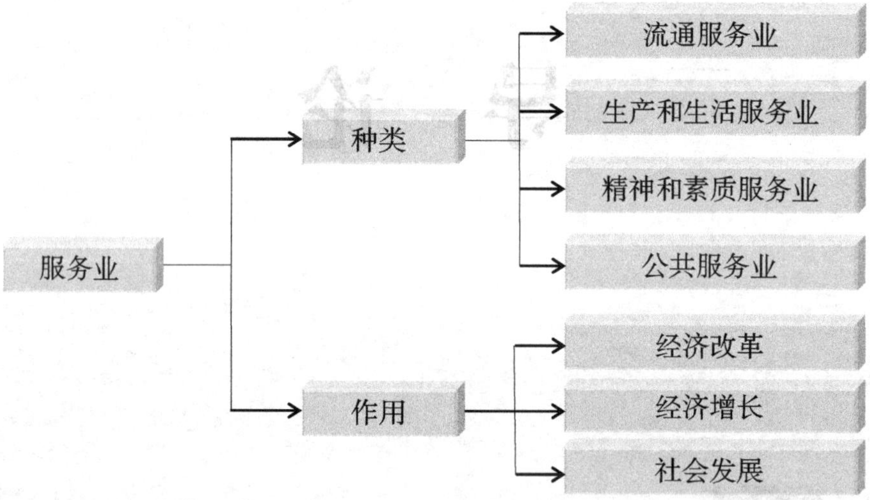

本章学习目标

- 了解服务业的概念及分类；
- 了解服务业与营销的关系；
- 掌握各种服务业的构成和特点；
- 掌握服务业的作用；
- 能够应用本章知识进行现象和案例分析。

服务市场营销或服务营销（Services Marketing）是服务业市场营销的简称。研究服务营销管理，首先要了解服务业。本章介绍服务业的种类，分析各类服务业的特点并研究服务业对经济改革、经济增长和社会发展的作用，为服务营销管理提供一个产业经济的背景。

1.1　服务业的种类

服务业又称第三产业或第三次产业，是指专门生产和销售服务的产业，它的范围包括除第一、第二产业（制造业）以外的产业，如交通运输、仓储、邮政、信息传输、计算机服务和软件、批发和零售、住宿和餐饮、金融业、房地产业、租赁和商务服务业、科学研究、技术服务、地质勘察、水利、环境和公共设施管理、居民服务和其他服务、教育、卫生、社会保障和社会福利、文化、体育和娱乐业、公共管理和社会组织、国际组织等。

服务业按物质性或精神性的强弱可分流通服务业、生产和生活服务业、精神和素质服务业、公共服务业（见表 1-1）。它们的物质性依次减弱而精神性依次增强。流通服务业、生产和生活服务业一般是营利性服务业，而精神和素质服务业、公共服务业一般是非营利性服务业。

表 1-1　服务业的分类

层　　次	分　　类	所含行业
第一层次	流通服务业	商业（包括国际商业、物资商业）、餐饮业、仓储业、运输业、交通业、邮政业、电信业等
第二层次	生产和生活服务业	金融业、保险业、房地产业、租赁业、技术服务业、职业介绍、咨询业、广告业、会计事务、律师事务、旅游业、餐饮业、娱乐业、美容业、修理业、洗染业、家庭服务业等
第三层次	精神和素质服务业	文艺、教育、科学研究、新闻传媒、图书馆和博物馆、出版、体育、医疗卫生、环境卫生、环境保护、宗教、慈善事业等
第四层次	公共服务业	政府机构、军队、检察院、法院、警察等

各类服务业的物质性和精神性、营利性和非营利性与要不要营销无关。在现代经济中，不但物质性或营利性服务业需要营销，精神性或非营利性服务业也需要营销。不少精神性或非营利性服务业忌讳“营销”二字，这是对营销的误解。营销是满足交换双方需要的一切产品或服务的交换。

相关链接

日本百货公司的服务营销

一对夫妇在东京的百货公司买了一个 CD 唱机，回家后发现唱机无法正常使用。于是，丈夫打算第二天找百货公司要求赔偿。第二天一早，丈夫就接到了百货公司经理的电话，说他正带着新的唱机赶来他们家。大约一小时后，百货公司经理就站在门口，一边鞠躬，一边向顾客解释。原来，这对夫妇购买了唱机不久后，售货员就发现这台唱机有问题。于是，公司立即利用极为有限的线索找到了这对夫妇的联系方式。经理解释完后便拿出礼物送给顾客，并恳请他们原谅。至此，百货公司不仅仅挽留了即将流失的客户，还借此使顾客牢牢地记住了公司的优质服务品牌。

1.1.1 流通服务业

1. 流通服务业的构成

流通服务业是为商流、物流、客流（人流）和信息流服务的服务业，它由商业、物流业、交通业、邮政业和电信业这5类产业构成。

（1）商业

商业是为商流服务的服务业，它由批发业、零售业、进出口商业、物资商业、代理商业、期货商业等行业构成。例如，汽车销售业就是汽车商业，包括汽车经销（批发）、汽车零售、汽车代理、汽车进出口等。

（2）物流业

物流业是为商品物流服务的服务业，它由仓储业和运输业等行业构成。

（3）交通业

交通业是为人的空间流动服务的服务业，它由公路（汽车）客运、铁路客运、航空客运、航船客运、城市公共交通和出租汽车业等行业构成。

（4）邮政业

邮政业是为信息流服务的产业之一，它由信件投递、包裹投递、特快专递、报刊投递、广告投递、货币汇兑（邮政储蓄）、邮票发行和交易等行业构成。其中，包裹投递和物件的特快专递具有物流业的性质、邮政储蓄具有银行业的性质。

（5）电信业

电信业是为信息流服务的产业之一，它由有线电话、移动电话、无线传呼和网上通信等行业构成。

2. 流通服务业的特点

流通服务业主要有两个特点：物质性和产业关联性。

（1）物质性

商业和物流业是直接同物质产品打交道的行业，具有明显的物质性。商业和物流业的服务质量很大程度上要看它们所服务的商品的质量。商业和物流业的服务收益必须依附在物质商品的价格上，只有物质商品成交了，它们才能从中取得服务的收益。

交通业、邮政业和电信业的物质性体现在它们都是物质设备密集的产业。例如，航空业为了保证其服务质量要花费巨资购买飞机，飞机的性能和质量直接关系到航空服务的质量；又如电信业也是需要大量设备投资的产业。邮政业通常要依靠交通业，因此也是间接地依靠物质设备。

交通业的物质性还体现在大量占用土地（公路、铁路）、水域、领空和大量消耗能源上。由于交通业对国土资源的敏感性和由此带来的自然垄断性，交通业的服务生产和服务营销受到国家的干预。例如，航空公司航线的建立、机票的定价都受制于政府主管部门。铁路业更是实行全行业的国家管制。航空、铁路、城市公交的票价制定有时还要由政府出面召开公众听证会。因此，交通业的服务营销必须重视政府干预这个因素。

交通业、邮政业和电信业服务的对象是人，这一点与商业和物流业不同，后两者服务的对象是物。因此，交通业、邮政业和电信业的精神性比商业和物流业要强一些。交通业、邮政业和电信业在策划服务营销时更要重视人性化和精神性的内容，认为有了先进设备就可以降低人性化服务的观点是错误的。

邮政业是流通服务业中公益性最强、营利性最弱的一个产业。中国邮政业的主业即信函投递是全行业亏损的，其中大部分靠国家补贴。因此，邮政业的服务营销带有很强的公益性，许多营销决策实际上是政府的公益性举措。换言之，邮政业的服务营销往往与政府的服务营销密切相关。

（2）产业关联性

流通服务业之间具有高度产业关联性（见图 1-1）。这是由整个流通体系中商流、物流、客流和信息流之间客观上存在的系统关联性决定的。

	商业	物流业	交通业	邮政业
物流业	商品配送			
交通业	商业与公交、机场与车站商业	客货兼运的运输业		
邮政业	邮购商业、邮递广告	邮政包裹、速递业务	航空邮件、邮政车厢	
电信业	网上购物、手机零售	物流电子商务	电子订票、公交及出租车电子服务	电子邮件、电子汇款

图 1-1 流通服务业之间的产业关联性

从图 1-1 可以看出，商业与物流业、交通业、邮政业、电信业都有密切的关系。现代连锁商业的发展离不开商品配送；国际商业的发展离不开集装箱运输业；现代城市商业中心的形成离不开发达的城市交通；作为商业新兴业态的邮购商业和网上购物又离不开邮政业和电信业。因此，商业的服务营销和发展往往需要与其他流通服务业密切合作。商业与其他流通服务业之间的合作不够是影响中国商业发展的一个重要因素。

1.1.2 生产和生活服务业

1．生产和生活服务业的构成

生产和生活服务业是为企业生产和个人生活服务的服务业。这个大类又可按服务对象分为以下 3 类：生产服务业、生活服务业、生产和生活兼顾的服务业。

（1）生产服务业

生产服务业是以企事业为服务对象的服务业，即 B2B 服务业，它由金融业、技术服务业、咨询业、广告业、商务展览业、会计事务业等构成。生产服务业也称现代服务业。

（2）生活服务业

生活服务业是以家庭和个人为服务对象的服务业，即 B2C 服务业，它由旅游业、餐饮业、娱乐业、美容业、洗染业、洗理业、照相业、家庭服务业等构成。

（3）生产和生活兼顾的服务业

生产和生活兼顾的服务业是由保险业、房地产业、房屋装修业、租赁业、职业介绍、修理业、律师事务业等构成的。例如，保险业既为企事业保险，也为家庭和个人保险；前者是生产服务，后者是生活服务。

2．生产和生活服务业的特点

（1）物质性弱，精神性强

生产和生活服务业与流通服务业相比，物质性要弱一些，而精神性要强一些。许多生产和生活服务业提供比较单一的服务，不涉及物质产品，而主要提供知识性（精神性）服务，如咨询业、会计事务、职业介绍、律师事务等。绝大多数生产和生活服务业都带有知识性、文化性（精神性），如旅游、餐饮、娱乐、美容、照相、展览、广告等服务业都有明显的文化性。知识营销和文化营销在生产和生活服务业的服务营销中特别重要。

（2）关联性差

生产和生活服务业之间的关联性不如流通服务业。这是因为生产和消费的需要是多种多样的，它们之间通常是相互独立的，不像流通的需要比较单一。需要的多样性和分散性使生产和生活服务业之间缺乏关联，不能形成一个系统。这也是生产和生活服务业在营销中需要解决的一个问题。可以通过加强不同服务业之间的联系，如商务展览业在营销策划时可以安排旅游、餐饮和娱乐等服务，或者通过加强同一服务业的生产服务与生活服务之间的联系，如商务展览业在主要展览生产资料产品的同时附带展览一些相关的生活消费品，来增强生产和生活服务业之间的关联性。

3．生产服务业与生活服务业的比较

生产服务业与生活服务业之间，由于服务对象的性质不同，造成服务对象的数量和关系、服务（行业）门类和品种的数量、服务的知识化或情感化的程度以及服务行业关联程度的不同（见表 1-2）。

表 1-2　生产服务业与生活服务业的比较

比较的内容	生产服务业（B2B）	生活服务业（B2C）
服务对象的数量和关系	客户少，关系持久	客户多、关系短暂
服务（行业）门类和品种的数量	门类少，品种多	门类多、品种少
服务知识化和情感化	知识化强，情感化弱	知识化弱，情感化强
服务行业的关联性	行业关联性强	行业关联性弱

（1）客户少，关系持久

生产服务业的客户少，但与客户的关系持久。因此，生产服务业更需重视关系营销。例如，提供学生盒饭的餐饮业需要制定如何与学校保持长期服务关系的营销策略；又如，银行业的生产服务——贷款服务营销更要重视客户关系。

生活服务业的客户多，但与客户的关系短暂。因此，生活服务业更需重视大规模、高效率的营销，如时效营销、集约营销、合作营销、渠道营销、网络营销和自助营销等。例如，向居民或游客提供服务的餐饮业需要制定如何拓展餐饮网点扩大规模的营销策略；又如，银行的生活服务——存取服务、缴费服务等营销更要重视利用网点、网络和 ATM 等，扩大服务规模和提高服务效率。

（2）门类少，品种多

生产服务业的行业门类少，但每个行业的服务品种多。生产服务业服务品种多样化的原因主要是企事业机构对生产服务需求的复杂性和多样性。而生活服务业的行业门类多，但每个行业的服务品种少。这是因为家庭或个人对某种生活服务行业的需求相对比较简单，因此，单个生活服务行业提供的服务品种相对比较专一。而家庭或个人对生活服务的多样化需求是靠不同门类的服务行业予以满足的，因此，生活服务业的门类要比生产服务业多。

例如，作为生产服务业的银行业具有多项服务品种，包括贷款、存款、基金、证券、理财、投资咨询、会计结算、外汇交易。现在所谓的“金融百货”、“金融超市”式的银行，就更体现了作为生产服务业的银行业服务品种多样化的特点。作为生产服务业的广告业也有服务品种多样化的特点，包括广告设计、广告制作、广告媒体代理、广告效果调研、市场调研、营销策划等。随着现代生活消费需求日益多样化，生活服务行业的门类也在不断增加。从 20 世纪 90 年代以来，诸如钟点工家务、上门厨师、网吧、氧吧、陶艺馆、茶艺馆、保龄球馆、卡丁车、迪斯科舞厅、美容店、健美操俱乐部、婚纱摄影社、桑拿浴室等生活服务门类在中国不断地涌现出来。

（3）知识化强，情感化弱

生产服务业的服务偏向知识化或信息化。金融、技术服务、咨询、广告、商务展览、会计事务、商务保险、商用房地产中介、商用租赁、律师事务都涉及比较多、比较深的知识并需要大量的信息，这一点也同生产服务需求的复杂性有关。因此，生产服务业的营销更要重视知识营销和信息营销。充足的知识资源和信息资源是生产服务业营销成功的必要条件。

生活服务业的服务偏向情感化、休闲化、文化化。旅游、餐饮、娱乐等绝大多数生活服务业都是满足顾客的休闲消费的需要，休闲消费的目的是放松神经、发展业余兴趣、亲友交往和文化审美等，一般需要比较情感化和有文化气息的服务氛围。因此，生活服务业的营销更要重视情感营销和文化营销，即便一家小吃店，也不应忽视与顾客的情感交流和店堂的文化气息。

（4）行业关联性强

生产服务业由于门类和服务的客户比较少，因而不同服务门类为同一类客户提供配套服务的情况比较多，不同服务门类之间基于同一类客户的技术和经济联系就比较多，即不同生产服务业之间的关联性相对较强。比如，为某类商务客户服务的银行业和保险业之间常常是互相关联或配套的。

生活服务业由于门类繁多和客户众多，因而不同服务门类为同一客户提供关联服务的情况相对较少，不同服务门类之间基于同一类客户的技术和经济联系就相对较少，即不同生活服务业之间的关联性相对较弱。比如，为某类居民存取款服务的银行业和为这类居民投保服务的保险业之间通常没有关联性或配套性。

1.1.3 精神和素质服务业

1．精神和素质服务业的定义

精神和素质服务业是指为满足人们精神和身体素质需要的服务业，它可分为精神服务业和身体素质服务业这两大类。

（1）精神服务业

精神服务业是满足人们精神享受和提高精神素质需要的服务业，它由文艺服务、体育观赏服务、教育服务、科学服务、传媒服务、图书馆和博物馆、宗教等服务业构成。

（2）身体素质服务业

身体素质服务业是满足人们增强体质需要的服务业，它由体育、医疗卫生、环境保护等服务业构成。

2．精神和素质服务业的特点

（1）精神性

精神和素质服务业与物质性强的流通服务业、生产和生活服务业相比而言，一个显著的特点是它的精神性。教育服务、文艺服务、科学服务等完全是精神服务业，体育运动、医疗卫生、环境卫生和环境保护等素质服务业现在也越来越体现精神性的特点。例如，不讲现代体育精神，体育运动就无法形成像奥运会、世界杯足球赛这样的全球性体育市场。现代医疗卫生除了不断提高医疗技术水平外，也重视给病人精神方面的服务，如重视医务人员与病人之间精神上的交流，并将此作为医疗手段之一。现代环境卫生和环境保护不但已经产业化，而且本身已经成为一种世界性的公民意识。

精神服务的核心价值在于创新，创新是精神服务业营销的主题。为了保护和促进精神性服务的创新，精神服务业要重视版权、著作权、发明权或专利权等知识产权在营销中的作用。

（2）子行业门类的多样性

精神和素质服务业的第二个特点是子行业门类的多样性。精神和素质服务业大的行业门类不多，但每个大行业下属的子行业门类很多。文艺服务、教育服务、科技服务、传媒服务、图书馆和博物馆、宗教、体育服务、医疗卫生的子行业门类也都是多样性的。精神和素质服务业子行业门类的多样性与精神生产的自由性、创造性和个性有关。

例如，文艺服务大类的子行业门类很多，有戏剧、音乐、舞蹈、电视艺术传播等。而子行业又包括很多孙行业，如戏剧是文艺服务的一个子行业，它又包括话剧、京剧、昆剧、评剧、曲剧、川剧等孙行业。

根据子行业多的特点，精神和素质服务业在营销中更要重视子行业的专业化、特色化营销。例如，中国的各种戏剧都有自己的特色，很难模仿，像川剧的变脸、越剧的女小生等，这种特色正是戏剧营销的核心要素之一。

（3）公益性和非营利性

精神和素质服务业的第三个特点是公益性和非营利性。一切精神只能交流不能交换，因为精神具有不可剥离性，而一切可交换的东西必须是可剥离的。在教育业，教师向学生传授知识（进行精神性服务），但在学生得到知识的同时，教师头脑里的知识丝毫无损，即丝毫没有被剥离。既然精神不能交换，就不能拿它盈利。因此，精神服务本质上是公益的、非营利的。

由于受市场经济体制的影响，现代精神和素质服务业也开始部分地、不同程度地进行交换，并由此出现非营利性和营利性兼顾的趋势。这种趋势在电视艺术传播和体育运动等行业比较明显。营利性服务通常表现为娱乐性、消遣性和感官享受性，并且往往与广告业有密切的联系。文艺服务、体育服务、教育服务和医疗服务业中的营利性部分实际上已经成为物质性较强的生产和生活服务业，如商业性电视、MTV、足球赛等成为娱乐业；营利性的家教、MBA 具有生产服务业的性质；营利性的整形医院具有美容业的性质；等等。除了体育培训还具有非营利性外，整个体育服务业已经成为以营利性为主的一个服务业。

1.1.4 公共服务业

1. 公共服务业的定义

公共服务业由政府机构、军队、警察等构成。公共服务业向企业或个人提供公共服务，同时向后者征税，以补偿服务的成本。政府机构是公共服务业的核心。现在，创建公共服务型政府已经成为政府改革的一个趋势，可见，公共服务已经成为现代政府的核心职能。

2．公共服务业的特点

（1）完全的公益性和非营利性

公共服务业的特点之一是完全的公益性和非营利性，因而在性质上不能产业化、市场化。事实上，在中国的 GDP 统计中也没有公共服务业的产值统计。

公共服务业的公益性和非营利性并不妨碍它引入营销机制。如果把政府机构的公共服务与企业或个人的交税看作一种特殊的“市场交换”，那么公共服务业也可以引入市场营销，以便提高公共服务的效率。公共服务效率的提高可以给企业或个人带来更多的利润或利益，反过来政府也能获得更多的税收。例如，政府海关的服务效率直接影响企业的进出口活动，海关可以通过增强服务营销意识来提高对进出口企业的服务效率，而海关服务效率的提高则意味着关税收入的增加。

政府机构还向企业或个人提供一部分非公益性服务，并直接收取一定的费用作为服务的补偿。例如，政府所属气象部门除了提供完全公益性的每日气象预报外，还向企业提供有偿的长期气象预报。

（2）对公益性服务业的渗透性

公共服务业的特点之二是它对公益性服务业的渗透性，即政府的公共服务很多是渗透在其他公益性服务之中的，或者说很多公益性服务业都获得了政府的支持，如中国绝大多数精神服务业（教育、科学、文艺、图书馆和博物馆等）都是由政府的财政经费支持的。此外，政府还对邮政、公共交通等有一定公益性的营利性服务业进行财政补贴。这说明政府在相当大的程度上将自己的公共服务渗透在这些公益性的服务业之中。

1.2　服务业的作用

现代经济和社会的发展在相当程度上取决于服务业的发展。经济发达国家发达的一个主要标志就是服务业在整个经济结构中的比重比较大，大多数发达国家的这个比重超过60%。服务业的发展既是经济和社会发展的结果，又是经济和社会发展的原因。在中国，发展服务业是经济改革、经济增长和社会发展的一个重要条件。服务业的作用如图 1-2 所示，研究服务业的作用有助于服务营销者在内的一切营销者了解和把握服务业市场发展的空间。

1.2.1　服务业与经济改革

中国经济改革的目标就是要打破原有的计划经济体制和建立社会主义市场经济体制。要实现经济改革的目标，就要转换企业的经营机制、培育各类市场、建立社会保障制度和转变政府机构的职能，而这四项改革任务的完成，都离不开服务业的发展。

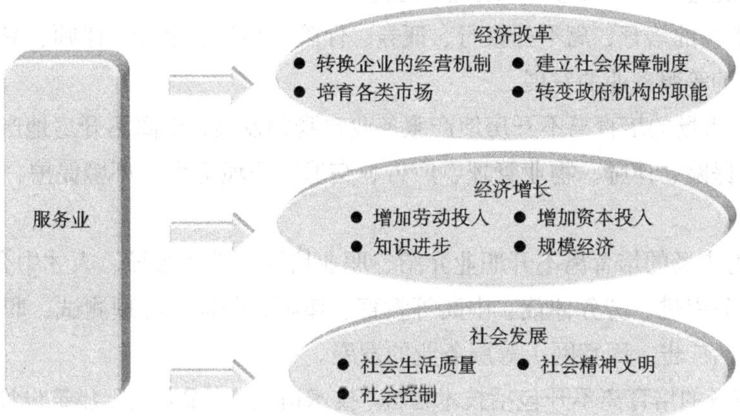

图 1-2 服务业的作用

1. 服务业与转换企业的经营机制

1）企业经营机制的转换要面向市场，增强市场营销能力，使企业真正成为市场主体。这就需要服务业更多地向企业提供市场调研、广告代理、产品展览、营销策划、CI 设计、品牌评估、公共关系、商业中介、物流配送、售后服务等一系列促进企业市场营销的服务。

2）企业经营机制的转换要参与优胜劣汰的市场竞争，加强技术创新和科学管理以增强竞争力。这就需要服务业更多地向企业提供技术咨询、技术设计、技术开发、管理咨询等与技术和管理有关的服务。

3）企业经营机制的转换要挑选优秀的经营者，增强自主经营的能力。这就需要服务业更多地向企业提供经营者评估、经营者人才中介、经营者责任审计、经营者教育和培训（如 MBA）、经营者财产保险等与挑选经营者有关的服务。

4）企业经营机制的转换要实行人才流动。这就需要服务业更多地向企业和个人提供人才信息、人才中介、人才培训、职业介绍、职业教育等与人才流动有关的服务。

5）企业经营机制的转换要精简企业内部的职能服务机构，包括技术、财会、营销、采购、保卫等机构，重视引进专业化、社会化的服务，尤其要实行后勤服务的社会化。另外，还要分离企业办社会的职能，将企业办的学校、医院等移交给社会，减轻企业的社会负担。这就需要服务业更多地向企业提供与技术、财务、会计、营销、采购、保卫、后勤，乃至教育、医疗卫生有关的社会化、专业化服务。

2. 服务业与培育各类市场

1）消费品市场的培育和充分发育离不开批发、零售、进口商业、仓储、运输、交通、广告、展览、修理等服务业的发展，尤其市场中服务消费市场的培育更需要依靠生活服务业的发展。

2）生产资料市场的培育离不开物资商业、农村供销合作商业、进口商业、物资租赁、期货及仓储、运输、技术维修等服务业的发展。

3）金融市场的培育，离不开银行、证券、保险、会计、审计、律师、资产评估、资信调查、投资咨询等服务业的发展。

4）房地产市场的培育离不开房地产服务业自身的发展，也离不开房地产评估、房地产咨询、银行、保险、律师、物业管理、广告、交通、环境卫生、环境保护、社区管理等服务业的发展。

5）劳动力市场的培育离不开职业介绍、职业培训、就业指导、人才中介、劳务中介、智力引进、劳务引进、劳务仲裁、中高等教育、律师、公证、心理测试、职业证书考试、人才信息（包括广告、因特网）等服务业的发展。

6）技术市场的培育离不开包括技术咨询、技术信息、产品设计、建筑设计、工程设计、研究与开发、技术推广、技术中介、技术评估、技术鉴定等在内的整个技术服务业的发展，也离不开应用性科学研究、高等教育、科技投资基金、专利管理、公证、律师等服务业的发展。

7）信息市场的培育离不开通信、信息咨询、广告、信息调查、新闻传媒、出版、图书情报、政府的公共信息等服务业的发展。

8）国际市场的培育离不开出口商业、跨国商业，以及与出口和跨国经营有关的银行、证券、保险、仓储、运输、交通、电信、商检、海关、外经贸管理等服务业的发展，而且服务业本身也需要开拓和培育国际市场。

9）国内市场的对外开放离不开进口商业和与吸引外资有关的一系列服务业的发展，服务业本身也有对外开放和吸引外资的问题。

市场的培育还需要发展市场中介组织，而所有的市场中介组织都属于服务业的范围。发展市场中介组织就是发展服务业。

3. 服务业与建立社会保障制度

服务业具有大量吸纳劳动力的优点，发展服务业能更多地吸纳下岗人员，有利于降低失业率和促进劳动者的再就业。另外，发展职业培训、职业教育、职业介绍、人才中介等服务业，还有利于加快劳动者的再就业；银行、房地产、政府工商管理等服务业可以向一部分自我创业的再就业者提供政策性的信贷服务、场地服务、工商登记服务，这也有利于促进再就业。

社会保障制度包括养老保险、失业保险和医疗保险等制度，而这些制度的建立和执行有赖于社会保障基金（组织）、社区管理、医疗卫生、政府的民政、劳动人事、公安等服务机构的发展和支持。

4. 服务业与转变政府机构的职能

市场经济要求政企分开，而政企分开后，政府机构原来直接管理企业时所提供的一些职能性服务，如信息服务、税务咨询、审计服务、劳动人事服务、教育培训服务等，可以部分或全部转由社会化服务业（也称中介服务业）来提供，这样有利于政企分开和把政府机构的职能转换到最重要的公共服务上去。

在市场经济体制下，政府机构本身也属于服务业，即公共服务业，其主要职能就是向企业和个人提供公共服务。从这个意义上来讲，转变政府机构的职能与发展政府机构的公共服务职能是同一件事情。

1.2.2 服务业与经济增长

服务业在各国经济中的地位不同，但服务业对各国经济的增长都具有不可忽视的作用。一国经济的增长就是 GNP（或 GDP）的增长，它取决于生产要素投入的增加和要素生产率的提高。例如，美国经济的增长一半来自要素投入的增加，另一半来自要素生产率的提高。生产要素包括劳动力和资本因素，资本因素又包括物质资本和人力资本。要素生产率取决于知识进步（包括技术和管理）和规模经济等因素。影响经济增长的因素与服务业的发展之间有密切的关系，发展服务业可以促进这些因素，从而进一步促进经济的增长。

1. 服务业与增加劳动投入

服务业的范围广、门类多，层次和属性也并不单一，既有第一、第二层次物质性较强的行业，又有第三、第四层次精神性较强的行业；既有传统的行业，又有新兴的行业；既有大量的劳动密集型行业，又有资本密集性和知识（或技术）密集性行业，因而，在三大产业中，服务业择业的余地最大，适合各种就业年龄、各种学历、各种阅历、各种层次的人就业，吸纳劳动力的能力最强。另外，现在社会上有不少人从事第二职业或多职业，这也是一种增加劳动投入的现象，而第二职业绝大部分都属于服务业。再比如，随着学费的上升，越来越多的大学生进入短期打工（就业）者的队伍，这也增加了社会的劳动投入，而他们短期打工基本上也都是选择服务业，如家教、技术服务、市场调研、旅游、餐饮等。

2. 服务业与增加资本投入

有一些服务业本身就具有物质资本密集性，如交通、运输、仓储、电信、租赁、旅馆、酒店、修理、物业管理、娱乐场馆、电影电视、理工类高等教育、体育运动、医疗卫生、环卫、环保等。发展这些服务业，在很大程度上就是增加它们物质资本的投入。现在，这些服务业大多数都是中国加大物质资本投入的重点行业。

增加第一、第二产业物质资本的投入，需要服务业提供更多与物质资本投入有关的服务，如物资商业、物资储运、设备引进、外资引进、租赁、金融、保险、房地产、投资咨询、投资项目评估、会计、审计、律师、技术服务等，因此要大力发展这些服务行业。

增加一国的人力资本投入，离不开教育、职业培训、职业证书考试、人才中介等直接与人力资本有关的服务业的发展。例如，第二次世界大战后美国经济之所以能保持比较稳定的增长，一个重要因素就是人力资本投入的不断增加，而增加这项投入最主要的一点就是舍得花钱办教育，也因此形成了世界上最发达的教育服务业。

3. 服务业与知识进步

一部分服务业本身就是从事知识生产、知识流通和知识消费的。例如，科学研究、技术开发、技术设计、技术咨询、管理咨询、营销策划、市场调研等服务业是从事知识生产的；教育、图书情报、传媒、出版等服务业是从事知识流通的。而从事知识生产或知识流通的服务业本身又都是知识消费的“大户”。

各类产业的知识生产或创新，需要知识或信息（原料）的投入、知识劳动的投入和用于知识生产的物质资本的投入，这就需要服务业提供信息咨询、技术咨询、管理咨询、市场咨询、图书情报、信息网通信、专利或知识产权管理、技术人才中介、管理人才中介、人才培训、高等教育、技术引进、技术物资商业、技术评估、管理评估、技术创新基金（国际上也称风险基金）、金融、保险、租赁等服务。

各类产业的知识或信息流通需要中间渠道，这就需要服务业提供技术中介（市场）、技术经纪人、信息中介网站、学术组织，以及上述技术评估、人才中介、专利或知识产权管理、高等教育、图书情报、传媒、出版等服务。

整个社会的生产性知识消费和生活性知识消费需要服务业提供技术推广、科技普及、技术培训、管理培训、技术售后服务，以及上述咨询、通信、教育、图书情报、传媒、出版等服务。

4. 服务业与规模经济

各行业规模经济的实现需要在物质生产与服务生产之间、服务生产与服务生产之间实行社会化、专业化分工，各行业一些原来内部自给的服务需要分离出去，并改为由社会化、专业化的服务机构来提供，以便各行业集中有限的要素资源扩大主业的规模。这就必然需要发展各类社会化、专业化的服务业。因此，服务经济的发展一般也就意味着更多行业规模经济的形成。

除了数量意义上的规模经济，还有空间意义上的规模经济，也叫聚集经济。例如，城市的规模经济就是一种聚集经济。城市规模经济表现在：大量的经济要素聚集在一定的空间后产生的整体生产率可以超过甚至远远超过这些要素分散布局产生的生产率总和。聚集也能提高要素生产率，这就是城市的规模经济。城市经济聚集的关键是服务业的聚集。从历史上来看，商业和交通的聚集是形成城市的两个主要经济因素。现代城市经济的聚集，除了商业和交通的聚集外，还有金融、保险、通信、房地产、广告、咨询、技术服务、旅游、娱乐、餐饮、文化、教育、科学、医疗卫生、体育等其他各种服务业的聚集。尤其现代化国际大都市都有的所谓中央商务区（CBD），更是金融、商业等服务业高度聚集的空间。一座现代化国际大都市在国内外的经济影响力，在一定程度上取决于它在 CBD 聚集的服务业的发展规模、结构和水平。由此可见，空间意义上的规模经济离不开服务业的发展。

1.2.3　服务业与社会发展

1．服务业与社会生活质量

发展服务业有利于提高社会生活质量。社会生活质量是衡量一国社会综合发展水平的尺度之一，社会生活质量的高低与服务业的发展水平有关。随着社会生活质量的提高，人们对服务业的需求不断增加。例如，美国人的生活质量比较高，他们的服务消费要占到个人生活消费的一半以上，他们的生活费用大量地花在旅游、餐饮、交通、电信、娱乐、文化、教育、医疗、体育、家庭服务等服务消费中。

2．服务业与社会精神文明

发展服务业有利于提高社会精神文明的程度。精神文明的程度是衡量一国社会发展水平的主要尺度之一。精神的需要是人们的高级需要，精神的享受、精神的发展是人类社会或文明社会区别于动物界的本质特征。一国精神文明的程度显然与一国服务业的发展水平密切相关。

服务业中的精神服务业就是为满足人们的精神享受、精神发展而提供服务的。发展文艺、教育、科学、传媒、出版、图书馆和博物馆、宗教等精神服务业，无疑可以直接提高社会的精神文明程度。而素质服务业，如前所述，也具有一定的精神色彩，体育运动、医疗卫生、环境卫生、环境保护等服务业的发展也能在一定程度上提高社会精神文明程度。

作为公共服务业的政府机构、军队等，具有一国精神文明的示范作用和领导作用。例如，政府高层领导人的思想和行为一般可以被理解为一国精神文明的集中体现和在一定时期发展的方向；政府公务员的思想和行为对社会精神文明也有影响作用；军队在一国精神文明的建设中也能起到重要的示范作用。

商业、餐饮、公共交通、邮政和银行等服务业虽然物质性较强，但它们作为城市的“门面”也起到社会精神文明窗口的作用，而且它们本身具有一定的文化色彩，如旅游文化、餐饮文化、娱乐文化、美容文化、广告文化、商业文化、装饰（修）文化、网络文化等。

总之，社会精神文明水平的高低在一定程度上取决于服务业精神文明水平的高低。

3．服务业与社会控制

发展服务业有利于提高社会控制的程度。社会控制程度的高低是衡量一国社会是否协调发展的一个尺度。所谓社会控制程度，简单地说，就是对各种社会问题防范和解决的能力。这方面能力较强的社会，其控制程度较高，其发展就比较协调。

不少社会问题的防范和解决与服务业有密切的关系。例如，中国社会的老年人问题、妇女和儿童保护问题、青少年保护问题、残疾人保护问题、下岗和再就业问题、城市流动人口问题、城市交通问题、教育问题、医疗保险问题、环卫问题、环保问题、社会治安问题，乃至禁毒扫黄问题等，都与服务业关系密切。这一系列社会问题的防范和解决都需要相关的服务业给予高度的支持和配合。而且，在三大产业中，服务业与社会的接触最直接、最广泛、最频繁。人们的社会接触、社会交流大量地发生在服务业。各种社会问题和由此产生的社会反馈、社会情绪往往容易集中在服务业。服务业是社会躯体的敏感部位。这也需要服务业增强自身的社会功能，用良好的社会服务来稳定社会情绪和促进解决社会问题。

前沿话题

从工业大国走向服务业大国

（来源：上海证券报　作者：匡贤明　时间：2015 年 4 月 9 日）

工业转型升级、城镇化转型升级和消费结构升级意味着我国从工业大国走向服务业大国的现实基础和客观需求正在形成，意味着服务业主导的经济转型正面临着重要的历史机遇。“十三五”加快从工业大国向服务业大国的转型，形成服务业主导的经济新格局，成为经济转型升级的战略抉择。

实现这一转型，既可以在结构升级的基础上形成 7%左右的经济增长新常态，又能够引领就业扩大、创新创业、利益协调以及绿色增长的经济新常态。

（1）形成 7%左右的增长新常态。①以服务业主导为 7%左右的经济增长奠定坚实基础；②以服务业主导提升经济增长的质量；③以服务业主导提高劳动生产率。

（2）形成新增就业不断扩大的新常态。①服务业是最大的就业容纳器；②以服务业为主形成新增就业需求；③“十三五”：服务业就业占比不低于 50%。

（3）形成大众创业、万众创新的新常态。①以服务升级带动技术升级；②以服务业开拓创业空间；③以服务业引领创新浪潮。

（4）形成利益结构逐步优化的新常态。①以服务业主导提高劳动者收入占比；②通过服务业发展提高农民收入；③以服务业主导扩大中等收入群体

（5）形成绿色增长和绿色转型的新常态。①以服务业主导摆脱对重化工业的路径依赖；②以服务业主导缓解资源环境的约束；③以服务业主导引领绿色发展的新格局。

本章小结

服务业又称第三产业，是指专门生产和销售服务的产业，它的范围包括除第一、第二产业以外的产业。服务业按物质性或精神性的强弱可分为四个大类，分别是：流通服务业、生产和生活服务业、精神和素质服务业、公共服务业。它们的物质性依次减弱而精神性依次增强。流通服务业、生产和生活服务业一般是营利性服务业，而精神和素质服务业、公共服务业一般是非营利性服务业。

服务业的发展对经济改革、经济增长和社会发展具有重要作用，它有利于转换企业的经营机制、培育各类市场、建立社会保障制度和转变政府机构的职能；它有利于增加劳动

和资本的投入，促进知识的进步、规模经济的实现；它有利于社会生活质量、社会精神文明和社会控制程度的提高。

关键词解析

服务业：又称第三产业或第三次产业，是指专门生产和销售服务的产业，它的范围包括除第一、第二产业（制造业）以外的产业。

营销：满足交换双方需要的一切产品或服务的交换。（注：精神性或非营利性服务的交换也属于营销）

流通服务业：是为商流、物流、客流（人流）和信息流服务的服务业。

生产和生活服务业：是为企业生产和个人生活服务的服务业。

精神和素质服务业：是指为满足人们精神和身体素质需要的服务业。

公共服务业：由政府机构、军队、警察等构成，并由企业或个人提供公共服务，同时向后者征税，以补偿服务成本的服务。

案例讨论 Case Discussing

潍坊高新区发展现代服务业

潍坊高新区充分发挥优势，巩固、提升传统商贸业，积极培育智慧产业，着力发展总部经济、服务外包、现代物流、中介服务、信息服务外包等现代服务业，使现代服务业成为经济发展的“新引擎”，推动先进制造业向现代服务业转型。目前，潍坊高新区正在围绕健康东街、潍县中路周边区域，加快建设东方、昌大、华能、电信、中艺华海等总部，规划到2015年引进建设100家企业总部，打造总部经济隆起带。潍坊高新区正在建设金融商务区，着力聚集银行、保险、证券等机构，发展数据处理、票据、清算、银行卡等后台服务，打造环渤海金融后台服务基地，规划到2015年营业收入超过100亿元。潍坊高新区依托潍坊软件园，建设物联网产业基地，打造国家信息服务外包基地，规划到2015年聚集相关企业200家。潍坊高新区依托潍坊生物医药科技产业园，积极发展生物医药实验外包业务，创建国家级生物医药实验外包基地。潍坊高新区正在打造健康东街、潍县中路现代服务业聚集区、浞河宝岛主题公园旅游休闲商务区、上东新邻里商业步行街4个特色板块。潍坊高新区加快建设技术产权交易市场、人力资源市场、工业展馆等项目，完善多功能、专业化、网络化、社会化的科技中介服务体系。潍坊高新区围绕完善城市功能、增强城市竞争力，大力发展现代服务业，已经实施了中百物流、海王医药物流、上东新邻里、佳乐家上东店、金茂国际大酒店、天马大酒店、清池金融服务中心等重点项目，打造了物流配送、旅游餐饮、金融服务3大板块。潍坊高新区还引导具有较强实力的工业企业加快剥离物流等业务，改变企业大而全、小而全的组织结构，加快发展社会化、专门化的物流业务。

问题讨论：

1. 现代服务业的种类有哪些？上述案例中的潍坊高新区的现代服务业属于现代服务业的什么种类？请结合其种类下包括的行业作答。

2. 现代服务业有哪些作用？上述案例中的潍坊高新区发展现代服务业起到了哪些作用？请根据本章有关理论以及案例内容进行分析。

3. 你认为潍坊高新区的现代服务业还可以从哪些方面进行发展？谈谈你的看法与建议。

第2章

服务营销管理

本章学习导航

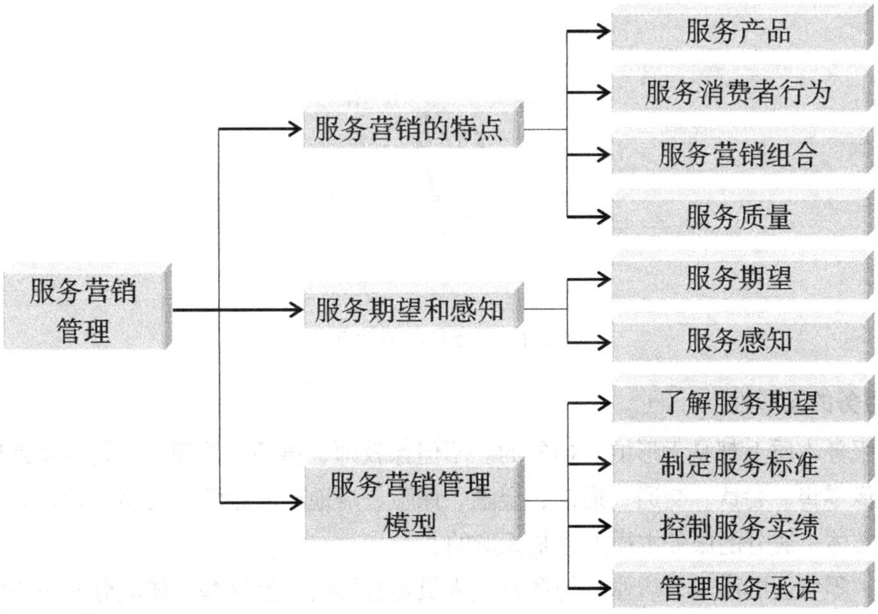

本章学习目标

- 掌握服务营销的特点；
- 掌握服务期望和服务感知的概念；
- 掌握基于服务质量 5 差距的服务营销管理模型；
- 能够应用本章知识进行现象和案例分析。

服务业的营销管理与制造业相比有很大的不同，这体现在产品、消费者行为、营销组合和质量评价上。服务业顾客对质量的评价取决于他们对服务的期望和感知。掌握顾客对服务的期望和感知是服务营销管理的核心。本章介绍服务营销的特点，包括服务产品、服务消费者行为、服务营销组合和服务质量特点，在此基础上导出服务期望和服务感知的概念，并以减小和消除服务感知与服务期望的差距为中心建立一个服务营销管理模型。

2.1 服务营销的特点

建立服务营销管理模型，先要分析服务营销的特点，因为管理模型只有针对管理对象的特点来建立才是有效的。服务营销的特点具体体现在服务产品、服务消费者行为、服务营销组合和服务质量等方面。

2.1.1 服务产品

服务产品区别于实物产品的特点是无形性、不可分性、异质性和易逝性（见图2-1）。

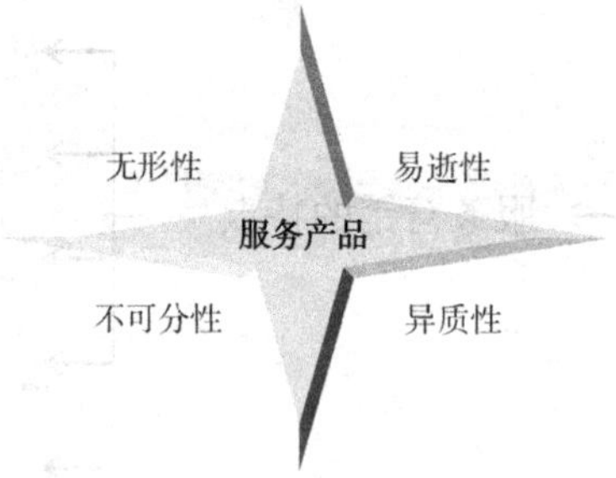

图2-1 服务产品的特点

1. 服务的无形性

一切服务本质上都是无形的、抽象的。不但像教师、律师、护理、保姆这些纯服务是无形的，像零售、餐饮、交通、通信、金融、保险、房地产、旅游、美容、娱乐等具有较多有形（实体）成分的服务本质上也是无形的。

例如，零售业的商品、店堂环境和营业人员是有形的，但这些实体成分并不是零售服务的本质，零售服务的本质是一种商品买卖服务，这是抽象的、无形的。再如餐饮业的菜肴、点心、酒或饮料、店堂环境、厨师和服务人员是有形的，但这些实体成分并不是餐饮服务的本质，餐饮服务的本质是烹饪服务、就餐服务和酒或饮料的买卖服务（如果餐饮店的酒是自己调制的，还要加上调酒服务），这些服务本身是抽象的、无形的。

（1）与实物所有权无关

服务无形性的一个表现是服务与实物所有权无关。一切服务交易实质上都不发生服务者本身实物所有权的转移，因为无形的东西只能享用，不能占有。

（2）主观体验性

服务无形性的另一个表现是服务的主观体验性。一切服务的质量和效果都离不开消费者的主观体验，具有很强的心理色彩。服务质量是顾客对服务的期望与对服务的实际感知之间的差距，顾客对服务的期望心理和感知心理在很大程度上决定着服务的质量。

一切服务本质上都是无形的，但不同服务的无形性程度有高有低。例如，服务营销学家勒夫劳克（C. Lovelock）指出，教育、信息服务、部分娱乐、银行、法律服务和保险等服务的无形性程度较高，而保健、美容、部分娱乐、货物运输、干洗和兽医等服务的无形性程度较低。一般来说，精神性较强的服务的无形性程度较高，而物质性较强的服务的无形性程度较低（或有形性程度较高）。例如，教育服务的精神性比保健服务强，教育服务比保健服务更抽象。

2. 服务的不可分性

服务的不可分性是指服务的生产与消费是同时进行的，是分不开的。例如，手机用户使用（消费）手机的同时，有关的电信公司提供（生产）手机服务；餐馆顾客的候餐和用餐（消费）过程就是餐馆的助餐服务（如桌席安排、点菜、端盘等）和烹饪服务（生产）的过程。

（1）顾客的参与

服务不可分性的一个主要表现是顾客对服务生产的参与。手机用户的拨号、餐馆顾客的点菜、储蓄用户的储蓄单填写或 ATM 操作都是对服务生产的参与。

（2）服务的核心价值产生在与顾客的接触中

服务不可分性的另一个主要表现是服务的核心价值是在服务机构与顾客的接触中产生的。例如，函授大学、电视大学、网络大学的服务价值比全日制大学低，主要因为这类大学的教师与学生面对面的接触少，大学服务的价值需要通过面对面的接触（如课堂讲授、讨论、实验室指导等）才能产生。

服务的不可分性意味着服务生产完全离不开服务消费。制造业有时可以脱离消费，而服务业一刻也不能脱离消费。服务天然的营销性也是由服务纯粹的交易性所决定的。服务营销学家古梅森（E.Gummesson）说："服务是一种不能自产自用，只能买卖交易的东西。"

一切服务的生产和消费在本质上都是不可分的，但不同服务的不可分程度是有高有低的。勒夫劳克把服务分成以人为直接对象的服务和以物为直接对象的服务，前者如保健、美容、娱乐、教育、信息服务、娱乐等，后者如货物运输、干洗、兽医服务、银行、法律服务、保险等。以人为直接对象的服务的不可分程度较高，而以物为直接对象的服务的不可分程度较低。例如，在美容服务中，美容师自始至终伴随着顾客，而在干洗服务中，顾客只在送取衣服时与干洗店人员接触。

3. 服务的异质性

服务的异质性是指服务的质量是多变或易变的，是随不同的服务交易而变的，缺乏一致性和稳定性。

（1）随服务交易地点而变

服务的异质性首先表现在服务质量可能随服务交易的地点而变。例如，麦当劳在世界各地的特许餐厅中，有些餐厅拥有乐于助人和面带微笑的服务人员，而有些餐厅的服务人员像刻板的机器人。

（2）随服务交易时间而变

服务的异质性其次表现在服务质量可能随服务交易的时间而变。例如，城市公交车每天在上下班高峰时段的服务质量一般要比其他时段差一些：乘客多而拥挤，候车时间增加，车厢内环境变差和服务能力跟不上，乘车时间增加。

（3）随服务交易人员而变

服务的异质性还表现在服务质量可能随服务人员而变。同一服务岗位的不同人员，由于心理状态、服务技能、努力程度等方面的差异，服务质量也会有所差别。例如，医院里同一门诊科室的医生的服务质量可能因其资历、经验等差异，使得患者宁可多花钱看专家门诊，也不愿意承受一般门诊的风险。

（4）随顾客而变

服务的异质性还表现在服务质量可能随顾客而变。“有一千个观众，就有一千个哈姆雷特”，不同顾客对同样的服务的感知可能不同，而感知水平又依赖于个体知识、经验、兴趣和动机等多重因素，进一步产生了对服务质量评价的差异。

例如，同是报团旅游，有人乐而忘返，有人败兴而归，在评价同等旅游服务项目质量时，感知的差异便形成了评价的差异，愉快的游客可能会给予好评，而不尽兴的游客可能评价较低。

一切服务的质量都是易变的，但不同服务的易变性的程度有高有低。第一，复杂或无形性强的服务的易变性程度较高，简单或无形性弱的服务的易变性程度较低。前者如教育服务、律师服务、保险服务等，后者如零售服务、公交服务、干洗服务等。例如，一所学校的教师之间的服务质量差距比一家商店的营业员之间的差距更大一些。第二，服务易变性程度的高低与不可分性程度的高低之间是正相关的。例如，客运交通的顾客参与程度比货物运输高，客运服务质量的差异性也比货运大。

4. 服务的易逝性

服务的易逝性是指服务的不可再生性、不可储存性和浪费性。

（1）不可再生性

服务的易逝性首先表现为服务的不可再生性。服务不能再生，服务者永远不会完全重复以前做过的服务。印刷机、复印机、电影、电视、广播、网络和计算机能复制有形的信息产品，但服务本身是不能复制的。

例如，电影院第二遍放映同一部片子的服务与第一遍是不一样的。第一，观众不一样。

即使观众完全一样，但观众在看第二遍时的心态与第一遍时不会完全相同，因而对电影效果的感知和评价也不会与第一遍完全一样。第二，放映员的工作状态不一样。第三，电影院的环境和设备的状态也不会完全相同，尽管这方面的差异可能小一点。因此，电影院只能“复制”影片，但不能复制放映服务。放映服务本身是不可复制或不可再生的。

（2）不可储存性

服务的易逝性其次表现为不可储存性。有形产品可以储存，而且储存是有形产品制造业一个重要的供求调节手段。而服务无法储存，服务业没有储存。因此，服务业比制造业少了重要的供求调节手段，这意味着服务业对供求的调节比制造业难得多，许多服务业常常因为难于很好地调节供求矛盾而出现较大的生产波动，如旅游业、交通业、电信业等。换言之，经常的供求不平衡性或忙闲不均也是服务易逝性的一个重要表现。

服务无法储存，因为服务是人类的活劳动。人类赖以创造财富的劳动有活劳动和物化劳动两种，其中只有物化劳动才能储存，因为一切储存都是时间的凝固——变化的中止，劳动被物化后就中止了变化，而活劳动是人体细胞的活动，细胞在正常条件下永远处于变化之中，不会有片刻的中止，因此，活劳动不能储存。

（3）浪费性

服务的易逝性还表现为服务供过于求时资源的浪费性。制造业可以动用闲置的资源生产库存产品，以留作以后使用和避免资源的浪费。但服务业无法生产库存产品来调节供过于求，因此，常常只能让闲置的资源白白浪费，如飞机、餐厅、电影院的空座、旅馆的空房都是服务浪费性的例子。这意味着在可比条件下，服务业的生产效率一般不会超过制造业。当然，现代服务业也正在学习和引进制造业的高效率手段，如拥有中心厨房的连锁快餐店和拥有商品配送中心的连锁超市就是服务业学习制造业库存手段的典型例子。

2.1.2　服务消费者行为

服务消费者行为与实物消费者行为相比具有以下 7 个不同的特点：消费认知的风险性、信息来源的人际性、质量识别的间接性、品牌选择的有限性、品牌持有的稳定性、接受创新的缓慢性和服务过程的参与性（见图 2-2）。

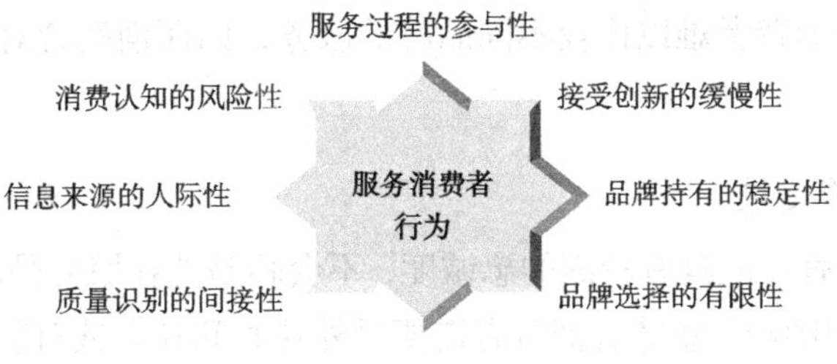

图 2-2　服务消费者行为的特点

1．消费认知的风险性

服务消费者在消费认知方面的风险比实物消费者大，这是因为：第一，服务产品是无形的，消费者在购买前很难判断服务产品的特点、功能、质量和享用服务后所能获得的利益；第二，服务产品具有变异性，质量不稳定，消费者在这次享受到好的服务，并不能保证下次的服务和这次一样好。这使顾客在购买和消费服务时，在服务功能上、财务上、心理上、身体上、社交上、时间上及最终在质量上的感知风险大大提高，不利于服务产品的推广。

2．信息来源的人际性

服务消费者主要通过人际交流而非大众媒体上的广告来获取服务信息，做出购买与否的决定。因为无形性使服务产品较难有效采取传统的为实物而设计的方法做广告，或者说，较难用媒体广告来有效地传递服务信息，因此，服务消费者一般不看重大众媒体上的服务广告。

例如，餐饮服务主要是烹饪服务，但烹饪服务较难做广告：第一，厨师的烹饪过程很难用平面广告表达；第二，一家餐饮店烹饪的菜肴品种很多，除非这家店拥有很多的广告经费和时间，否则很难完整地将所有品种都做广告。因此，大多数餐饮店只能做一些店堂环境和少数菜肴品种的广告，但这些广告显然难以全面地体现一家餐饮店的服务水平。

服务消费者更看重自己周围的人所传递的服务信息。因为，消费服务的过程是一种经验，以“人”做传播媒介的信息能更好地传达这种经验。例如，餐饮消费者听老顾客谈对一家餐饮店服务的感受和评价，要比看广告能获得更多、更真实的信息。顾客的口碑往往是服务消费者最重要的信息来源。

3．质量识别的间接性

服务产品的无形性使服务消费者在购买和享用服务前，往往只能根据服务价格、服务设施和环境等有形的东西来间接地判断服务质量。在服务消费者看来，较高的服务收费、较好的服务设施和环境意味着较高的服务质量和水平。

4．品牌选择的有限性

服务的无形性使消费者难以比较不同品牌的服务，因而消费者对服务品牌挑选的程度比对商品品牌低。

5．品牌持有的稳定性

消费者对服务品牌一般具有较高的忠诚度，不会轻易地在服务品牌上“弃旧图新”。这是因为：第一，“弃旧图新”意味着消费者需要另外花时间和金钱对新品牌进行认知，而消费者一般不愿意再冒认知风险；第二，服务的不可分性使服务消费者对旧品牌多少产生了感情。

6. 接受创新的缓慢性

通常消费者接受一项服务创新要比接受一项实物产品创新慢，主要原因为：第一，很多情况下顾客须亲身经验新服务，风险性高；第二，无形性使企业很难对顾客展示新服务，增加顾客对新服务的了解和信心。

例如，中国的邮政编码曾经是一项服务创新，但这项创新经过两次推广和数年时间才被接受。接受服务创新的缓慢性是因为服务的不可分性使新服务的推广需要消费者立即改变老的习惯作为配合，而习惯一般不会立即改变。

7. 服务过程的参与性

服务的不可分性使服务消费者需要参与服务的生产过程，因此，服务消费者对服务质量也会有一种责任感。

2.1.3　服务营销组合

实物营销组合一般是 4P 营销组合：产品（Product）、定价（Price）、渠道（Place）和促销（Promotion）。服务营销组合将 4P 扩充到 7P，增加了人（People）、过程（Process）和有形提示（Physical Evidence）（见图 2-3）。人、过程和有形提示这 3 个要素体现了服务营销组合的特点。

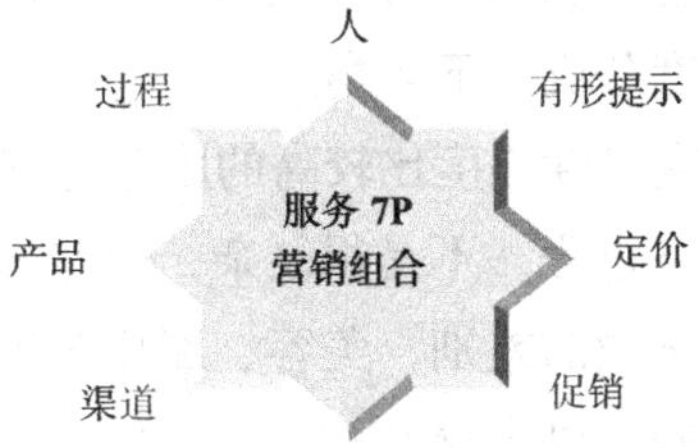

图 2-3　服务营销组合

1. 人

服务营销组合中的人是指服务人员和顾客。由于服务具有生产与消费的不可分性，服务的营销过程就是服务的生产过程和消费过程，服务生产人员和顾客都参与营销过程，他们的素质和行为以及二者之间的协调和配合程度会直接影响服务营销的效果。

服务人员是营销组合的一个要素。不同的服务人员直接参与营销活动的程度和接触顾客的程度不同。贾德（R.Judd）按参与营销活动的程度和接触顾客的程度不同将服务人员分成以下 4 类。

（1）接触者（Contactor）

接触者即一线的服务生产和销售人员。他们直接参与营销活动的程度和接触顾客的程度都比较高，因此需要很好地领会企业的营销战略并承担日常的服务责任。企业应根据他们适应顾客需要的能力对其进行招聘、试用、培训、考核和奖励。

（2）改善者（Modifier）

改善者即一线的辅助服务人员，如接待或登记人员、信贷人员和电话总机话务员等。他们直接参与营销活动的程度比较低，但直接接触顾客的程度比较高，因此需要具备适应顾客需要和发展顾客关系的能力。虽然他们直接参与营销活动的程度比较低，但也要懂得企业的营销战略。企业要对他们进行培训和监督。

（3）影响者（Influencer）

影响者即二线的营销策划人员如服务产品开发、市场研究等人员。他们直接参与营销活动的程度比较高，但直接接触顾客的程度比较低。企业在对他们进行考核和奖励时应注意他们对顾客需要反应的能力和他们顾客导向的业绩。企业应创造机会让他们多接触顾客。

（4）隔离者（Isolated）

隔离者即二线的非营销策划人员，如采购部门、人力资源部门和数据处理部门的人员等。他们直接参与营销活动的程度和接触顾客的程度都比较低。他们主要对一线服务人员起到支持作用（支援者），也就是要服务于“内部顾客”，他们的服务质量及行为的好坏对企业的营销业绩有较大影响。

2. 过程

过程是指服务的生产工艺、交易手续和消费规程的总和。由于生产和消费的不可分性，设计一个能将交易规则、生产程序和消费规程融为一体的过程是非常重要的。服务过程可以按其复杂性程度和变异性程度分成以下 4 类。

（1）复杂性程度比较低而变异性程度比较高的服务过程

如理发、美容、照相等服务过程，不是很复杂，但差异程度比较高，不同顾客要求不同的发型甚至同一发型但要有细微的差别，美容、照相等也是如此，而且理发师之间、美容师之间、照相师之间手艺的差异也比较大。

（2）复杂性程度和变异性程度都比较高的服务过程

如外科医生的手术过程，既比较复杂，又随病人的不同或医生的不同而出现比较大的差异。

（3）复杂程度和差异程度都比较低的服务过程

如超市的服务过程，既不复杂，又没有多少差异。

（4）复杂性程度比较高而变异性程度比较低的服务过程

如酒店的服务过程，比较复杂，但比较标准化，一般不会因为顾客的不同产生很大的差异或出现很大的改变，而且酒店普遍重视对人员的统一培训，这也降低了服务过程的差异程度。

3. 有形提示

服务的有形提示也称有形线索，是指服务过程中能被顾客直接感知和提示服务信息的有形物。美国服务营销学家肖斯塔克（L. Shostack）指出，顾客看不到服务，但能看到服务环境、服务工具、服务设施、服务人员、服务信息资料、服务价目表、服务中的其他顾客等有形物，这些有形物就是顾客了解无形服务的有形线索，这是对有形线索广义的理解。狭义地说，有形提示是指服务环境、服务设施、工具和用品、服务信息媒体。由于服务产品的无形性和消费者识别服务质量的困难性，因而设计和提供服务的有形提示具有重要的战略意义。

2.1.4　服务质量

服务质量区别于实物产品质量的特点是主观性、过程性和整体性（见图 2-4）。

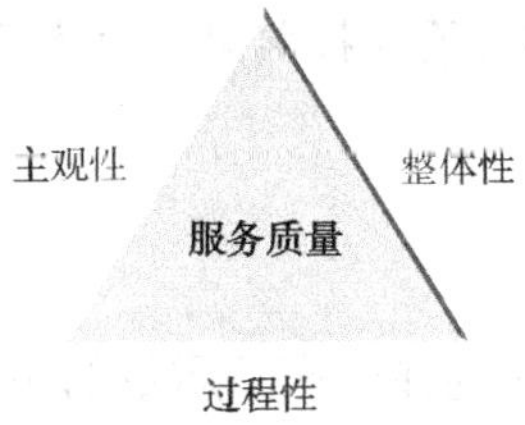

图 2-4　服务质量的特点

1．主观性

实物产品的质量具有较强的客观性，一般都可以通过客观技术手段加以检测，而服务质量有较强的主观性。顾客对服务质量的评价更多地凭主观期望和感受做判断，服务质量的高低更多地受主观因素的影响。相同水平的服务，期望高的顾客可能对其质量评价比较低，期望不高的顾客评价可能比较高。这是因为：在前一种情况下，实际的服务不容易超过顾客的期望，而在后一种情况下，实际的服务容易超过顾客的期望。在这里，顾客的主观期望成了评价服务质量的主要依据。由于无形性，服务质量缺乏有形、客观的评价标准，因而主观标准往往成了主要的标准。由于生产与消费的不可分性，服务质量的形成必须有顾客的参与、经历和认可，因而不可能不受顾客主观因素的影响。

2．过程性

实物产品的质量主要是产出质量，它的生产及其质量形成的过程，顾客一般是看不到的，顾客看到的是产出质量，而服务质量是一种过程质量。由于服务的不可分性，服务的生产及其质量形成过程，顾客一般是参与和可感知的，因而服务质量可以依据服务过程的质量做判断。例如，到同一景点旅游（产出即景点是一样的），如果安排的活动、路线和导游的服务行为质量不同，旅游服务的质量将会不同。

3．整体性

服务质量是一种整体性的质量。服务质量的形成需要服务机构全体人员的参与和协调。不仅一线的服务生产、销售和辅助人员关系到服务质量，而且二线的营销策划人员、后勤人员对一线人员的支持和有形实据也关系到服务质量。服务质量是服务机构整体的质量。

相关链接

上海东方商厦的“全员服务”质量

上海东方商厦的“全员服务”质量是一种整体性的质量，“非营业员也必须提供服务”。它推出“全员服务”的新理念，即以市场需求为导向、以顾客满意为中心的全员、全程和全面的服务。它通过公司全体员工的岗位配合和协作，使每位顾客自始至终享受到周全、满意的服务。“全程、全面服务”对进入（或接近、路过）商厦的顾客，不管是否购物，都提供服务。“全员服务”要求从高级管理人员到一线管理人员，从营业员到各类辅助人员，从合同工到临时工，都必须直接或间接地为顾客提供服务。

2.2 服务期望和感知

服务营销与实物营销最大的区别在于产品质量的主观性，即服务质量的优劣相当程度上取决于顾客对服务的心理期望和感知。研究和掌握顾客对服务的期望和感知是服务营销管理的核心所在。

2.2.1 服务期望

顾客对服务的期望（Expectation of Service）简称服务期望，是指顾客心目中服务应该达到和可达到的水平。服务期望按期望水平的高低，可分为理想的服务、合格的服务和容忍的服务这 3 类。其中，理想的服务期望水平比较高，合格的服务期望水平比较低，而容忍的服务期望水平介于二者之间（见图 2-5）。

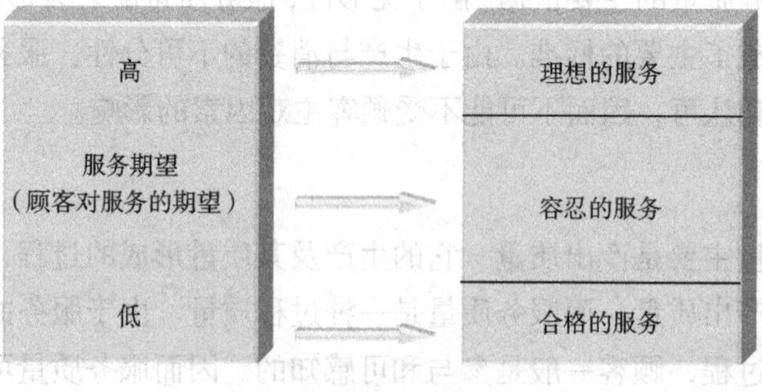

图 2-5 服务期望的种类

1．理想的服务

理想的服务是指顾客心目中向往的较高水平的服务。例如，家长找家教时常常向家教服务中心提出一些附加条件，比如教师的性别、年龄、爱好、专长等，这些附加条件体现着家长心目中理想的家教服务。精明的家教服务中心会对这些附加条件表示关注，并尽量予以满足。

服务营销商了解顾客心目中理想的服务，一是有助于确定服务质量的高标准，因为理想的服务往往就是高标准服务；二是有助于服务的改进或创新，因为理想的服务往往就是现有服务需要改进的方向；三是有助于传播服务信息，因为有关理想的服务信息是服务消费者最关注的；四是有助于服务定价，因为理想的服务可以反映顾客对某项服务最大效用的评价。

2．合格的服务

合格的服务是指顾客心目中能接受的最低水平的服务。例如，许多快餐馆对服务的定位是顾客心目中合格的服务，这样可以合理地降低服务成本，又不影响市场绩效。

服务营销商了解顾客心目中合格的服务，一是有助于确定服务质量的底线，因为合格的服务就是最低限度的服务水平；二是有助于降低服务成本和服务定价，因为合格的服务就是相对最低成本的服务，最低成本就是最低定价。

3．容忍的服务

容忍的服务是指顾客心目中介于理想和合格之间的服务。容忍的服务是一个区间，称作服务的容忍区间（Zone of Tolerance），其上端接近理想的服务，下端接近合格的服务。对顾客来说，容忍的服务不那么理想，但比合格的服务要好一些。“容忍”的意思就是顾客“不挑剔”，容忍的服务也可称顾客不挑剔的服务。

相关链接

一位乘客常乘公交车上班。有一天他赶到车站的时候，一辆车刚开走。等了 5 分钟后，他并不着急。因为按照他的经验，这条线路公交车正常的间隔时间是 5～10 分钟。但等了 10 分钟后，他有点着急了。不过，他想只要车能在 15 分钟内到，上班还来得及。15 分钟过去了，车还没来。他心里开始上火了，并且与旁边的乘客一起抱怨起来。到了第 17 分钟，他看还没有公交车的影子，就扬手叫了一辆出租车。这里，这位乘客认为的正常间隔时间为 5～10 分钟，这就是他的服务容忍区间；5 分钟来车是理想的服务；10～15 分钟（不耽误上班的候车时间）是对他而言的合格的服务；超过 15 分钟就是不合格或不能接受的服务。公交公司了解这些顾客心理上对服务各方面（如等候时间、车厢拥挤程度、车速等）的容忍区间、合格区间和理想区间，对如何改进公交服务质量是有用的。

2.2.2　服务感知

服务感知（Perception of Service）是指在服务过程中顾客对服务质量的感觉、认知和评价。服务感知的内容可包括以下 5 个层面的服务质量：可靠性、响应性、保证性、移情性和有形性（见图 2-6）。

图 2-6　服务感知的 5 个层面

1. 可靠性

服务的可靠性（Reliability）是指服务企业在服务过程中能履行自己明示或暗示的一切承诺。可靠性，尤其是核心服务的可靠性，是顾客用以感知服务质量最重要的层面。例如，飞机票上的航班时间就是航空公司对乘客的承诺。服务可靠的航空公司应当准确无误地执行航班时间，那些不能准时执行航班时间的航空公司的服务是不可靠的。另外，准时起降与客舱服务相比更是一种核心服务，因此，如果飞机不能如约准时起降，那么客舱服务得再好也很难使乘客在总体上感知好的服务质量。

2. 响应性

服务的响应性（Responsiveness）是指服务企业能迅速地应对顾客提出的要求、询问和及时、灵活地处理顾客的问题。迅速、及时和灵活是响应性的要点，它们体现着服务质量。例如，美国比恩（L.L.Bean）邮购公司就是以响应性作为自己的服务特色。该公司成立了专门应对和处理顾客问题的顾客服务部并加强了一线服务人员的响应性培训。为了增强服务响应性，该公司又将顾客服务部人员分成 3 组：一组人员专门接顾客电话，一组人员专门处理顾客电话中的问题，另一组人员专门处理顾客信件。该公司发现这样的分工有助于增强响应性。

3. 保证性

服务的保证性（Assurance）是指服务企业具有能胜任服务的能力和信用。这个层面对一些顾客认为风险或不确定性较大的服务行业尤其重要，这些服务行业有银行、保险、中介、医疗和律师事务所等。例如，现在银行的个人账户服务就很大程度上依靠银行或银行有关服务人员的能力和信用。一家缺乏能力和信用的银行是很难开展个人账户服务的。所以，这些高级服务商的水平、信用和信誉是顾客最需要感知的内容。

4. 移情性

服务的移情性（Empathy）也称关怀性，是指服务企业能时时为顾客着想和给予顾客个性化的关注。移情性常常是中小服务企业的一种优势。中小服务企业的顾客相对较少，它们的服务人员能熟悉自己的顾客，与顾客之间保持良好的关系，对顾客的个性化需要比较了解，因此普遍比大型服务企业更能提供移情性服务。

5．有形性

服务的有形性（Tangibility）是指服务企业能通过自己的有形环境、设施、工具、人员、信息展示等向顾客提示服务质量，就是前述服务有形提示的能力。有形性是顾客感知服务质量的一个重要维度。有形性或有形提示能加深顾客对服务企业其他 4 个层面的质量感知。

2.3　服务营销管理模型

服务营销管理的目标是使顾客对服务质量满意，也就是使顾客对服务质量的实际感知与其期望相一致。顾客对服务质量的实际感知低于其期望，被称为存在服务质量差距（Gap of Service Quality），即感知的质量与期望的质量之间存在差距。如果存在这样的差距，顾客就不满意，服务营销管理就需要改进。

为此，可以建立一个基于顾客对服务质量期望和感知的服务营销管理模型，又称服务质量 5 差距模型，它是一个以减小甚至消除服务质量差距为总目标的管理系统，由 4 个互相衔接的管理环节构成：管理环节 1——了解顾客的服务期望；管理环节 2——制定服务质量标准；管理环节 3——执行服务质量标准；管理环节 4——对顾客承诺服务质量（见图 2-7）。

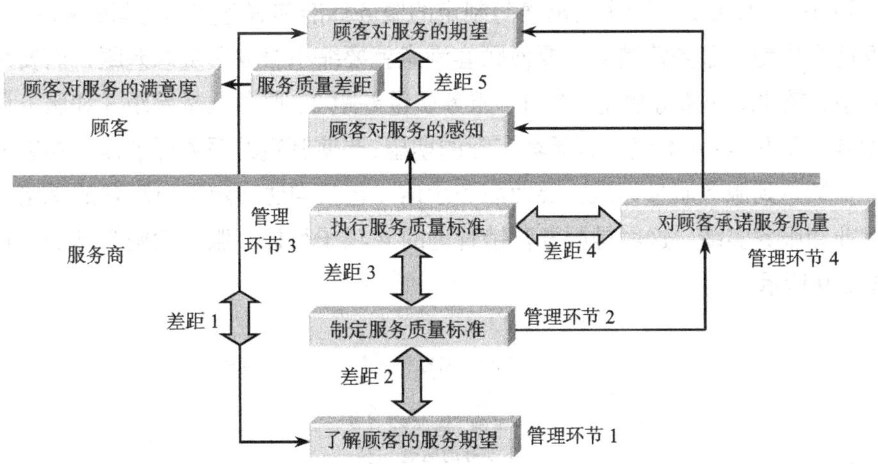

图 2-7　服务营销管理模型

4 个管理环节都有自己的子目标。管理环节 1 的目标是准确了解顾客实际的期望；管理环节 2 的目标是使制定的服务质量标准体现顾客的期望；管理环节 3 的目标是使服务实绩达到服务质量标准；管理环节 4 的目标是使服务承诺符合服务质量标准和服务实绩。

4 个管理环节都可能存在管理实绩与管理目标的差距，这 4 个管理差距也被称为服务质量差距，分别是“服务质量差距 1”、“服务质量差距 2”、“服务质量差距 3”和“服务质量差距 4”，而整个管理系统总的服务质量差距被称为“服务质量差距 5”。服务质量差距 5

（总差距）来自 4 个管理环节，是 4 个服务质量子差距之和（见图 2-8）：

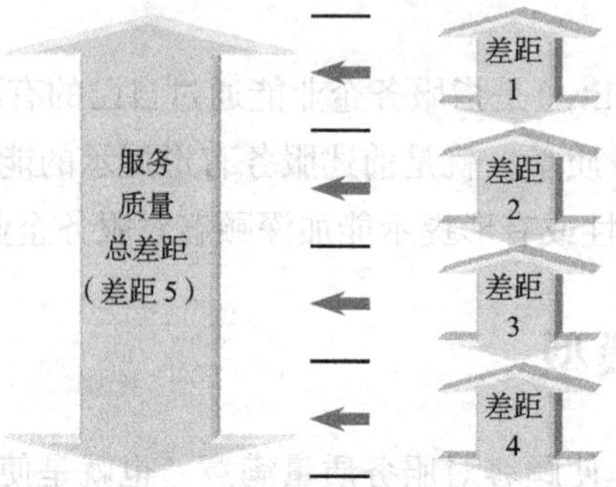

图 2-8　服务质量差距之间的关系

服务质量总差距（差距 5）=差距 1+差距 2+差距 3+差距 4

式中　总差距——顾客对服务质量的期望与顾客对服务质量的实际感知之间的差距；

差距 1——服务商所了解的顾客期望与实际的顾客期望之间的差距；

差距 2——服务商制定的服务质量标准与所了解的顾客期望之间的差距；

差距 3——服务商被顾客感知的服务实绩与制定的服务质量标准之间的差距；

差距 4——服务商对顾客的承诺与制定的服务标准和服务实绩之间的差距。

根据这个模型，服务营销管理要使顾客满意就要缩小服务质量总差距，而要缩小服务质量总差距，就要缩小服务质量差距 1、服务质量差距 2、服务质量差距 3 和服务质量差距 4，即要做到以下几点：要准确了解顾客实际的期望；要使制定的服务标准体现顾客的期望；要使服务实绩达到服务质量标准；要使服务承诺（包括沟通、定价所隐含的承诺）符合服务质量标准和服务实绩。这就是服务营销管理的 4 项子目标。服务营销管理的总目标和子目标如图 2-9 所示。

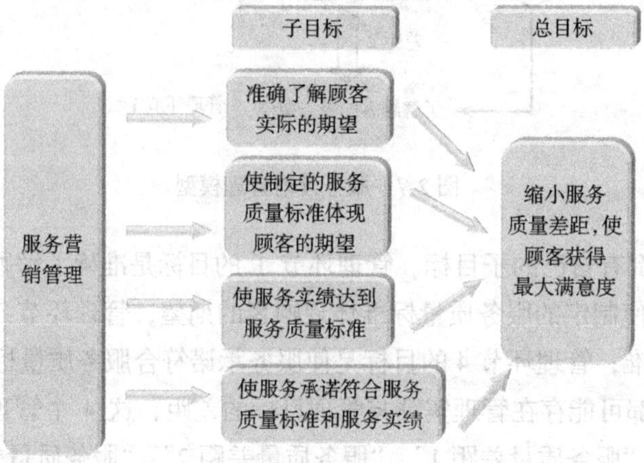

图 2-9　服务营销管理的目标体系

2.3.1　了解服务期望

服务质量差距 1 是服务商所了解的顾客期望与实际的顾客期望之间的差距，它存在的原因是服务商没有真实、准确地了解顾客对服务的期望。为了缩小服务质量差距 1，服务商可以进行下列营销管理活动（见图 2-10）。

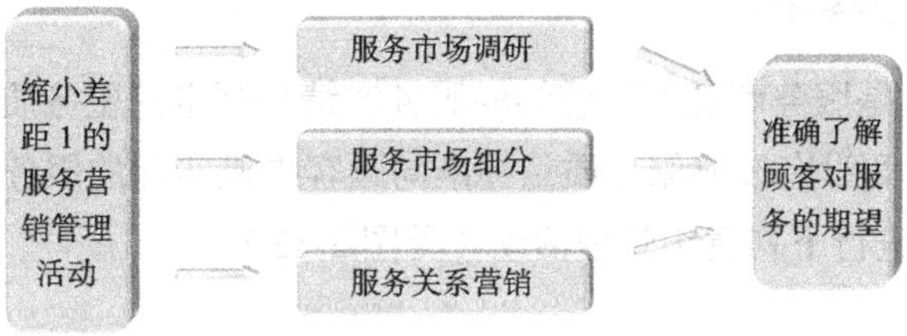

图 2-10　缩小服务质量差距 1 的营销管理活动

（1）服务市场调研

服务商通过市场调研全面而深刻地了解顾客对服务（质量）的期望。

（2）服务市场细分

服务商通过市场细分有区别、有重点地了解顾客的期望。

（3）服务关系营销

服务商通过关系营销不断地增进对顾客及其期望的了解。

2.3.2　制定服务标准

服务质量差距 2 是服务商制定的服务质量标准与所了解的顾客期望之间的差距。它存在的主要原因是服务商没有按照顾客期望来制定服务质量标准。为了缩小服务质量差距 2，服务商可以进行下列营销管理活动（见图 2-11）。

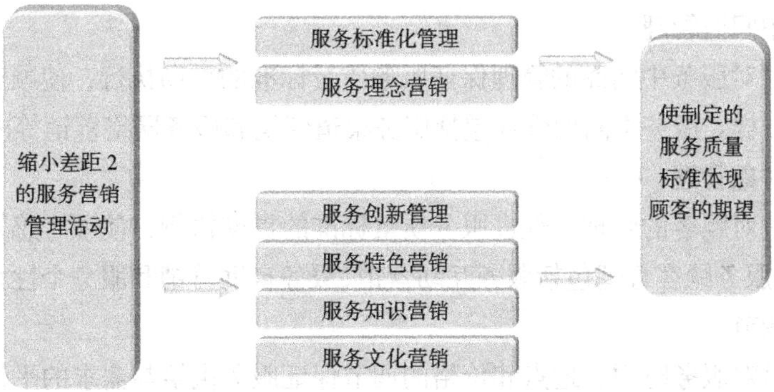

图 2-11　缩小服务质量差距 2 的营销管理活动

（1）服务标准化管理

服务商将顾客对服务的期望化为服务质量标准。服务标准化管理还包括服务理念营销，理念也是一种体现顾客期望的服务标准。

（2）服务创新管理

服务商进行服务创新以符合顾客对服务的期望。服务创新管理还包括服务特色营销、服务知识营销和服务文化营销，特色创新、知识创新和文化创新都是服务创新的重要内容。

2.3.3 控制服务实绩

服务质量差距 3 是服务商被顾客感知的服务实绩与制定的服务质量标准之间的差距。它存在的原因是服务商没有按照服务质量标准向顾客提供实际的服务。为了缩小服务质量差距 3，服务商可以进行下列营销管理活动（见图 2-12）。

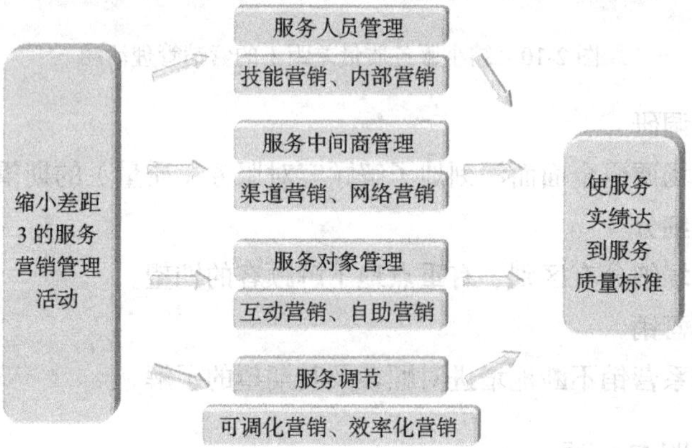

图 2-12　缩小服务质量差距 3 的营销管理活动

（1）服务人员管理

服务商通过对服务人员管理保证服务质量标准的贯彻执行，使顾客感知与他们期望的服务质量一样。服务人员管理包括服务技能营销和服务内部营销等内容。

（2）服务中间商管理

服务商通过对服务中间商的管理保证服务质量标准的贯彻执行，使顾客感知与他们期望的服务质量一样。服务中间商管理包括服务渠道营销和服务网络营销等内容。

（3）服务对象管理

服务商通过对顾客的管理，促进服务质量标准的贯彻执行，使顾客感知与他们期望的服务质量一样。服务顾客管理包括服务互动营销、服务自助营销和服务个性化管理等内容。

（4）服务调节

服务商通过对服务时间、地点和价格的调节保证服务供给与需求的平衡，使顾客感知与他们期望的服务质量一样。服务调节包括服务可调化营销和效率化营销等内容。

2.3.4 管理服务承诺

服务质量差距 4 是服务商对顾客的承诺与制定的服务标准和服务实绩之间的差距。它存在的原因是服务商对顾客的承诺超过了服务质量标准或执行服务质量标准的能力，使顾客感知的服务实绩低于服务商的承诺。为了缩小服务质量差距 4，服务商可以进行服务承诺管理：服务商通过对服务承诺的管理使得服务承诺与服务质量标准和服务实绩相符合，使顾客对服务质量的感知与反映他们期望的服务承诺一致。服务承诺管理还包括服务品牌营销和服务环境营销等内容。品牌形象和环境形象（有形提示）实际上都是对顾客的承诺（见图 2-13）。

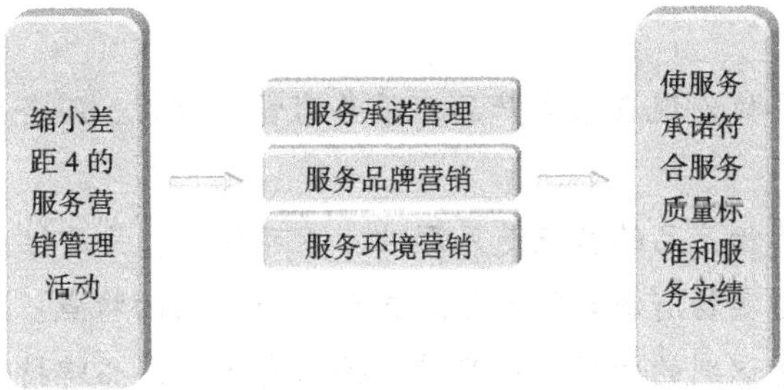

图 2-13　缩小服务质量差距 4 的营销管理活动

相关链接

基于服务质量差距模型的图书馆服务营销策略

根据“服务质量 5 差距模型”，图书馆要想提高服务质量，缩小读者期望与读者感知的差距，应该缩小图书馆领导的认知与读者期望之间的差距（差距 1）、图书馆领导对读者的认知与其制定的服务标准之间的差距（差距 2）、图书馆服务标准与图书馆服务传递之间的差距（差距 3）、图书馆服务传递与图书馆外部传播之间的差距（差距 4）。因此，图书馆的服务营销策略应该是“弥补差距的服务质量管理策略”。

（1）加强对读者期望的认知与管理，与读者建立互动关系；

（2）建立和完善读者导向的服务质量标准，严格控制服务传递过程；

（3）重视馆员双重角色管理，完善服务质量管理机制；

（4）加强图书馆内部营销。

前沿话题

日本：微服务创新

（来源：商业评论　原作者：和君咨询集团合伙人丁昀）

日本零售的服务在微创新方面一直居于前沿。例如，国内大部分商城在下雨时不会为顾客备伞，一些做得稍好的商城在下雨时，通过广播告知工作人员为顾客免费发放 。而在日本，他们认为，听到广播后的顾客在领取免费雨伞时可能会觉得理所当然，甚至会因未领取到合适雨伞而不满，因此，日本的商城没有采取这样的广播。它们将广播创新地变为特定音乐暗号，以音乐告知工作人员进行相应准备。顾客在结束购物时会惊喜地收到商城门口早已就位的工作人员递来的雨伞及防雨塑料袋，离开后才发现外面下起了雨。以音乐暗号代替广播的关键在于调低了顾客对商城的预期，以意外之喜的形式服务于顾客，避免了顾客未收到免费雨伞的负面心理，以此营造良好商场形象。

本章小结

服务营销的特点具体表现在服务产品、服务消费者行为、服务营销组合和服务质量等方面。

服务产品区别于实物产品的特点是无形性、不可分性、异质性和易逝性。

服务消费者行为与实物消费者行为相比具有 7 个不同的特点：消费认知的风险性；信息来源的人际性；质量识别的间接性；品牌选择的有限性；品牌持有的稳定性；接受创新的缓慢性；服务过程的参与性。

服务营销组合将 4P 扩充到 7P，增加了人（People）、过程（Process）和有形提示（Physical Evidence）。人、过程和有形提示这 3 个要素体现了服务营销组合的特点。

服务质量区别于实物产品质量的特点是主观性、过程性和整体性。

研究和掌握顾客对服务的期望和感知是服务营销管理的核心。

服务期望是指顾客心目中服务应达到和可达到的水平。服务期望按期望水平的高低，可分为理想的服务、合格的服务和容忍的服务这 3 类。

服务感知是指在服务过程中顾客对服务质量的感觉、认知和评价。服务感知的内容包括 5 个层面的服务质量：可靠性、响应性、保证性、移情性和有形性。

基于顾客对服务质量期望和感知的服务营销管理模型又称服务质量 5 差距模型，它是一个以减小甚至消除服务质量差距为总目标的管理系统，由 4 个互相衔接的管理环节构成：了解顾客的服务期望、制定服务质量标准、执行服务质量标准和对顾客承诺服务质量。

关键词解析

服务质量：顾客对服务的期望与对服务的实际感知之间的差距。

服务的无形性：不发生服务者本身实物所有权的转移。

服务的不可分性：服务的生产与消费是同时进行的，分不开。

服务的异质性：服务的质量是多变或易变的，是随不同的服务交易而变的，缺乏一致性和稳定性。

服务的易逝性：服务的不可再生性、不可储存性和浪费性。

服务期望：顾客心目中服务应达到和可达到的水平。

理想服务：顾客心目中向往的较高水平的服务。

合格的服务：顾客心目中能接受的最低水平的服务。

容忍的服务：顾客心目中介于理想和合格之间的服务（注：取决于“容忍区域”）。

服务的可靠性：服务企业在服务过程中能履行自己明示或暗示的一切承诺。

实际应用

请应用服务无形性理论解释下述现象。

我国保险市场曾经出现过“退保热”，其中一个重要的原因是人们在购买保险时多有失误，而失误多的一个重要原因又在于保险产品缺乏“形象”感、比较抽象、复杂、难懂，以致很多人在没有看懂的情况下就盲目地买保险。例如，有的人是因为亲友做了保险代理员，在他们的劝说下，虽然并没有搞懂，但因为抹不开脸面而买了保险。而有些人见银行利率下调而保险风行，盲目跟风。事实上，他们并不太了解保险的功能，只看哪种保险息高，就毫不犹豫地买下，结果难免失误。还有些人不懂买保险必须有持久、稳定的经济承受力，在买保险时不顾经济条件，贪多、求新，一旦发现无法承受，只得退保或自我冻结。

案例讨论 Case Discussing

价格大战打得精疲力竭　商家看好服务竞争

（来源：智库·文档中的服务营销案例集）

某地商界掀起了一场前所未有的低价倾销大战，各路商家纷纷亮出低价格，以期抢得市场。漫步街头，一些降价名词不时地冲击着市民的耳鼓、眼帘，如“醉价”“错价”“箱价”“冲撞价”“地价”“本价”等，令人颇感“新奇”却又难以弄懂。“一折起售”“买一送一”等广告更是铺天盖地，令人眼花缭乱。然而一番激烈的“火拼”过后，不少商家却发现，自己的销售额虽有上升，利润却下降了，自身的形象在某种程度上也打了折扣。精明的消费者因弄不懂价格走势，也形成了持币观望的消费心理。 面对如此窘境，被价格大战折腾得精疲力竭的商家在一番苦思冥想之后，不约而同地选择了优质服务。打响当地商界“服务战”第一枪的是中南商业大楼。他们抢先推出“不满意就退货”“顾客投诉有理”“投诉赠礼”等活动，同时将每年创利 30 万元的橱窗广告撤掉，代之以商场四名模范员工的塑像，并为其配备专线电话，推出“买微波炉找刘某某、买床上用品找王某某、买服装找杨某某、维修家电找姜某某”四个个人服务品牌，利用其技艺、业务专长、商品知识去带动全柜人员，共同为顾客服务。 其他商场、超市、连锁店等也纷纷打出“把烦琐的家务劳动留给商家，把方便、卫生、 节时、省力等实惠留给消费者”的服务口号，甘当市民家庭厨房的“帮工”，推出了净菜系列，满足了一些因工作繁忙而没有时间上街买菜的双职工家庭需求。不少大型高档餐饮企业也放下架子，纷纷推出即食家宴和特色菜肴的外卖系列，并根据消费者的需求，随时搭配制作。某商场将鲜花业务引进大商场后，随时推出了电话购物、送货上门服务，并针对部分消费者闲暇时间不多和花卉养护知识缺乏的实际情况，推出了免费进行花木栽培和养护技术培训，请专业人士根据买花人的喜好和家居环境进行专业搭配等服务，为爱花人排忧解难。与此同时，一家百货开展了“星级员工、文明信誉柜组”竞赛；各大中商场在服务上下功夫，积极开展以优势商品和服务为主题的活动，通过完善服务功能，赢得消费者的信任，进而赢得市场、占领市场。

问题讨论：

1．为什么商家逐渐放弃价格战，而转向了服务竞争呢？请结合服务期望与感知作答。

2．为什么说市场竞争最终是服务的竞争？

3．分析本案对服务营销的启示。

第 2 篇

了解服务期望

第3章

服务调研

本章学习导航

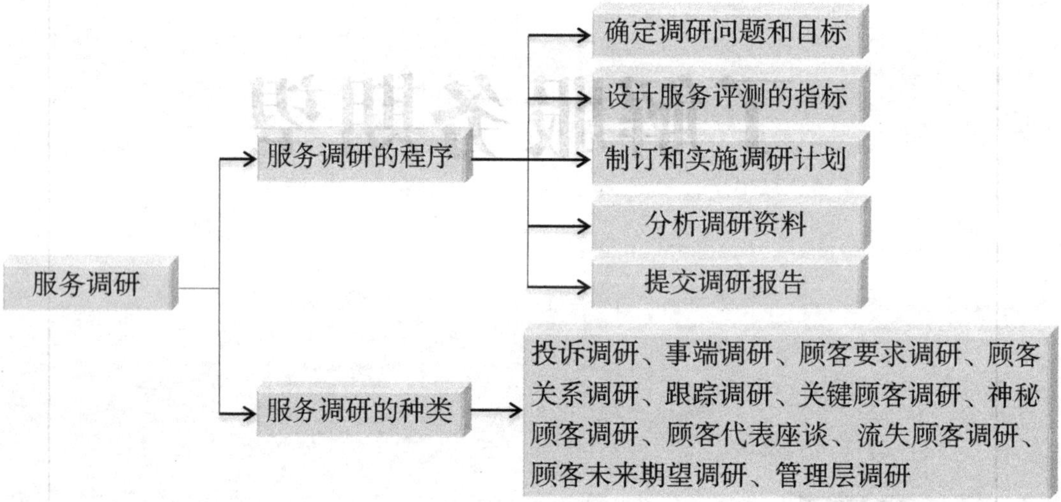

本章学习目标

- 掌握服务调研的程序；
- 掌握服务调研的种类；
- 了解服务调研与顾客期望之间的关系；
- 能够应用本章知识进行现象和案例分析。

服务商所了解的顾客期望与实际的顾客期望之间的差距是服务质量差距 1。缩小服务质量差距 1 的一项服务营销管理活动是服务调研。服务商通过服务调研可以更准确地了解顾客对服务质量的期望。本章主要介绍服务调研的程序和种类。

3.1　服务调研的程序

服务调研的程序如图 3-1 所示。服务调研的程序与一般市场调研的程序相比，增加了“设计服务评测的指标”这一步骤。因为服务调研的核心是调查顾客对服务的期望，而顾客的期望除了通过顾客对服务的要求反映出来，还需要通过顾客对服务质量的感知和满意度加以间接地了解。因此，服务商需要专门设计一套评测顾客感知和满意度的指标。

图 3-1　服务调研的程序

3.1.1　确定调研问题和目标

服务调研的问题主要是顾客对服务质量的评价、要求以及对服务创新的反应等。由于不同调研问题的调研方法和所需资源不同，全面和准确地确定调研问题是非常重要的。

服务调研的目标最常见的有：识别不满意顾客，发现顾客对服务的要求或期望；连续监察和跟踪服务的实绩；了解整个服务商的实绩并与竞争对手相比较；监察顾客对服务的感受与期望之间的差距；考察服务改进的效果；服务人员和班组实绩的考评；确定顾客对服务创新的期望；监察本行业顾客期望的变化；预测顾客期望的发展趋势，等等（见表 3-1）。

表 3-1　服务调研

调研类型	调研目标	调研内容	调研频率	调研时耗	调研成本	调研方法
顾客投诉	识别不满意顾客	顾客感知	连续	低	低	定性分析
	发现常见的服务失误					
服务实务	发现最优实务	顾客感知	间断	中	低	定性分析
	发现顾客的要求					
	发现常见的服务失误					
	发现机构的服务强势和弱势					
顾客要求	发现顾客的要求	顾客期望	间断	中	低	定性分析

续表

调研类型	调研目标	调研内容	调研频率	调研时耗	调研成本	调研方法
顾客关系	连续监察和跟踪服务实绩	顾客感知	1 年	中	中	定量分析
	评价机构实绩					
	顾客行为与满意程度的联系					
	服务质量差距	感知或期望	1 年	中	中	定量分析
顾客跟踪	获取服务实绩的顾客反馈	顾客感知	连续	中	中	定量分析
	测试服务改进的有效性					
	评估服务人员或小组的实绩					
	利用顾客意见改进服务					
	发现常见的服务失误					
重要顾客	与重要顾客的对话	感知或期望	1 年	中	中	定量或定性
	接近重要顾客的社交圈					
扮演神秘顾客	考核服务人员的实绩	顾客感知	1 季	低	低	定量分析
	发现机构的服务强势和弱势					
顾客代表座谈	监察顾客期望的变化	感知或期望	连续	中	中	定性分析
	收集顾客对访问创新的评价					
顾客流失	发现顾客流失的原因	感知或期望	连续	低	低	定性分析
顾客未来的期望	预测顾客未来的期望	顾客期望	间断	高	高	定量或定性

在上述调研目标中，最能体现服务调研特点的是“连续监察和跟踪服务实绩”和“监察顾客期望的变化”。如第 2 章所述，服务（产品）是易变的，服务实绩是不稳定的。在一个时点和一个地点所测得的服务实绩无法充分反映真正的服务实绩。因此，服务调研往往需要连续监察和跟踪服务实绩。由于服务营销管理的核心问题是缩小顾客对服务的感受与期望之间的差距，因此，对这个差距的监察自然成为服务调研的主要目标。

3.1.2 设计服务评测的指标

服务评测指标就是评测顾客对服务满意度的指标，一般包括服务影响顾客满意度的各个方面，顾客总的满意度，与顾客满意度相关的后果。

相关链接

美国 IBM 公司所属一家职业和技术培训服务公司设计的服务评测指标包括下列 3 类指标（见表 3-2）。

表 3-2　美国 IBM 公司所属的一家职业和技术培训服务公司设计的服务评测指标

学员种类 服务评测的指标	A	B	C
服务影响学员满意度的各个方面			
培训计划或培训课程	√	√	√
培训的后勤保障		√	√
课程的内容			√
培训的效果			√
课后应用	√	√	√
学员总的满意度			
对培训班	√	√	√
对培训部	√	√	√
对整个培训公司	√	√	
与学员满意度相关的后果			
价值评价	√	√	√
忠诚度	√	√	√
再培训的意愿	√	√	√
推荐他人的意愿	√	√	√

注：√表示某项评测对某类学员是必要的。

从表 3-2 可以看出：① 用以评测学员（顾客）对培训满意度的指标（方面）有 6 项——培训计划或培训课程、培训的后勤保障、课程的内容、培训的效果和课后应用；② 用以评测学员总的满意度的指标有 3 项——对培训班的满意度、对培训部的满意度和对整个培训公司的满意度；③ 用以评测与学员满意度相关的后果的指标有 4 项——价值评价、忠诚度、再培训的意愿和推荐他人的意愿。

设计服务评测指标及体系为服务调研提供了一个框架，它有助于将有限的调研经费用在关键的调研内容上。事实上，造成服务调研经费浪费的一个重要因素是调研内容的随意性或非系统性，导致一部分经费浪费在非关键的调研内容上。

3.1.3　制订和实施调研计划

建立服务评测指标及体系后，需要制订和实施一项调研计划来收集所有的第一手资料，以便完成服务评测。在制订调研计划时，要根据调研目标和服务评测指标体系确定调研类型及相应的调研方法、调研内容、调研成本、调研频率等（见表 3-1）。

3.1.4　分析调研资料

服务调研者收集了有关服务测评的数据后，需要对数据进行分析。一般市场调研中常用的数据分析方法，如方差分析法、回归分析法、判别分析法、聚类分析法、因子分析法和多层面评测等在服务调研中都可以采用。

相关链接

美国消费者金融公司调查和收集了信用卡用户收入、年龄和所持信用卡数量的数据，用判别分析法建立了区分或识别高信用用户与低信用用户的模型，解决了该公司的一个难题。

美国消费者金融公司按信用程度的高低将信用卡用户（市场）细分为高信用用户和低信用用户两类。用以划分高信用和低信用的市场特征量是用户的年收入、年龄和所持信用卡数量。该公司在高信用用户和低信用用户中各抽取10名样本，并调查他们的年收入、年龄和所持信用卡数量。公司根据这些数据建立了信用卡用户的判别函数：$Y = 0.184\,9X_1+0.131\,2X_2+0.099\,1X_3$，确定了信用卡用户的判别值 $Y_c=7.92$。当 $Y>7.92$，信用卡用户属于高信用用户；当 $Y<7.92$，信用卡用户属于低信用用户。比如，某信用卡用户的年收入为9 500美元，年龄为25岁，持有2张信用卡，那么将该信用卡用户的这3个数据 $X_1=9.5$，$X_2=25$ 和 $X_3=2$ 代入判别函数 $Y=0.184\,9\times9.5+0.131\,2\times25+0.099\,1\times2=5.23$，得出 $Y=5.23<7.92$。所以，该信用卡用户属于低信用用户。

3.1.5 提交调研报告

服务调研报告与一般的市场调研报告相比，更要注意以下两方面：语句和数据的简明易懂和图示化。

1．简明易懂

服务调研报告的使用对象是服务商的管理人员和关心顾客信息的操作人员，他们工作繁忙，缺乏时间，很多人可能没有受过系统的统计训练，阅读专业化的语句和数据可能比较困难。而一旦感到调研报告难读、难懂，那么他们使用调研报告的积极性就会大打折扣。因此，服务调研报告宜简明易懂，尽量将复杂的研究结论、数据、模型转化为一般人能看懂的语言，以便有关对象能及时、迅速地使用调研成果。为了增强调研报告的简明性、可读性和可用性，报告撰写者需要事先明确：① 某条信息主要提供给谁；② 他们为什么需要这条信息；③ 他们在决策中怎样使用这条信息。

2．图示化

服务调研报告应尽量使用图示语言。图示语言符合上述服务调研报告简明易懂的要求。使用图表语言，进一步讲，也是由服务产品的特点即无形性所决定的。服务的无形性造成服务语言的抽象性，如服务期望，服务的理想区间、容忍区间和合格区间，服务感知，服务质量的可靠性、反应性、保证性、关怀性和有形性等，都比较抽象。服务语言的抽象性增加了理解上的困难。而用图示语言即有形语言来表达服务调研的结论，在一定程度上有助于减少服务语言的抽象性，降低服务信息理解上的困难度。

3.2　服务调研的种类

服务调研中常用的调研种类有投诉调研、事端调研、顾客要求调研、顾客关系调研、跟踪调研、关键顾客调研、神秘顾客调研、顾客代表座谈、流失顾客调研、顾客未来期望调研和管理层调研。

1．投诉调研

服务商用投诉调研收集和记录顾客的投诉，以便用这些投诉信息识别不满意的顾客，改正服务人员存在的问题，研究经常失误的环节。投诉调研对服务商具有时效性，因为投诉调研的结果可以立即用于服务的改进。投诉调研是最易行的调研之一，有的服务商仅仅靠投诉调研获取信息。但有研究证明，在对服务不满意的顾客中，只有少数会直接向服务商投诉，大多数只是停留在不满，最多向其他人倾诉一下自己的怨气。因此，仅仅靠投诉调研获取的信息是很少的。作为改进措施，服务商可以：第一，将“投诉”的概念广义化，它可以包括顾客对服务商的任何评议和提问；第二，设立相应的信息通道，增加投诉信息报告的频率。

2．事端调研

服务商与顾客之间发生的事端（如争吵等）是服务调研的一项重要内容。事端调研一般会引起顾客的兴趣，被调研顾客会生动地讲述他们在事端中的“遭遇”。事端调研所收集的资料能很好地反映服务环节存在的问题，特别是人员的问题。事端调研可以采取焦点访谈的方式进行调研。

3．顾客要求调研

调研顾客对服务的要求能直接获得有关顾客期望的信息。要求调研可以运用以下两个技巧：一是结构型头脑风暴法，即对一组顾客进行创造性思维培训后，让他们自由地描述自己认为理想的服务；二是相似行业类推法，如住院病人对医院住院部服务的要求与旅客对宾馆服务的要求相似——都要求有舒适的房间、可口的饭菜和文明礼貌的服务人员。因此，可以根据宾馆调研的资料推断病人对住院部服务的要求。

4．顾客关系调研

调研顾客与服务商和其竞争对手的关系及影响关系的因素、这有助于服务商发现自己的优势和弱势。关系调研常用多层面服务质量调研模型（Service Quality，SERVQUAL），该模型是在服务质量的多层面上让顾客对服务商及其竞争对手进行评价，再根据顾客的评价确定顾客与服务商及其竞争对手的关系。

相关链接

对宏达服务公司服务质量的可靠性评价可以设计如表 3-3 所示的 5 个方面的 SERVQUAL 问卷。

表 3-3　宏达公司服务质量可靠性的 SERVQUAL 问卷

	非常不同意						非常同意
1. 宏达公司按照承诺向顾客提供服务。	1	2	3	4	5	6	7
2. 每当顾客遇到麻烦，宏达公司都表现出真诚的关心。	1	2	3	4	5	6	7
3. 宏达公司提供的初次服务就没有失误。	1	2	3	4	5	6	7
4. 宏达公司按规定（承诺）的时间提供服务。	1	2	3	4	5	6	7
5. 宏达公司在服务过程中始终保持与顾客的信息联系。	1	2	3	4	5	6	7

5. 跟踪调研

跟踪调研是在服务交易后打电话询问顾客对服务的满意程度。这种跟踪调研比投诉调研效果好，它体现了服务商的一种积极、主动的姿态，较有利于解决服务商与顾客之间的矛盾。美国一家旅馆在每个旅客即将离开时，用计算机终端向旅客询问 4～5 个有关住旅馆时遇到的问题，得到了旅客的积极响应，应答率较高。

6. 关键顾客调研

关键顾客调研就是服务商对某些大的、重要的客户进行个别访谈和深度访谈。例如，银行对存贷大户的调研、证券公司对投资大户的调研、会计师事务所或律师事务所对主要委托户（人）的调研都是关键顾客调研。关键顾客对服务的期望和感知具有更大的信息价值。

7. 神秘顾客调研

服务商从外面雇人扮演神秘顾客，进入服务商所属网点，通过他们对服务的感知来了解服务质量的实际情况。神秘顾客调研常常与服务质量的监控结合在一起进行。

相关链接

在新奥尔良一流的温莎大酒店客房里，史盖夫从床头灯内拧下灯泡，然后使劲地往床罩上砸。他摇了摇灯泡，当确信里面的灯丝断了后，才小心地把灯泡旋入床头灯。史盖夫可不是一般的酒店客人，事实上他根本就不叫史盖夫，他的真名叫大卫·里切，创办了一家位于马里兰的侦探所，是一名职业酒店侦探。他的工作就是使用各种各样的化名，抽样检查遍布世界各地的豪华酒店和宾馆。温莎大酒店被《康德纳斯特旅游者杂志》评为世界最佳酒店。里切在接下去的两天内要用一系列手段检测温莎大酒店是否真正名副其实。"烧坏灯泡"测试是其中最厉害的一招，里切侦查过的酒店中仅有11%通过了这一测试，即客房主管在第一遍巡视客房时就发现被"烧坏"的灯泡。全球有2 000多家酒店聘请这位里切先生做神秘顾客检查其服务。

8. 顾客代表座谈

服务商定期或不定期地召开顾客代表座谈会，通过座谈会了解顾客对服务质量的反馈、意见、要求和建议。例如，上海市一家商店每年举办一至两次"顾客代表大会"。顾客代表由商店周围的企事业单位、学校、街道、居委会等团体经过推荐的方式产生。顾客代表为了参加好会议，挨家挨户听取群众意见。在顾客代表大会上，商店向代表介绍了工作情况和今后的工作目标，顾客代表对一些问题提出了意见。商店从顾客代表座谈会上了解顾客对该店服务质量的反馈、意见、要求和建议。

9. 流失顾客调研

服务商可以采用深度访谈的方式对自己过去的顾客进行调研，主要是了解顾客离开的原因，尤其是导致其离开的事端。如果对流失顾客的调研不便于采取访谈的方式，还可以采取信函、问卷等比较标准化的调研方式。有时，信函调查访谈更有效，更能发现问题。来自流失顾客的信息是很有价值的：首先，服务商从中可以发现服务中较严重的失误并总结教训；其次，服务商可以据此比较提高服务质量的成本与顾客流失的成本，以便做出经济合理的决策。

10. 顾客未来期望调研

顾客的期望是动态的、不断变化的。随着竞争对手的服务创新、社会消费心理的变化和顾客自身水平的提高，顾客对服务商的期望也会发生变化，这就需要服务商对这种变化加以调研和预测。未来期望调研的最佳对象是那些引领潮流或赶潮流的顾客，因为这类顾客对服务消费的变化最关心、最敏感。对这类顾客的调研方式可以采取德尔菲法（Delphi Method），即找一组顾客让他们独立地对某种服务期望做出预测，然后统计平均值并将平均值反馈给他们，接着进行第2轮预测，如此循环进行4轮后，可以获得顾客对这种服务期望的预测结果。

11. 管理层调研

服务要准确地理解顾客的期望，不仅要靠专门化的调研，也要靠服务商管理层亲自调研。因为专门化调研报告写得再好，对管理层来说也只是二手信息，不是一手信息。作为二手信息的调研报告与一手信息相比，真实性、准确性要差一些。第一，它可能受专门化调研者观点、偏好等主观因素的影响；第二，它可能受专门化调研者水平的影响；第三，外请的专门化调研者与服务商之间是一种交易关系，交易价格也会影响调研报告的质量。因此，作风严谨的管理层不会完全相信和依靠专门化调研报告，而会尽量抽时间亲自去调研顾客。

美国航空公司的一位 CEO 说：“高层管理必须天天亲临服务现场。我不是站在某个山顶上告诉公司的服务部门怎样处理问题，我要亲临现场看他们怎样做。我经常乘坐美航的班机，我不是要到哪里去，而是要看看我们的航班做得怎么样。”

服务商管理层亲自接触顾客和调研顾客的程度一般与服务商的规模呈反比。小的服务商的管理层一般经常接触顾客，对顾客的想法比较了解。相反，服务商越大，管理层直接接触顾客和了解一手信息的程度可能越低。因此，大的服务商更要加强管理层对顾客的调研。

（1）顾客

顾客（客户）是管理层主要的调研对象。在生产性服务或 B2B 服务营销中，访问客户尤其重要。服务商管理层可以访问客户公司与服务商洽谈合同的人员，以及与自己级别相当的管理人员，通过与他们面对面的接触，管理层可以比较真实地了解客户的想法，取得有关客户的一手信息。现在，一些服务公司已经形成了高层管理访问顾客（客户）的制度。例如，美国一家信用卡公司有一项“倾听顾客”的制度，要求管理层每年至少访问顾客（客户）2 次，95%的资深管理人员每月接听 2 小时顾客来电。

（2）服务中间商

服务中间商是管理层值得调研的对象。服务中间商是服务商的客户，他们的想法、需要和期望本身就值得管理层关注。服务中间商又比较了解最终用户，管理层还可以通过他们了解最终用户的想法、需要和期望。

（3）一线员工

一线员工也是管理层可以调研的对象。一线员工直接接触顾客，是服务质量的直接提供者，也是顾客满意度的直接感知者，因此，他们是有关顾客一手信息的一个重要来源。管理层通过对一线员工的调研不仅可以获取这些一手信息，同时也可以了解一线员工对管理层的想法、需要和期望，以便改善服务商的内部营销。

相关链接

交通银行重庆分行的服务调研报告

根据有关行动计划的要求，交通银行重庆分行精心设计了 8 个大项 23 个小项的调查方案，内容涵盖营业环境、业务效率、机具状态、大堂服务、网点安全 5 个方面。实施人员挑选新近入行尚未分配到岗的学生以客户身份秘密观察网点的服务问题。

通过调研发现存在营业环境状况参差不齐；业务处理效率不高；自助机具维护不到位；大堂服务工作似有若无一系列问题。由此提出优化营业环境的服务功能；加强大堂服务的业务引导；提高自助机具的使用效率等改进对策。

本章小结

服务业的市场调研也就是顾客调研或服务调研，它在服务营销管理中具有重要作用。

服务调研的程序是：确定调研问题和目标、设计服务评测的指标、制订和实施调研计划、分析调研资料和提交调研报告。服务调研的程序与一般市场调研的程序相比，增加了"设计服务评测的指标"步骤。

服务调研的种类有投诉调研、事端调研、顾客要求调研、顾客关系调研、跟踪调研、关键顾客调研、神秘顾客调研、顾客代表座谈、流失顾客调研、顾客未来期望调研和管理层调研等。

关键词解析

服务质量差距 1： 服务商所了解的顾客期望与实际的顾客期望之间的差距。

服务评测指标： 即评测顾客对服务满意度的指标，一般包括服务影响顾客满意度的各个方面，顾客总的满意度，与顾客满意度相关的后果。

投诉调研： 服务商用投诉调研收集和记录顾客的投诉，以便用这些投诉信息识别不满意的顾客，改正服务人员存在的问题，研究经常失误的环节。

事端调研： 服务商与顾客之间发生的事端（如争吵等）的服务调研。

顾客关系调研： 调研顾客与服务商和其竞争对手的关系及影响关系的因素。

跟踪调研： 在服务交易后打电话询问顾客对服务的满意程度。

关键顾客调研： 就是服务商对某些大的、重要的客户进行个别访谈和深度访谈。

神秘顾客调研： 服务商从外面雇人扮演神秘顾客，进入服务商所属网点，通过他们对服务的感知来了解服务质量的实际情况。

顾客代表座谈： 服务商定期或不定期地召开顾客代表座谈会，通过座谈会了解顾客对服务质量的反馈、意见、要求和建议。

流失顾客调研： 服务商可以采用深度访谈的方式对自己过去的顾客进行调研，主要是了解顾客离开的原因，尤其是导致其离开的事端。

案例讨论 Case Discussing

重庆市物业管理服务调研

为了了解重庆物业管理服务的现状和提高服务水平，重庆物业管理服务行业对居民住宅小区物业管理服务进行了调研。

（1）调研基本情况

从调研结果看，小区居民业主对物业管理相关知识了解程度不高，导致了许多误解，如开发商遗留问题、水电气等部门的收费问题等，往往都将不该承担的责任“嫁接”到了物业企业身上。调研发现大部分业主对物业管理服务质量是基本认可的，说明重庆市的物业管理服务整体水平比较好。同时，重庆物业管理服务也存在一些亟待解决的问题。比如道路变“停车场”和收费，公共用地被占用等。

（2）改进对策

有关专家根据调研结果提出提高重庆物业管理服务水平的建议，一是继续深入开展创优达标活动，推动大企业进行ISO 9002服务质量认证工作，使重庆物业管理服务与国际接轨。二是鼓励物业管理企业拓展服务领域，满足业主不同层次消费的需求。三是建立投诉处理制度，及时解决群众反映的问题。四是组织力量制定行业服务标准和考核办法，使管理服务工作制度化、规范化。五是在服务技术手段上积极引进科学技术，利用网络技术、数字技术，促进物业管理科技含量的提高。六是鼓励业主积极参与物业管理和配合物业服务，共同提升物业价值。七是加强业主大会及业主委员会的建设，形成有效的公众参与制度和物业管理评估监督制度。

问题讨论：

1．从服务营销的观点看，重庆市物业管理行业的这项调研发现了哪些服务问题？对改进服务营销有哪些价值？

2．如果这项调研是某一家物业管理公司的服务调研，试根据本章有关服务调研的原理设计一项物业管理服务调研。并说明服务调研的目标，运用了哪（几）种类型的服务调研，以及关键的服务评测指标。

第4章

服务关系

本章学习导航

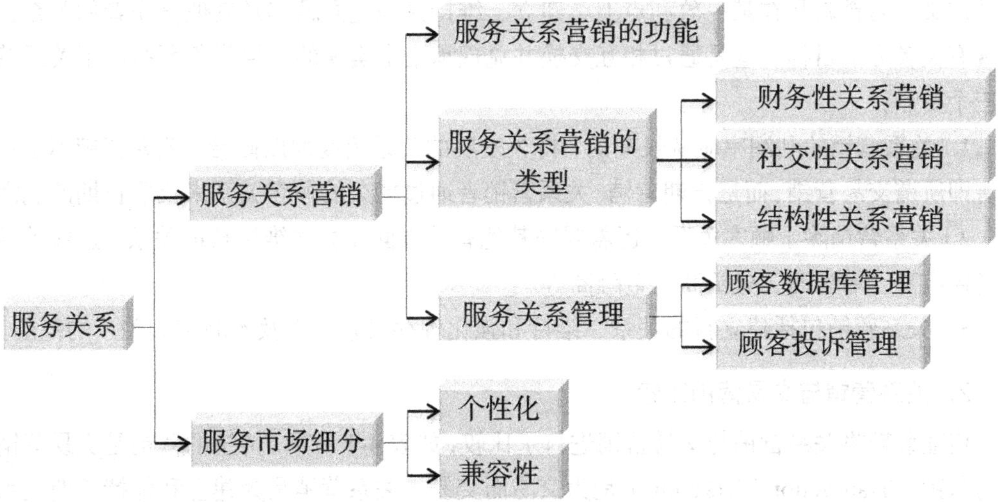

本章学习目标

- 掌握服务关系营销的功能、类型和管理；
- 掌握服务市场细分的特点；
- 了解服务关系营销与减小服务质量差距之间的关系；
- 能够应用本章知识进行现象和案例分析。

缩小服务质量差距 1 的另一项服务营销管理活动是建立和发展与顾客的服务关系，也就是开展关系营销。服务商通过关系营销可以更密切地接触顾客，更多、更准确地了解顾客对服务质量的期望。本章介绍服务关系营销及与关系营销相关的服务市场细分。

4.1 服务关系营销

1. 关系营销的定义

根据服务产品的不可分性，服务者与被服务者之间的关系可以成为调节服务营销成效的一个重要杠杆。服务营销从这个意义来说就是一种关系营销。

较早研究关系营销的是美国服务营销学家贝利（L.Berry），他给关系营销（Relationship Marketing）下的定义是：关系营销是指服务商吸引、维护和增进与顾客关系的营销。他还认为，"吸引新的顾客只是营销过程的第一步营销"，"很明显，为维护顾客群而进行的营销在各类服务行业中已变得极其重要"。

芬兰服务营销学家格隆鲁斯（C.Gronroos）于 20 世纪 90 年代初提出以关系为核心的营销定义：营销就是在某一盈利点上，建立、维持并强化同顾客及其他合作者的关系，以实现有关各方的目标。这是通过相互交换并兑现承诺来实现的。格隆鲁斯指出了关系营销的三个要点：

1）关系营销的利润率应从长期的、持久发展的关系角度加以衡量。关系营销不是短期销售即所谓交易营销，而是长期营销。关系营销者通过持久的顾客关系来获取长期的利润。

2）关系营销除了顾客关系，还需要同其他有关方面建立并维持长期关系。这些关系伙伴是供应商、零售商、分销商、金融商等。

3）关系营销包括建立新的关系、维持和强化现存关系，以及不断扩大关系的范围。

2. 关系营销与交易营销比较

格隆鲁斯将关系营销与交易营销进行了比较，如表 4-1 所示。传统的营销是交易营销，交易营销（Transaction Marketing）是为交易而交易；关系营销是为建立和保持长期关系而交易。关系营销与交易营销相比，主要有长期性、互动性、过程性和价格非敏感性等特点。

表 4-1 关系营销与交易营销的比较

比较内容	营销类型	
	交易营销	关系营销
营销获利的期限和顾客关系时间性	短期、间断	长期、持续
营销手段	4P，卖方主动	4C，买卖双方互动
营销的重点和营销适合的市场	产出，非耐用消费品	过程，耐用消费品、中间产品、服务
营销对价格的敏感性	非常敏感	不十分敏感

1）交易营销追求短期的、一次性的利益。在交易营销者看来，交易结束，关系随之结

束，即所谓的“银货两讫”。关系营销追求长期的、可持续的利益。在关系营销者看来，交易结束，关系随之开始，而且这种顾客关系是可持续的，是伴随顾客终生的。在关系营销中，顾客是“终身制”的。

2）在交易营销中，顾客是营销者 4P 营销手段被动的接受者；在关系营销中，顾客是营销者运营活动的参与者或合作者，营销者与顾客之间是互动的关系。营销者影响顾客的行为，顾客反过来也影响营销者的行为。关系营销的手段或要素是 4C，即顾客的需要和欲望（Customer Need and Want）、顾客的成本（Cost to Customer）、顾客的便利（Convenience）和营销者与顾客的沟通（Communication）。从 4C 可以看出，在关系营销中，顾客在交易中处于相当主动的地位。

3）交易营销是产出的营销，而关系营销是过程的营销。交易营销适合产出性明显的市场，如非耐用消费品市场。关系营销适合过程性明显的营销，如耐用消费品、半成品（中间产品）和服务的营销。因为耐用消费品、半成品和服务的营销都不能在瞬间完成，都具有过程性。耐用消费品的营销通常有一个售后服务过程；半成品的营销（上游厂商的供应）是与下游厂商的生产过程联系在一起的，也具有过程性；服务的营销与服务的生产和消费是同时进行的，服务生产和消费的过程性决定着服务营销的过程性。由于服务营销的过程性最明显，因此，关系营销最适合服务营销，也可以说服务营销最应当被看作关系营销。

4）交易营销对价格非常敏感，讨价还价是交易营销的主要特征。关系营销对价格不十分敏感。在关系营销中，关系作为价格以外的一种利益存在，可以平抑交易双方对价格的敏感心理。

4.1.1　服务关系营销的功能

关系营销无论对服务商还是顾客都是有价值的。服务商可以通过关系营销建立和保持一支忠实的顾客队伍，而顾客也可以从与服务商长期的相处中获益。

1. 增加顾客的利益

（1）给顾客带来更大的、超出期望的价值

关系营销可以给顾客带来更大的、超出期望的价值。价值是指顾客感知的服务效用与其支付的成本之间的对比关系。

关系营销有利于增加顾客感知的服务效用。重视顾客关系的服务商一般会重视和加强服务接触的正效应，即增强服务接触的适应性和自创性等，以便给顾客带来良好的服务感受。因为顾客关系是在服务接触中培养的，只有加强服务接触的正效应和由此增加的服务效用，才有可能培养出良好的顾客关系。关系营销还有利于降低顾客享受服务的成本。重视顾客关系的服务商一般会对老顾客采取优惠政策，这就直接降低了顾客的成本。服务商拥有良好的顾客关系，可以降低顾客的信息成本、沟通成本和投诉成本等。关系营销有利于增加服务效用和降低顾客成本，因此，它可以给顾客带来更大的价值。

（2）给顾客带来特殊的利益

关系营销可以给顾客带来特殊的利益。首先，关系营销建立的长期性关系可以增强顾客对服务质量的可预期性。事实上，一家服务质量难以预期的服务商会造成顾客的担忧，即增加心理负担，这是顾客的一种交易成本。关系营销能降低或消除这种心理成本。其次，关系营销可以减少因初次打交道付出的沟通成本。顾客与一家服务商初次打交道，因为互相陌生而要付出更多的沟通成本。而顾客长期与某家服务商打交道，就可以大大减少这种沟通成本。再次，关系营销能更好地满足顾客个性化的需要，这也是给顾客带来的一种特殊的利益。

在比较复杂的服务业（如律师、医院、学校）、顾客高度参与的服务业（如美发、健身、减肥）和需要较大投资的服务业（如银行、保险、建筑装潢），关系营销带来的这些特殊利益表现得比较明显。

（3）改善顾客消费决策的约束条件和生活质量

关系营销可以改善顾客消费决策的约束条件和生活质量。顾客的时间、精力有限，顾客必须在这样的约束条件下进行消费决策。如果关系营销能提供一个比较稳定、有预期性的关系环境，使顾客在某一服务业的消费决策比较简单，比较节省时间和精力，那么顾客就可以有更多的时间和精力进行其他的消费决策，这有利于提高消费决策的水平并由此改善生活质量。例如，一个双职工家庭与聘用的家庭钟点工之间有良好的关系，那么他们对家庭服务就没有后顾之忧，他们就可以有更多的时间、精力花在其他生活消费上，生活质量也会随之提高。相反，如果他们与钟点工关系不好，那么他们对家庭服务问题就会忧心忡忡，这会牵制他们对其他服务的消费，影响生活质量的提高。

（4）满足顾客社交的需要

关系营销可以满足顾客社交的需要。一家与顾客保持良好关系的服务商可以成为顾客社交圈的一部分，顾客可以在这样的服务商中获得社交的满足和社会的帮助。例如，在中国的城市和乡镇，不少零售商店通过一系列正式或非正式的社交活动保持和发展了顾客关系，让顾客在与商店的关系中享受社交活动的愉悦。

2. 增加服务商的利益

（1）稳定顾客队伍

关系营销可以稳定顾客队伍。在良好的关系下，顾客与服务商相处的时间越长，他们投入这家服务商的货币、时间和精力就越多，对这家服务商的感情就越深，因此，他们就越不愿意退出与这家服务商的关系。也就是说，关系营销增加了顾客流出的成本，从而达到稳定顾客队伍的效果。

（2）增加服务商的收益

关系营销可以增加服务商的收益。由于关系营销的互动性，在平衡发展的条件下，任何关系带来的好处都是相互的。服务商的关系营销给顾客带来利益，顾客反过来也会给服务商“回报”，即顾客会增加服务的购买。在服务市场中，顾客投向与之有良好关系的服务商的购买额会超过其他服务商。从时间上来讲，随着顾客与某家服务商相处时间的增加，顾客会从这家服务商购买更多的服务。也就是说，对于一家服务商来说，长期顾客或用户的年均服务购买额会超过短期顾客或用户。长期顾客对服务商的平均贡献比短期顾客大。

（3）节约成本

关系营销可以节约成本。服务商为吸引新顾客常常需要花费启动成本，如做广告、搞促销和花时间了解新顾客等。这种启动成本有时候相当高，以至于超过获得新顾客后带来的短期收益。这种情况在保险业比较明显，保险公司吸引一名新投保用户的启动成本一般在 3 年内收不回来。而关系营销的对象是老顾客，不再需要或可以减少启动成本。关系营销还降低了服务运行成本。为新顾客服务的运行成本或直接成本也比较高。例如，新顾客对服务商不熟悉，容易在服务过程中问问题，服务商不得不花费时间和精力解答及处理顾客的问题。而老顾客对服务商比较熟悉，较少提问题，服务商在对老顾客的关系营销中可以大大节约有关的运行成本。

（4）促进口碑宣传

关系营销促进口碑宣传。关系营销培养忠实的顾客，而忠实的顾客是服务商的义务宣传员。某家服务商的忠实顾客因为对服务比较满意，往往会在他人面前介绍和推荐这家服务商。他们对这家服务商的信任感、好感，尤其是对服务商的“忠诚”，会强烈地感染和打动其他人，达到良好的口碑宣传效果，从而吸引新的、忠实的顾客。

（5）有利于服务商人员队伍的稳定

关系营销有利于服务商人员队伍的稳定。关系营销在培养忠实顾客的同时，也培养忠实员工。事实上，员工是关系营销的执行者，员工代表服务商与顾客建立良好关系的同时，自己也获得社交的满足和愉悦。这种额外的或溢出的收益是影响员工愿意留在服务商企业的一个重要因素。

4.1.2 服务关系营销的类型

根据服务营销学家贝利（L.Berry）和帕拉素拉曼（A.Parasuraman）的研究，关系营销可分为 3 种不同类型，如表 4-2 所示。

表 4-2 3 种不同类型的关系营销

关系营销类型	营销导向	服务顾客化的程度	第一营销组合要素	差异化竞争潜力
财务性关系营销	无个性顾客	低	价格	小
社交性关系营销	有个性顾客	中	人际交流	中
结构性关系营销	有个性顾客	高	服务过程	大

1. 财务性关系营销

财务性关系营销又可称为经济关系营销，是指服务商用财务（或经济）手段（Financial

Bond）建立和保持顾客关系。常用的财务手段有批量价格优惠和老顾客时间价格优惠等。财务性关系营销的特点有：把顾客看作无个性的“经济人”，认为用价格优惠就能建立和保持顾客关系。财务性关系营销的缺点：容易被竞争对手模仿，因此，价格优惠的竞争优势容易较快地消失。从中长期看，单靠财务手段的刺激作用来维持顾客关系是不够的。

财务性关系营销的关键是实行财务关系倾斜，即把财务关系发展的重点放在现有顾客身上，激励政策向现有顾客尤其忠实顾客倾斜，进行倾斜化营销。

财务性关系倾斜化营销的作用主要是有利于保持现有顾客的关系，尤其是有利于培养服务商或服务品牌的忠实顾客。

相关链接

华夏银行推出的华夏卡具有“计点积分优惠”的促销功能。持卡人从使用华夏卡开始，华夏银行就为持卡人进行消费积分，根据积分对持卡人进行奖励，或者通过使用华夏卡的商户的优惠来回报持卡人。华夏卡的“计点积分优惠”是一种倾斜化财务性关系营销，其优惠政策是向计点积分多的消费者倾斜的，而计点积分多的消费者大都是华夏卡忠实的持卡人。

2. 社交性关系营销

社交性关系营销是将财务手段和社交手段（Social Bond）结合起来用于建立和保持顾客关系。例如，上海新新百货公司投资设立了“新新音响沙龙”，并组织爱好音响的消费者参加。该沙龙不仅给参加者价格优惠，而且提供社交服务，如定期举办专家讲座、现场咨询、信息沟通、新产品介绍和音响作品欣赏等。该公司认为，商业回报消费者的方式不仅仅是价格优惠，更高层次的回报是为消费者提供多方面的服务。“新新音响沙龙”就是一种社交性关系营销。这种关系营销的特点主要在于：把顾客看作无个性“经济人”与有个性“社会人”的混合体，认为不但要用价格优惠更要用人际交流手段建立和保持顾客关系。

社交性关系营销最主要的方式是建立社交性顾客组织，如顾客沙龙、顾客委员会、顾客俱乐部、会员制等，也可称为组织化营销。社交性顾客组织或组织化营销不仅有利于保持服务机构与顾客之间的关系，也有利于建立和保持顾客之间的关系，像上述“新新音响沙龙”就起到这样的作用。参加音响沙龙的顾客之间会形成一种与爱好音乐有关的社交关系，他们会从中获得社交的愉悦，而新新百货公司可以利用这一点增加对顾客的吸引力或凝聚力。

相关链接

广州的“广之旅”旅行社重视年长者出游的实际需要，成立了“广之旅长者俱乐部”。该俱乐部为年长者游客提供定制的旅游产品，重视年长者的需要，注意劳逸结合，派保健领队随团。在不到两年的时间里，长者俱乐部因其优秀的旅游线路和体贴的服务迅速被年长者认同，会员人数一直不断增加。这样一种老年人俱乐部式的关系营销实际上也是一种社交性关系营销。

社交性关系营销在层次较高和专业性较强的服务业中用得较为普遍，如医疗、律师事务、学校、美容等。因为这类服务业的顾客因不懂专业容易产生怀疑心理，而人际交流可以消除或减轻顾客的怀疑心理。例如，医生注意与病人的对话、交流，就能起到很好的关系营销效果。

社交性关系营销与财务性关系营销相比有一个主要优点：较难被竞争对手所模仿。因此，社交关系的竞争优势持续的时间比财务关系要长。将财务关系与社交关系相结合，既可以获得短期的营销效果，又可以获得中长期的营销效果。

3. 结构性关系营销

结构性关系营销是用结构性手段整合顾客并以此建立和保持顾客关系。结构性手段（Structural Bond）是指将顾客整合到服务过程中的营销手段，也可称为整合手段。结构性关系营销也可称为整合性关系营销。例如，一家移动通信公司与手机商合作向用户提供价格优惠的手机，但手机用户被要求使用这家移动通信公司的通信网。这里，手机用户被整合到通信公司的服务网上，而整合的手段是价格优惠的手机。又如，有的医院通过提供特殊的药品或特殊的治疗设备建立和保持与病人的关系，也属于结构性关系营销。这里，特殊的药品或特殊的治疗设备是用以整合病人的手段。

相关链接

中国南方航空公司借鉴国外先进经验建立了高端旅客管理系统，应用信息化技术推动高端旅客服务流程再造。该系统可以识别出高端旅客行程预报，提醒相关部门及时为高端旅客提供全流程个性化的服务；系统可以从运行控制中心获得航班的动态信息，并及时发送短信通知高端旅客；通过该系统对高端旅客进行跟踪管理，记录其具体行程，并提供出行目的地天气预报短信服务。这种高端旅客管理系统是一种结构性关系营销。

结构手段或整合手段通常是技术性手段，而且往往是某家服务商特有的手段，因此，结构性关系营销是竞争对手最难以模仿的关系营销。与财务性关系营销、社交性关系营销相比，结构性关系营销所建立竞争优势的可持续时间最长。

4.1.3 服务关系管理

服务关系管理也称为顾客关系管理（Customer Relationship Management，CRM），主要有顾客数据库管理和顾客投诉管理。

1. 顾客数据库管理

建立顾客数据库（Customer Data Base）是服务商管理顾客关系的一项基础工作。服务商的顾客数据库主要应包括现有顾客的下述数据：① 有关社会特征的数据，如姓名、住址、电话号码、网址等；② 有关服务购买（或消费）行为的数据，如购买服务的种类、购买数量、购买金额、购买频率等；③ 有关顾客个性化需要的数据，如特殊的要求、特殊的习惯等；④ 有关顾客投诉和流失的信息。顾客数据库数据的来源主要有顾客登记、服务商公司卡（如信用卡、商店卡等）、顾客调研、服务运行记录、服务投诉等。

顾客数据库的建立可以有力地支持关系营销。例如，餐厅中，将顾客每次用餐后结账的账目一一记录在顾客数据库，就可以实施按顾客总账目金额大小的比例向顾客发奖金。这里，餐厅的财务性关系营销是建立在数据库基础上的。

2. 顾客投诉管理

在服务商的运行中，不满意顾客对服务商的投诉对关系营销影响较大。服务商处理顾客投诉和采取补救措施是很重要的。据美国营销学者哈特（C.Hart）等的研究，有效处理和补救顾客投诉的要点有以下几个：

（1）转变对投诉的看法

对服务商来说，顾客投诉实际上是一件好事。因为不满意顾客如果不投诉，那就可能意味着他们对某家服务商彻底“绝望”和“一去不复返”了。而不满意顾客愿意投诉，说明他们对某家服务商还没有“绝望”，还希望服务商通过补救挽回他们的损失和由此继续与服务商相处下去。对服务商来说，这是挽救和继续保持顾客关系的一个很好机会。因此，服务商要有效地处理顾客投诉，首先要转变对投诉的看法，变讨厌投诉为欢迎投诉。为此，服务商需要建立一个高度关注投诉、认真听取投诉和积极处理投诉的机制。

（2）尽量在前台解决问题

顾客对服务质量的不满意通常产生于前台，产生于服务接触之中。因此，从顾客的角度讲，投诉的处理和问题的解决最好在前台进行。前台人员或一线人员应当有责任处理和解决投诉问题。前台人员应当掌握补救性服务接触技巧，用道歉、解释和补偿等方法及时处理和解决问题。前台人员处理投诉和解决问题的能力是服务商关系营销的核心能力之一。

（3）迅速解决问题

顾客投诉问题的解决必须迅速、及时。因为一个问题如果不及时解决，就可能迅速变大或升级。为了提高解决问题的速度，服务商最好事先估计到问题的出现和解决问题的措施。例如，如果航空公司对因天气等因素造成的航班延误，以及因航班延误造成的一系列问题，事先要有比较充分的估计，那么一旦遇到航班延误就可以迅速采取应对措施，从而使乘客对航班延误的抱怨减小到最低限度。

（4）授权前台人员

服务商需要给前台人员必要的处置权，以便他们处理一些突发的、引起顾客投诉的问题。服务环境是易变的，服务对象即顾客是个性化、多样化的，仅按服务规范来处理服务中出现的问题是不够的，需要给前台人员某些机动、灵活的权力来处理一些服务规范里没有包括的问题。服务商应鼓励前台人员在解决投诉问题时大胆运用或行使处置权，而不应当将前台人员在这种情况下对处置权的运用当作“越权”行为加以管制。

（5）从补救中吸取教训

服务商有效地补救和解决投诉问题，不仅有利于加强与顾客的关系，也有利于从中吸取教训，找到服务中一些系统性偏差及其原因，从而有利于改进服务质量，而服务质量的改进又进一步加强了顾客关系。

相关链接

香港本地银行对客户投诉的处理

香港不少银行都提出“不能让一个正常客户因为银行的原因流失掉”。他们开通了24小时服务投诉热线，在其各营业场所安置意见箱，要求每位经理必须每日在第一线工作1小时，等等。对任何书面或口头投诉，人力资源部都会积极深入调查，并尽快给予答复。香港的银行界还十分注意把“投诉者变为银行依赖的朋友”。银行将一些曾经进行过投诉的客户聘请为本银行的服务顾问，定期向他们征求意见。另外，银行的一线员工往往是客户投诉的首要对象。香港不少银行都对员工进行培训。

4.2 服务市场细分

市场细分是关系营销的一个要素。为了发展顾客关系，需要对顾客加以分类（或分群），以便选择和接近目标顾客群并对不同目标顾客群采取不同的关系策略。顾客分类就是市场细分。

市场细分（Market Segmentation）是指按某种特征将顾客分类，一类顾客称为一个细分。不同的细分之间具有不同的特征，而同一个细分中的顾客具有相同或相似的特征。市场细分的目的是选择目标市场。选择目标市场（Market Targeting）就是评估不同市场细分的吸引力，并据此选择服务商为之服务的目标市场。选定目标市场后，还需要进行市场定位。市场定位（Market Positioning）是指服务商在顾客心目中建立自己的竞争地位和用服务组合适应这种竞争地位。

关系营销与市场细分、目标市场和市场定位有密切的联系。市场细分、目标市场和市场定位是关系营销的基础。因为只有通过市场细分、选择目标市场和市场定位才能合理确定服务商与之建立和保持关系的目标顾客或对象。对服务商来讲，如果目标顾客或对象找错了，就难以建立良好的顾客关系。

服务市场细分的方法与产品市场细分相同，即采用人口细分、地理细分、消费行为细分等，但服务市场可以比产品市场更细分，因而其具有两个特点：个性化和兼容性。

1. 个性化

产品市场细分的程度总是有限的，因为产品生产者与消费者的数量对比通常是“一对多”的。如果消费者分得太细，就无法找到不同的生产者与之对应，因此，制造业的产品市场细分是比较粗的，很难真正地细化，尤其是个性化。而服务生产者与消费者的数量对比通常是“一对一”的，这就决定着服务市场细分的程度比较高，服务市场可以也应当细分到个人，即达到个性化。服务市场是差异化、个性化或多样化最明显的市场，服务市场细分应当细之又细。服务市场细分的个性化增加了服务生产和营销的成本，这是服务业生产率的提高比制造业难的一个重要原因。现代服务业正在通过自助服务、网络服务和个性化服务等方式来协调个性化与生产率之间的矛盾。

2. 兼容性

由于服务产品的不可分性，在同一家服务商的服务过程中，不同细分的顾客可能是在一起的。这就要求服务商在对顾客进行细分时要考虑到不同细分之间的兼容性，避免选择两个难以兼容的顾客细分。例如，某旅馆在旅游淡季选择两个细分市场作为营销的对象：一个是被费用打折而吸引而来的家庭游客，一个是来度假的大学生游客。旅馆发现这两个细分市场之间很难兼容，双方都感到对方的存在影响了自己的旅游感受。服务商要增强市场细分之间的兼容性，就要在分析不同细分之间差异性的同时寻找它们之间的共同点，并在营销策划时充分照顾到这些共同点。服务商市场细分之间的兼容性越强，顾客之间的共同点越多，服务商的营销可能就越容易，服务成本可能就越低。

相关链接

老年女性游客市场的细分

第1类细分市场为自我提升型，占总样本的25%。这类老年女性希望在旅游中不断提升自己，一般不会为了欣赏自然人文风景而去旅游，对宗教性质的旅游地也不感兴趣。

第2类细分市场为情感逃逸型，占总样本的33.3%。这一类型老年女性特别喜欢与家人、朋友一同出去旅游，喜欢前往自己曾经去过或熟悉的地方旅游。

第3类细分市场为游览观光型，占总样本的41.7%。这一类型的老年女性群体出游的主要目的是观赏美丽的自然风景，游览有名的历史人文景点和宗教性质的旅游地，最不愿前往连朋友都没有去过的地方旅游，也不会为了康体健身而出游。

本章小结

服务关系营销是指服务机构吸引、维护和增进与顾客关系的营销。关系营销无论对服务机构（营销者）或顾客都是有价值的。服务机构可以通过关系营销建立和保持一支忠实的顾客队伍，而顾客也可以从与服务机构长期的相处中获益。服务关系营销包括服务市场细分、关系层次和关系管理等要素。

关键词解析

关系营销：指服务商吸引、维护和增进与顾客关系的营销。

财务性关系营销：又称经济关系营销，是指服务商用财务（或经济）手段（Financial Bond）建立和保持顾客关系。

社交性关系营销：指将财务手段和社交手段（Social Bond）结合起来用于建立和保持顾客关系。

结构性关系营销：指用结构性手段整合顾客并以此建立和保持顾客关系。

市场细分（Market Segmentation）：指按某种特征将顾客分类，一类顾客称为一个细分。

市场定位（Market Positioning）：指服务商在顾客心目中建立自己的竞争地位和用服务组合适应这种竞争地位。

前沿话题

“服务联系卡”密切与客户关系

（来源：新华网　作者：宁永林　时间：2016 年 5 月 12 日）

四家子镇供电所将村客户代表服务联系卡发到了用电客户的手中，旨在全面推广“社区经理”制和“村客户代表”制，得到了广大用电客户的一致好评。

该所严格规范服务行为和流程，广泛宣传，使辖区内所有客户对供电优质服务电话做到家喻户晓，建立起员工与用电客户的快捷服务关系，在客户最需要帮助的时候给予及时服务，让客户感受到有困难会有人关注并能及时得到解决，真正享受到贴心又温馨的用电服务，为提升服务质量、提高工作效率营造了良好的用电环境。

案例讨论 Case Discussing

北农商村镇银行的市场细分和关系营销

湖北仙桃北农商村镇银行根据自身业务特点，在考虑当地实际情况的基础上，探索出适合自身特点的营销方式。

1）以不同的服务吸引不同的细分市场。一是新老客户群体贷款利率不同。北农商村镇银行对老客户的贷款利率比新客户低 10%，且其发放的农业贷款利率比商业贷款利率低 10%。二是质量不同的客户群体授信额度不同。北农商村镇银行根据客户质量的不同将贷款数额划分为 5 万元、20 万元、50 万元等多个层次，对质量不同的客户群体贷放不同数额的资金。三是背景不同的客户群体适用的业务不同。北农商村镇银行结合仙桃地区实际情况，开发出一系列特色信贷产品："协会+农户"贷款模式、"担保公司+农户"贷款模式和"农户大额联保"货款模式等。不同的业务有不同的特点，不同的业务适用群体也不同。

2）发挥本地化职员的关系优势开展关系营销。北农商村镇银行现有职员 14 人（含 1 名司机），其中大专以上学历者占 50%，拥有银行从业经验者也占 50%。北农商村镇银行推行人才本地化战略，14 名员工中只有 2 人来自北京农村商业银行，有 2 名职员来自仙桃市内的农村信用社，具有一定的客户资源优势。人才本地化战略有利于其充分利用职员的地缘优势，更好地把握仙桃农村金融发展状况，尽快打开仙桃农村金融市场。

问题讨论：

1．关系营销与交易营销相比有哪些不同？北农商村镇银行的关系营销有什么特点？

2．服务市场细分有什么特点？北农商村镇银行的市场细分有何作用？

3．北农商村镇银行的关系营销和市场细分能不能结合起来？

第3篇

制定服务标准

第 5 章

服务标准

本章学习导航

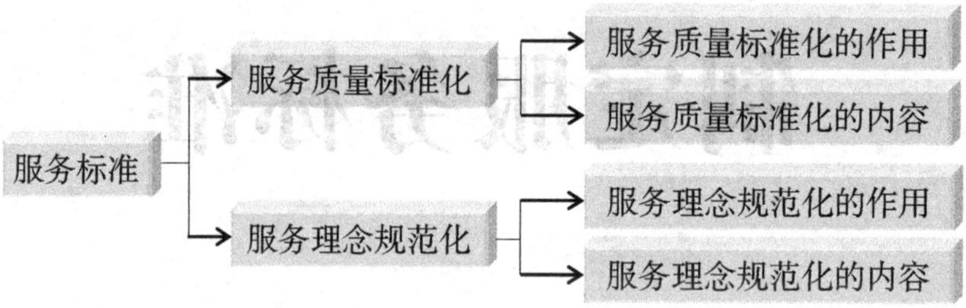

本章学习目标

- 掌握服务质量标准化的作用和内容；
- 掌握服务理念规范化的作用和内容；
- 了解服务标准与减小服务质量差距之间的关系；
- 能够应用本章知识进行现象和案例分析。

根据服务营销管理模型，服务质量差距 2 是服务商制定的服务质量标准与已经准确了解的顾客期望之间的差距。为了缩小服务质量差距 2，服务商需要按照已了解的顾客期望来制定服务质量标准，这样制定的服务质量标准是顾客导向的标准。本章介绍顾客导向的服务质量标准化及与之相关的服务理念规范化。

5.1　服务质量标准化

从营销学的观点讲，服务质量标准或简称服务标准，是顾客导向的服务标准（Customer-driven Service Standard），即服务企业按照顾客期望或要求制定的服务标准，而不是企业导向的服务标准。企业导向的服务标准是服务企业根据生产率、效率、成本、技术质量等运营目标制定的服务标准。这样的服务标准代表企业的目标，不一定反映顾客的期望或要求。顾客导向的服务质量标准就是顾客期望和感知的服务质量标准，包括 5 个维度：可靠性、响应性、保证性、移情性和有形性（参见 2.2.2 节）。这是对服务质量或服务标准的最一般的概括。

相关链接

肯德基在全球推广的顾客导向的 7 项服务标准，可以用 7 个英文字母“CHAMPS”（冠军计划）加以表述。其中，C（Cleanliness）是指保持美观整洁的餐厅，它属于服务质量的有形性标准；H（Hospitality）是指提供真诚友善的接待，它属于服务质量的移情性标准；A（Accuracy）是指确保准确无误的供应，它属于服务质量的可靠性标准；M（Maintenance）是指维持优良的设备，它属于服务质量的可靠性标准；P（Product Quality）是指坚持高质稳定的产品，它也属于服务质量的可靠性标准；S（Speed）是指重视快速便捷的服务，它属于服务质量的响应性标准。这里，每项服务标准都是顾客导向的。

5.1.1　服务质量标准化的作用

在服务营销中，服务质量标准化的作用是降低服务交易成本、支持服务营销承诺、提升品牌形象、网点拓展等。

1．降低服务交易成本

服务标准化能有效地降低服务交易成本。首先，服务标准的制定和实施能规范服务人员的行为。由于规范管理是人员依据规范的自我管理，它的成本比命令式的行政管理低，因此，实行服务标准化的企业其服务管理成本比较低。其次，服务标准化能增强服务质量的稳定性、确定性和可预期性，而服务质量的确定性和可预期性直接关系到顾客购买服务的交易成本，二者呈负相关：服务质量的可预期性越强，顾客的交易成本就越低。因此，服务标准化也能降低顾客的交易成本。

2．支持服务营销承诺

服务标准一般是服务营销承诺的核心内容之一，服务标准化有助于支持服务企业的服务营销承诺和提高服务市场的竞争力。例如，深圳科技工业园物业管理公司，在南京百家湖花园物业管理竞标中取胜，其主要的取胜武器就是较高的物业管理标准化水平和相应的“对物业管理标准化目标”的承诺：“第一年使百家湖花园通过 ISO 9002 质量认证；第二年使百家湖花园达到国家优秀住宅小区标准；第三年通过 ISO 1400 环境质量认证，等等。”由于其他对手在物业管理标准化水平比较低，因而难以在标准化目标承诺上胜出。

3．提升品牌形象

服务品牌营销的一个要素是服务的评奖评级，而服务的评奖评级的一个要素又是服务的标准化。事实上，评奖评级的标准一般就是行业的服务标准，而行业的服务标准通常是企业服务标准的基础。也就是说，实现服务标准化的服务企业通常是达到行业标准的企业，即具备了服务评奖评级的基础。因此，服务标准化有利于服务评奖评级和提升品牌形象。

4．网点拓展

服务标准化有利于服务企业的网点拓展，因为标准化的服务网点可以方便地、大规模地复制。例如，上海新亚大包公司实行了中式快餐的标准化后，在网点和规模上获得超常发展：开业第一年就开设了 30 多家网点，建立了两个中心厨房，第二年网点数达到 80 多家。像麦当劳和肯德基这样网点数量多达上万家的全球性餐饮企业，没有标准化和网点复制是不能想象的。

服务标准化和网点复制对服务企业的连锁经营和特许经营尤其重要，因为连锁经营和特许经营的关键之一就是保持网点服务模式的高度统一，而标准化是统一的基础。例如，北京东来顺实行了涮羊肉火锅和服务的标准化，制定了发展连锁网点所需的一系列服务标准。例如，在菜品标准上，对涮羊肉总结了“八大特点”，即选料精、刀工美、调料香、火锅旺、底汤鲜、糖蒜脆、配料细、辅料全，作为涮食的八大要素被严格地加以量化；同时，对用肉的具体部位、刀工厚薄、摆盘设计和色泽、营养分析等也都有严格的标准。东来顺还成立了服务研究会，进行服务质量标准化的研究。东来顺的服务标准化为其连锁网点和特许网点的大规模扩张打下了良好的基础。

5.1.2　服务质量标准化的内容

服务质量标准化的核心内容就是服务质量标准的制定。服务质量标准的制定包括顾客期望调研、服务标准拟订、服务标准评估和服务标准实施这 4 项内容（见图 5-1），它们也是制定服务质量标准的 4 个步骤。

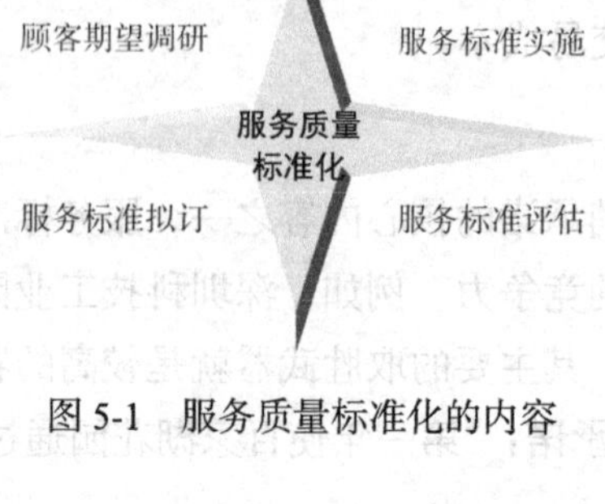

图 5-1　服务质量标准化的内容

1. 顾客期望调研

（1）调研服务环节和顾客对服务环节的期望

制定顾客导向的服务标准，第一步是确定服务过程中的服务接触环节和顾客在各服务环节对服务的期望或要求。例如，美国 AT&T 公司将电信服务过程确定为 4 个服务环节：销售、安装、维修和账务。经调研后发现，顾客对不同服务环节的期望或要求是不一样的。在销售服务环节，顾客的期望或要求是：销售服务人员很懂专业知识，销售服务人员反应很快，销售服务人员能保持长久的联系；在安装服务环节，顾客的期望或要求是：安装及时，安装时设备无损伤，按约定的时间安装；在维修服务环节，顾客的期望或要求是：不出现重复维修，维修迅速，维修服务人员能与顾客保持信息联系；在账务服务环节，顾客的期望或要求是：账单准确，一次性结清，账单清楚易懂。

在确定服务环节的过程中，可能会遇到企业规定的服务环节与顾客期望的服务环节不一致。例如，某投保户在一家保险公司的 4 个不同的业务部门投了 4 种险：人寿险、医疗险、房屋险和汽车险。在投保期间，该投保户因搬家发生了更改住址的问题，按规定必须通知保险公司。按投保户的“期望”（想法），最好打一个电话给公司有关部门并由这个部门通过公司内部信息渠道传递给 4 个业务部门，但按公司的相关规定，这位投保户必须自己分别打电话通知 4 个业务部门。此时出现了公司规定的服务程序（或接触环节）与投保户的期望不一致的情况。从营销的角度看，公司规定的服务程序给投保户带来了麻烦，不符合顾客导向的要求。因此，如果这家保险公司重新研究服务程序，可以考虑投保户的想法。

（2）确定服务环节的重要程度

在整个服务过程中，各个服务环节影响整体服务质量的重要程度是不一样的。某个服务环节的重要程度可用一个百分数表示，这个百分数来自对顾客的调研。例如，在上述电信服务中，销售服务环节的重要程度是 44%；安装服务环节的重要程度是 14%，等等。了解各个服务环节的重要程度对服务标准的制定是有价值的。服务企业可以据此加强重要环节的服务标准，适当减少非重要环节的服务标准，这样可以优化服务营销资源的配置和降低管理成本。

（3）确定顾客期望或要求的重要程度

在每个服务环节，顾客对服务通常有多项期望或要求。例如，在上述电信服务中，顾客对销售服务环节有 3 项期望或要求：第一，顾客期望“销售人员很懂专业知识”，期望重要程度是 30%；第二，顾客期望“销售人员反应很快”，期望重要程度是 25%；第三，顾客期望“销售服务人员能保持长久的联系”，期望重要程度是 10%。这里的百分数都来自对顾客的调研，能代表顾客的看法。了解顾客期望或要求的重要程度也是有价值的，服务企业可以据此对顾客的期望或要求进行筛选，以便在选择服务标准时掌握重点。

2. 服务标准拟订

服务企业确定了服务接触环节和相应的顾客期望或要求后，就进入第二步：按顾客期望或要求拟订服务标准，即怎样将顾客期望或要求转变为具体、可操作的服务标准。这一步是制定顾客导向的服务标准的关键。

（1）将笼统的期望转变为具体的标准

顾客期望或要求往往是笼统、含糊的。例如，在上述电信服务的例子中，像“销售服务人员很懂专业知识”这项期望中“很懂”二字的含义是不明确的，没有具体说明懂到什么程度为“很懂”。同样，“反应很快”、“长久的关系”等用词的含义都是含糊、不明确的。笼统、含糊、不明确的用词难以作为服务标准，操作起来缺乏统一性，在实际中等于没有服务标准。因此，服务企业必须将顾客的期望或要求具体化、明确化、可操作化，只有这样才能转变为有效的服务标准。

例如，肯德基快餐将顾客对“快餐要快”的笼统要求具体化为“顾客在任何一家肯德基快餐店付款后必须在2分钟内上餐”，将顾客对“快餐要安全卫生”的笼统要求具体化为“炸鸡在15分钟内没有售出就不允许再出售”。这两条服务要求是明确、可操作的，因而可以作为肯德基的两条服务质量标准。

又如，花旗银行将用户对服务“响应性”的期望具体化为两条服务要求，即“电话铃响10秒钟之内必须有人接”和“顾客来信必须在2天内做出答复”，这两条服务要求也是具体、明确的，因而成了花旗银行的两条服务标准。

服务标准具体化、明确化的主要技巧是采用定量化语言或时间化语言。上述肯德基快餐一例中的“2分钟内”和“15分钟内”，花旗银行一例中的“10秒钟之内”和“2天内”就是定量化语言或时间化语言，采用这样的语言有助于服务标准的具体化、明确化。

（2）硬标准与软标准

服务的硬标准是指能够用定量化语言或时间化语言表述的标准。上述“顾客在任何一家肯德基快餐店付款后必须在2分钟内上餐”、“炸鸡在15分钟内没有售出，就不允许再出售”、“电话铃响10秒钟之内必须有人接”、“顾客来信必须在2天内做出答复”和“给顾客回电不超过2小时”等都是硬标准。服务的软标准是指较难用定量化语言或时间化语言而用定性语言表述的标准。

在顾客导向的服务质量标准的5个维度中，服务的可靠性、响应性和有形性质量标准一般是硬标准。硬标准主要适用于服务相对简单、人际交流相对较少的服务环节。服务的移情性和保证性质量标准一般是软标准。例如，“要关注顾客个性化需要”是一项与移情性有关的服务标准，“顾客的个性化需要”、“关注”等行为都难以用定量化或时间化语言描述。软标准有一定的灵活性，适合互动性较强的服务环节。

（3）服务标准与服务调研

服务企业将顾客期望或要求转变为具体、可操作的服务标准的过程，很大程度上就是服务调研或顾客调研的过程，也就是通过深入细致的顾客调研将顾客的期望或要求进一步深入化、细化和具体化。顾客期望或要求的深入调研可以采用探索性调研（Exploratory Research）的方法，即对顾客的深度访谈、焦点组访谈等。访谈时不宜直接、抽象地询问顾客的期望或要求，因为那样获得的信息仍然是抽象、笼统的。访谈最好采用间接的投射询问法，即问顾客对某次具体的服务“事件”的看法和评价，从顾客的看法和评价中分析顾客对服务具体的期望或要求。让顾客回忆并讲述自己最满意或最不满意的一次服务经历，对深入了解顾客的期望或要求是很有效的。另外，服务企业可以请顾客或顾客代表参与服务质量管理，并由此收集顾客比较深入、具体的期望或要求。

服务企业在将顾客期望或要求转变为具体、可操作的服务标准的过程中，有可能顾及服务部门和服务人员的想法，这一点应当避免。因为服务企业在制定顾客导向的服务标准的过程中必须严格地坚持“顾客导向”的原则，而顾及或听取服务部门和服务人员的意见和想法，容易违背“顾客导向”的原则，事实上多数情况下后者的意见和想法是企业导向的，即主要考虑企业、部门和人员的利益而非顾客期望或要求。为了避免这一点，服务企业可以聘请与本企业部门或人员没有直接利益关系的外部研究机构来负责服务标准的制定。这样有利于保证服务标准的顾客导向性。

3. 服务标准评估

服务企业根据顾客期望或要求拟订的服务标准不是最终标准，还需要通过评估选定最终标准。顾客导向的服务标准的评估程序包括以下 6 项评估标准：重要性、迫切性、可接受性、可执行性、前瞻性和挑战性。

（1）重要性

顾客导向的服务标准首先应当是对顾客重要的标准。一项服务标准对顾客的重要程度可以用以下公式来估算：

$$W_{ij} = P_i Q_{ij}$$

式中 W_{ij} ——第 i 服务环节的第 j 项服务标准在整个服务过程的重要程度（%）；

P_i ——第 i 服务环节在整个服务过程的重要程度（%）；

Q_{ij} ——第 i 服务环节的第 j 项服务标准在该环节的重要程度（%）。

服务企业可以利用这个公式计算出每个服务环节的每项候选服务标准在整个服务过程中的重要程度。然后，按重要程度（百分数）的高低排序，筛除重要程度低的候选标准，保留重要程度高的候选标准。当然，这不是筛选服务标准唯一的评估标准，还要结合其他评估标准。服务企业在使用上述公式时须注意：所有的数据都应来自对顾客的调研，而不是来自企业自己的评测，因为这里计算的是对顾客的重要程度，而不是对企业的重要程度。

在上述电信服务的例子中，假定“不出现重复维修（Q_{31}=35%）”被作为“维修服务环节（i=3，P_3=21%）”的一项服务标准（j=1），那么这项服务标准在 AT&T 整个电信服务过程中的重要程度就是 7.35%：

$$W_{31} = P_3Q_{31}= 21\%\times35\%=7.35\%$$

（2）迫切性

顾客导向的服务标准应当针对那些迫切需要改进操作的服务，这就需要研究每项候选标准所对应服务需要改进的迫切程度。这种迫切程度取决于顾客感知的服务质量与顾客期望的服务质量之间的差距。差距越大，就越需要对服务加以改进，以缩小差距。因此，服务企业可以通过顾客调研了解每项服务的差距，将有关数据按大小排序，筛除一些服务质量差距较小和进一步改进的迫切性及余地不大的服务，保留服务质量差距较大和迫切需要改进的服务，并将后者所对应的服务标准作为选定的对象。

（3）可接受性

服务企业在拟订“顾客导向”的服务标准时，不能听服务人员的，只能听顾客的，但在评估服务标准时，需要考虑服务人员的因素。因为服务标准最后还要由服务人员来执行，只有被服务人员理解和接受的标准才是有效的标准。一些服务企业出现服务人员抵制新的服务标准的现象，一个主要原因就是他们对新标准不能理解和接受。因此，在服务标准的评估阶段，服务企业最好采用参与的方法，吸收服务人员和部门管理人员参与服务标准的评估，通过参与评估让人员充分发表看法，从中分析每项候选标准被人员接受的程度，并将这种可接受性作为筛选服务标准的一个依据。不过，在使用人员参与方法时，对人员发表的看法必须仔细分析，尽量剔除其中的主观因素，避免出现企业导向的服务标准。事实上，顾客导向与服务人员的利益是会有冲突的，如果不加分析地听取服务人员的看法，可能很难坚持顾客导向的原则。这也是一些服务企业新的顾客导向的服务标准难以推出或推出后很快夭折的一个原因。

（4）可执行性

顾客导向的服务标准应当是可执行的，即服务标准所涉及的内容范围不超过执行者（服务人员）的职责和职权范围。否则，服务标准难以执行。例如，零售商店柜台的服务标准一般不应包括对商品质量的要求，因为商品质量的问题超出了柜台服务人员的职责和职权范围。如果把对商品质量的要求写入柜台服务标准，那么这样的标准实际上是无法执行的。零售商店有关商品质量有问题可以退换的规定，在绝大多数情况下，都是由商店管理部门而不是由柜台执行的，事实上柜台一般没有处置这类问题的职权。服务企业应当审查每项服务标准的可执行性，筛除那些实际上难以执行的服务标准。

（5）前瞻性

顾客导向的服务标准应当有前瞻性或预见性，即不仅能反映顾客现在对服务的期望或要求，还能在一定程度上预见顾客未来的期望或要求。顾客的期望是动态、不断变化的。随着竞争对手的服务创新、社会消费心理的变化和顾客自身水平的提高，顾客对服务企业的期望是会变化的，这就需要服务企业对这类变化加以调研和预测。前瞻性的服务标准应当包含这类变化信息。前瞻性的强弱也是评估和筛选服务标准的一个依据。

（6）挑战性

顾客导向的服务标准应当对服务人员具有一定的挑战性或难度。因为在竞争激烈的买方市场上，顾客（买方）在“讨价还价”上占主动地位，顾客对服务提供者（卖方）的期望或要求一般会高于服务提供者现有的能力和水平，换言之，服务提供者只有提高自己的能力和水平才可能满足顾客的期望或要求。而服务企业制定有挑战性的服务标准有利于提高服务能力和水平。相反，如果服务标准定得过低，没有挑战性，服务人员感到很容易达到，那么这样的标准对提高人员或企业的服务能力和服务水平就没有多大作用。服务标准的挑战性、迫切性、前瞻性之间是相关的。迫切性较强的服务标准所对应服务质量的差距较大，这就意味着达到标准有挑战性。前瞻性较强的服务标准包含着未来较高的期望或要求，因而也意味着达到标准是有挑战性的。当然，服务标准的挑战性应当是适度的，应当兼顾服务标准的可接受性和可执行性。

4．服务标准实施

服务标准选定后进入实施阶段。服务企业在实施服务标准过程中要建立一个信息反馈机制，以发现新标准存在的问题并加以修订、完善。服务标准的信息反馈机制通常就是服务标准的考核机制。服务企业按服务标准考核服务行为，找出服务行为不符合服务标准的情况。这里有两种情况：第一，服务标准正确，服务行为错误；第二，服务行为合理，服务标准有问题。在第一种情况下，服务企业应对服务行为加以调节和控制，以保证服务行为达到服务标准。此种情况不是服务标准制定者关心的。服务标准制定者关心的是第二种情况，即“服务标准有问题”。服务标准可能存在两个问题：标准过高或标准过低。服务标准定得过高，超过了大多数服务人员的能力，这样的标准就难以实施，而且过高的服务标准可能超出顾客期望，这样也造成标准的浪费。因此，服务企业应当调低定得过高的服务标准。服务标准定得过低，若缺乏挑战性，不符合服务标准的选择标准，也需要进行调整。

5.2　服务理念规范化

1．服务理念的概念

服务理念（Service Vision / Service Mind）是指服务企业用语言文字在企业内外公开传播的、一贯的、独特的和顾客导向的服务主张和服务理想。服务理念规范化就是服务企业制定自己的一整套服务理念，并用以规范服务人员的思想和引导顾客对服务的期望，以便增强整体服务质量的可预期性。服务理念规范就是对一家服务企业整体服务质量标准的指导思想，也可以说就是思想理念上的服务质量标准。

相关链接

几家国际知名服务企业的服务理念如下。

美国汉堡王快餐的服务理念是：任你称心享用。

美国联合航空公司的服务理念是：你就是主人。

美国彭尼零售公司的服务理念是：尽我们最大的努力，使顾客的每一元钱都能买到十足的价值、质量和满意。

美国沃尔玛零售公司的服务理念是：不仅为顾客提供最好的服务而且具有传奇色彩。

韩国三星电子公司的服务理念是：有开始的日子，没有终止的日子。

2．服务理念的种类

服务理念的种类包括服务宗旨、服务使命、服务目标、服务方针、服务政策、服务（工作）原则和服务精神。

（1）服务宗旨（Purpose）

服务宗旨是指一家服务企业兴办的根本目的或意图，如肯德基公司的宗旨是“回报消费者，回报社会”。

（2）服务使命（Missions）

服务使命是指一家服务企业在社会经济发展中所担当的任务、责任和所具有的地位，如美国花旗银行的使命是成为“金融潮流的创造者”。

（3）服务目标（Goals）

服务目标是指一家服务企业的服务运行和发展预期达到的境地或标准。例如，美国汉堡王快餐公司的服务目标是“任你称心享用”，交通银行的服务目标是一流的服务质量、一流的工作效率、一流的银行信誉。

肯德基从创立到现在，公司高层管理人员就和雇员阐述肯德基的目标：使肯德基品牌成为全世界最受欢迎的服务业品牌之一。肯德基的每个新员工从上班第一天起就清楚这个目标，这就使肯德基的所有员工有了一个公司发展的共同蓝图，一个共同的愿景。肯德基的高层管理人员知道，它的特许加盟者都是为了共享肯德基的良好发展愿景而加盟的。愿景目标的确立有赖于对公司外部环境的审视，公司使命的确认及为完成公司使命所需的能力平台的预期。

（4）服务方针（Guidelines）

服务方针是指一家服务企业的服务营销的指导思想。

中国台湾德克士快餐公司的服务方针是“一个核心，三件大事”，一个核心即以人为本，三件大事，即第一让消费者满意，第二让加盟者富起来，第三与协力厂商建立长期的利益共享关系。德克士坚持这个基本方针，真心实意地为消费者及加盟者服务，建立起一套合理有效的运作系统并带动加盟者走向富裕之路。德克士的服务方针“一个核心，三件大事”

就是它服务营销的指导思想。

（5）服务政策（Policies）

服务政策是指一家服务企业在处理内外服务关系或配置服务资源时所提出的有重点、有倾向性的观点及实施方案。

“餐厅经理第一”是肯德基内部营销的政策理念。肯德基公司深知要使其在世界各地的餐厅为消费者服务得好，关键要吸引住餐厅经理和培养一批忠实的餐厅经理，因此，肯德基提出“一切围绕第一线餐厅而服务”的内部营销思想和“餐厅经理第一”的政策理念，同时肯德基鼓励各餐厅积极进取，展开良性竞争。肯德基对每年在财团销售和管理上出色地通过“冠军检测”考核的餐厅经理都会给予特别礼遇：他们从世界各地飞到百胜集团（管理肯德基的集团公司）总部，由名牌轿车接送并与集团总裁共进晚餐。肯德基的服务政策是高度重视和支持一线餐厅经理，这是一种内部营销理念。

（6）服务（工作）原则（Principles）

服务（工作）原则是指一家服务企业在其内外服务工作中恪守的准则或坚持的道理。日本骨汤拉面店——面爱面的服务（工作）原则是“理解、准备、确认、实行”。面爱面一位高层管理人士解释道：“我们的‘理解’不单要大家知道这件事要怎样做，还应知道为什么要这样做。员工从被动地接受工作变为主动地去理解，并从观念上提高他们的认识。”这样，员工在做某件事的时候，就能够更直接、更一心一意地去工作，也能让所有员工都养成一个良好的习惯。

（7）服务精神（Spirits）

服务精神就是一家服务企业较深刻的思想或较高的理想追求或基本的指导思想。服务精神实际上就是服务企业的企业精神或企业文化。全聚德的服务精神或企业精神，就是“全聚德”三字：“全而无缺，聚而不散，仁德至上。”有学者对此做了进一步解释：“全而无缺”指包罗各方面的品位；“聚而不散”指吸引全世界的顾客都到全聚德来；“仁德至上”的“德”是商德的仁义，而不是通常讲的做人的一般仁义，商德仁义的核心是诚信。

5.2.1 服务理念规范化的作用

服务理念规范化在服务营销中的作用是指导服务质量标准的制定、凸显特色、提升形象、统一管理和内部营销等。

1. 指导服务质量标准的制定

服务理念对服务质量标准的制定起到指导作用。有什么样的服务理念，就有什么样的服务标准。

相关链接

郑州河南饭店的服务理念是客人利益最大化和后堂围着前堂转，前堂围着客人转。在这样的服务理念的指导下，饭店制定了一套严格的顾客导向的服务标准，如在每道菜上都注明烹调技术人员的编号，对加工的步骤、程序、原辅料的重量及烹调色、味、形的标准，甚至装盛和盘饰标准、出品时间都有明确的规定，并制定了严格的考核方法。对每道菜从配料、色、形、味4个方面及客人反馈的信息（征求意见卡）、管理人员的评判加以综合评分，每餐一考核，每天一小结。当用餐客人提出退菜时，不管什么原因，出品责任人按售价赔偿。该饭店还将考核结果与厨师的奖金、工资挂钩，建立了严格的服务标准及考核制度。

2. 凸显特色

服务理念的传播是服务企业介绍和宣传自己特色的一个简洁的方式，服务理念只需用非常简练的语言就可以描述自己的服务特色，如北京蓝岛大厦的服务理念“以文传情”就是它的服务特色：“蓝色文化”的服务品位。

美国西南航空公司的两条服务理念是“短途、低成本”和“幽默、欢乐”。这就是西南航空的两大服务特色：乘客自己拎着旅行袋上飞机和直接在飞机上买票（因为“短途、低成本”的理念）；提供诙谐、欢乐的服务气氛（因为“幽默、欢乐”的理念）。

3. 提升形象

服务企业宣传和贯彻自己的理念，有助于提升自己的社会形象和建立较高层次的市场信誉。事实上，许多服务理念都包含着对社会效益的追求。

肯德基无锡公司把回报社会作为自己的服务宗旨之一。为了宣传和贯彻这个服务宗旨，肯德基十分热心当地的社会公益事业，公司每年均以各种形式支持社会福利事业和教育事业，主要有为福利院儿童送温暖，捐款“希望书库”，支持“希望工程”，赞助高等院校中的贫困学生，积极建立“肯德基森林”的绿化活动。此外，还举办了各种有益于少年儿童身心健康发展的社会公益活动，如“少儿生日餐会”、“小学生作文比赛”、“儿童绘画比赛”、“金色童年”助学活动等。这一系列公益活动，不仅较好地体现了公司回报社会的服务宗旨，而且塑造了公司良好的社会形象，进一步加强与消费者的关系。回报社会的理念规范，已成为无锡肯德基公司的一项无形资产。

4. 统一管理

服务企业可以用服务理念来加强对分散在各地的网点的统一管理，因为理念的传播和贯彻有利于整个服务企业思想的统一，而思想的统一有利于管理行为和服务行为的统一。

麦当劳的核心理念之一是“麦当劳不出坏孩子”，即麦当劳在世界各地的每家餐厅网点都是一个“孩子”，都可以和应当在麦当劳统一的模式培养下良好、健康地成长。这个理念的贯彻有力地促进世界各地麦当劳餐厅管理和服务的统一。

5．内部营销

服务理念可以被服务企业用来激励员工和统一员工思想，起到内部营销的作用。例如，日本电信电话公司的一个服务理念是“员工满意是顾客满意的源泉”。该公司解释道：“员工工作的稳定性和对工作环境的满意直接关系到顾客的满意度。企业提供的充满温暖的服务能够使顾客感到满意，而其满意的源泉又来自员工的满意。”公司还成立了员工满意度研究会，系统地调研员工满意度，其中包括 7 个衡量员工满意度的方面：公司、工作、人际关系、工作时间、工作环境、人才培养和劳保福利。这里，日本电信电话公司的这个服务理念实际上就是内部营销理念，它能起到激励服务人员和由此推动他们提供使顾客满意的服务。

5.2.2　服务理念规范化的内容

从服务营销的观点讲，服务理念规范化包括服务理念设计和服务理念传播两个内容（见图 5-2）。

图 5-2　服务理念规范化的内容

1．服务理念设计

服务理念设计的原则是顾客导向性、公开性、传播性、一贯性、独特性、前瞻性、继承性、挑战性、竞争性和深刻性等。

（1）顾客导向性

服务理念应当有顾客导向性，把“最大限度地满足顾客的需要”的营销观念作为服务理念的核心，作为根本的指导思想。前述汉堡王的“任你称心享用”、河南饭店的“客人利益最大化”、德克士的“让消费者满意”等都具有鲜明的顾客导向性。

（2）公开性

服务理念应当向企业内外公开，让尽可能多的人了解。公开能体现理念的真诚性，而真诚性是一切思想理念被社会接受的必要条件。

（3）传播性

服务理念的设计应当适合传播，并且有传播效果。

（4）一贯性

服务理念应当是比较成熟的、稳定的、一贯的思想，不是心血来潮，不是稍纵即逝的思想火花，也不是随意改变的主意。例如，全聚德的“全聚德”精神就是 100 多年来始终坚持的，而正是这种一贯性体现出“全聚德”精神的力量。

（5）独特性

服务理念应当有个性、有独特性。如肯德基有一个非常独特的服务理念，即每家连锁门店都把自己看作总店“唯一”的门店——“独生子”门店。肯德基认为，只有这样想，各家门店才会有精心管理和提供良好服务的压力和动力。事实上，肯德基的连锁门店很多，总店对每家门店的管理力度有限，采用“独生子”门店理念可以增强门店的自我管理和主动服务的意识，并以此弥补总店管理力量的不足。

（6）前瞻性

服务理念应当有前瞻性，应当能预见到市场和其他环境的变化趋势。麦当劳的理念“麦当劳不出坏孩子”就具有前瞻性：它包含着对麦当劳在全球拓展市场和网点时所遇到问题的一种预见。麦当劳预见到，随着它全球网点的拓展，网点经营水平参差不齐的问题必然会出现，为了预防这个问题的出现，用“麦当劳不出坏孩子”的理念进行预警。

（7）继承性

服务理念应当有继承性。随着时代的变化，一家服务企业过去或传统的理念可能需要更新，但不宜完全抛弃，因为其中总是有合理、正确的东西。理智的服务企业应当对此加以继承，并在继承的基础上进行理念创新。

百年老店全聚德非常重视传统理念的继承性，经常对员工进行传统教育，让服务人员充分领会全聚德老铺旧式跑堂的服务方式，专门组织服务人员观看话剧《天下第一楼》，学习《全聚德史话》，还请老人回忆和介绍当年全聚德的风貌。

（8）挑战性

服务理念应当是对现状的一种挑战。

（9）竞争性

服务理念应当是一种竞争意识。前述德克士快餐公司的理念“让加盟者富起来”是对服务渠道的争夺，而“与协力厂商建立长期的利益共享关系”是对供应链渠道的争夺。

（10）深刻性

服务理念应当有深刻的含义。理念是用以指导人员行为的，但理念只有深刻，抓住事情的本质，抓住人心，才能说服人、打动人和化为人的自觉的行为。肯德基的理念“餐厅经理第一”就有其深刻性：它抓住了连锁服务企业在运行和发展中的关键环节和关键人员。

2. 服务理念传播

服务理念传播的方式主要有广告、公关宣传、CI 企业识别、领导人言行、品牌和标语、口号。

（1）广告

服务理念可以通过广告加以传播。不仅广告语言可以表达服务理念，广告画面也可以暗示服务理念，如肯德基的户外广告——山德士上校和蔼可亲的头像暗示着肯德基的某种服务理念。服务理念广告传播的优点是：比较生动、有艺术感染力、能加强理念的独特性、传播面广。

（2）公关宣传

社会性服务理念可以通过公关活动加以传播。肯德基无锡公司的理念“回报社会”就是通过为福利院儿童送温暖等公关活动加以传播的。用公关活动传播服务理念的优点是：层次较高、社会影响较大。

（3）CI企业识别

企业识别包括企业的理念识别（MI）、行为识别（BI）和视觉识别（VI），其中核心是企业的理念识别，对服务企业来说，就是服务理念的识别。行为识别和视觉识别是理念识别的表现形式。CIS 是指企业识别系统，它包括对企业视觉形象和行为形象的一系列要素的设计和规定。有了企业识别系统，服务理念可以通过 BI 和 VI 加以传播。

例如，全聚德就建立起一套CI系统，有较为完备的《全聚德形象识别手册》，它系统、完整地规范了全聚德的企业标志、吉祥物、企业名称字体组合、广告语、标准色、企业宣传招牌、古建风格、产品包装、餐饮用具、工作服装等一系列视觉服务形象。为了宣传和推广“全聚德”CI系统，凡是加盟“全聚德”的连锁店，都要按照《全聚德形象识别手册》的标准严格执行。CI系统不仅统一了全聚德的社会形象，而且实现了品牌的严肃性和科学性，增加了全聚德品牌的无形资产价值。这里，全聚德的服务理念是通过《全聚德形象识别手册》加以传播的，而且这种传播具有系统性的特点。

（4）领导人言行

服务企业领导人的言行，也是传播服务理念的一个重要方式。第一，领导人是理念的倡导者，他们的言行能更准确地传播理念；第二，领导人是理念的人格化、榜样化，是活的理念，他们的言行可以使抽象的理念具体化、形象化，从而使企业理念更容易被接受。

奥地利著名的马里奥特饭店的小马里奥特（B. Marriott, Jr.），是一位重视用自己的言行传播服务理念的领导人。如马里奥特饭店有一条主要的服务理念是“代表顾客”。在倡导这条服务理念的过程中，小马里奥特常年深入基层饭店，亲自考察一线服务的情况。他每年要亲自考察80%的基层饭店。他每星期要亲口品尝基层饭店的餐饮5次。他用自己的行动传播着“代表顾客”的服务理念。

（5）品牌

服务品牌可以体现服务理念，因而也是服务理念的一种传播方式。如北京顺峰饮食娱乐公司的店牌“顺峰”，就是“顺应潮流、攀登高峰”的意思，后者正是顺峰公司的一条理念。品牌传播理念的优点主要是简洁、凝练和令人难忘。

（6）标语、口号

标语、口号也是服务理念的一种传播方式。例如，上海联通的服务理念就采用标语的方式进行传播：走在联通的办公大楼，“用户满意，服务创优，是我们每天的追求”。标语、口号的优点是简洁、醒目、有恒久感、鼓动性和警示性。

相关链接

安阳眼科医院的护理服务理念

安阳眼科医院重视护理服务理念的建设。首先是在护理人员中形成共有的理想情感、价值观念和行为准则，以教育着手，特请专家做礼仪规范和人际关系学讲座，开展“医德良心”等医德教育活动，院办领导分别与科室挂钩结对，不断强化服务意识。“5·12”护士节进行大型演讲比赛，内容生动感人，大大激发了护理人员的工作热情，提高了护理人员的素质，使大家统一了认识，确立了“惠民崇人，务实创新”的服务精神。其次是推出护理服务理念建设的具体措施，包括：① 制定护理服务理念，在“求精、务实、敬业、创新”的基础上形成护理服务理念——“健康需要的，就是我们执着追求的”，形成护理服务宗旨“病人永远是对的”；② 改善护理服务态度，开展“假如我是一个病人”的讨论，进行换位思考，开展全方位、多层面的服务，提倡微笑服务。积极开展心理护理、健康教育，内容丰富、形式多样，采取录像、录音、请进来、走出去等各种措施和方法；③ 管理护理服务质量，修订了护士考核条例，制定了各项操作规程，强化了三基三严训练，使差错事故降低到零，病人满意率达99.5%。

前沿话题

京津冀人力资源服务标准将统一

（来源：北青网–北京青年报（北京）　时间：2017年4月16日）

京津冀人力资源服务规范标准将统一，上半年有望三地同时发布。北京市人才服务中心副主任马峥透露，下一步将搭建京津冀三地统一的用人需求发布平台，三地用人信息将一目了然。同时，统一的京津冀人力资源服务规范今年上半年有望三地同时发布，这意味着未来三地人力资源服务机构将有统一的标准、流程、服务等，统一的人力资源服务市场将建立。三地人力资源服务机构的等级评定与划分也将统一标准。目前仅北京对人力资源服务机构进行了从1A到5A的等级评定，成为求职者选择人力资源服务机构的重要参考标准，而津冀两地尚未进行评定。三地统一标准意味着津冀两地的人力资源服务机构也将向北京看齐，评定等级。

本章小结

服务质量标准化是指服务企业建立服务标准并用服务标准来规范服务人员的行为。在服务营销中，服务标准化的作用是降低服务交易成本、支持服务营销承诺、提升品牌形象、网点招展等。服务标准化营销的核心就是服务标准的制定，包括顾客期望调研、服务标准的拟订、服务标准评估和服务标准实施这 4 个内容。

服务理念规范化是指服务企业用自己的一整套服务理念来规范服务人员的思想和引导顾客对服务的期望，以便增强整体服务质量的可预期性。服务理念在服务营销中的作用是指导服务质量标准的制定、凸显特色、提升形象、统一管理和内部营销等。服务理念营销包括服务理念设计和服务理念传播两个内容。

关键词解析

服务质量标准化：以服务活动作为标准化对象，开展标准化工作以提高服务质量（注：服务质量标准是“顾客导向”的服务标准，而非“企业导向”）。

服务理念（Service Vision / Service Mind）是指服务企业用语言文字在企业内外公开传播的、一贯的、独特的和顾客导向的服务主张和服务理想。

服务理念规范化：服务企业制定自己的一整套服务理念，并用以规范服务人员的思想和引导顾客对服务的期望，以便增强整体服务质量的可预期性。

服务理念规范：对一家服务企业整体服务质量标准的指导思想，也可以说就是思想理念上的服务质量标准。

服务宗旨：一家服务企业兴办的根本目的或意图。

服务使命：一家服务企业在社会经济发展中所担当的任务、责任和所具有的地位。

服务目标：一家服务企业的服务运行和发展预期达到的境地或标准。

服务方针：一家服务企业的服务营销的指导思想。

服务政策：一家服务企业在处理内外服务关系或配置服务资源时所提出的有重点、有倾向性的观点及实施方案。

服务原则：一家服务企业在其内外服务工作中恪守的准则或坚持的道理。

服务精神：一家服务企业较深刻的思想或较高的理想追求或基本的指导思想（实质：服务企业的企业精神/企业文化）。

案例讨论 Case Discussing

银行家陈光甫的服务理念

陈光甫先生创办了上海商业储蓄银行，并将其发展为蜚声海内外的大银行。由他创导的“服务社会”的银行理念抓住了银行业的关键。以下六条行训反映了他的理念：

第一条，不辞烦碎。陈先生认为，上海商业储蓄银行的一个目标市场是社会上零星、小额的存款户，因而强调银行要用“不辞烦碎”的精神来吸引目标市场。为此，他开办了零存整取、整存零取、子女教育储金等；增设了信托、保管箱、公债、股票等。

第二条，不避劳苦。陈先生认为，“银行一事是为耐劳守苦者终身之职业”，应当有不避劳苦的精神。

第三条，不图厚利。陈先生认为，银行的收益是银行信用的回报。他强调通过信用获取长远的利益。1927年汉钞停兑，汉口现金吃紧，陈先生为了讲信用，坚持让汉口分行按现金支付存款，赢得了汉口公众的信任。

第四条，为人之不屑为。例如，他提出存款“一元即可开户”，向公众赠送储蓄罐等。尤其是银行办旅行社的做法，是一般银行家“不屑为”的，但他首创了中国旅行社。开办初期，连年亏损，但他坚信旅行社的创办能带来广泛的宣传作用，潜在地形成公众印象。

第五条，从小处做起。例如，他要求“全体职员仪容整洁、态度和蔼、服务周到、提高服务效率、缩短顾客等候时间”；“营业场所的设计、窗口的设置、服务程序和设施的改进都要从方便顾客着想”。他不赞成装潢豪华，以免“小额储户不敢上门”。

第六条，时时想新办法。为营造创新的氛围，陈先生强调知识和人才。他向员工赠送书籍，制定高级职员定期出国深造的制度，这项制度的实行即使在条件艰苦的抗战时期也从未轻易地中断。

问题讨论：

1．服务理念有哪些种类？服务理念在服务营销中的作用是什么？
2．评价陈光甫的六大服务理念。
3．陈光甫的服务理念是否体现了服务质量标准化，为什么？
4．你还知道其他一些企业的服务理念吗？请结合本章知识谈谈你自己的理解。

第 6 章

服务创新

本章学习导航

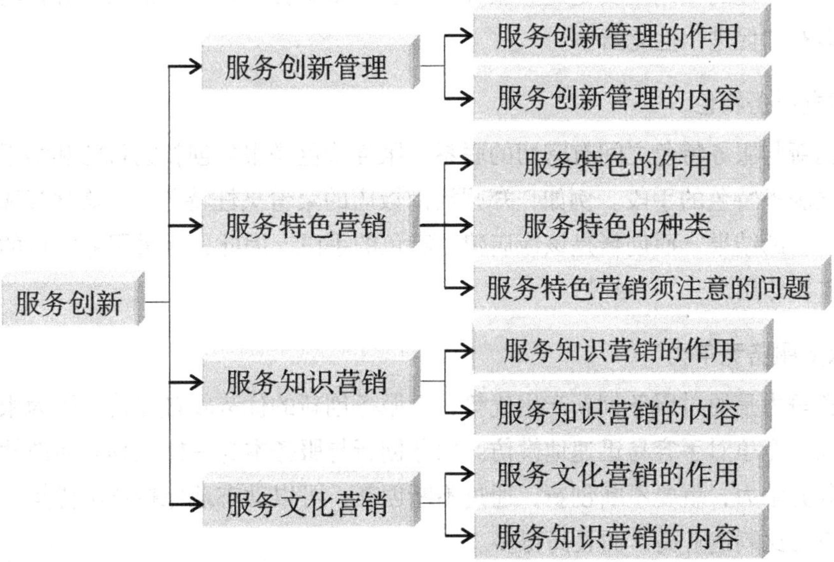

本章学习目标

- 掌握服务创新管理的作用和内容；
- 掌握服务特色的作用和管理；
- 掌握服务知识的作用和知识营销的内容；
- 掌握服务文化的作用和文化营销的内容；
- 能够应用本章知识进行现象和案例分析。

为了缩小服务质量差距 2，服务商还可以进行服务创新。服务商可以用创新的服务标准来满足顾客对服务的期望和缩小服务质量标准与顾客期望之间的差距。与服务创新关系密切的是服务特色、服务知识和服务文化，其中，服务特色是服务创新的集中表现，服务知识和服务文化是服务创新的成果。本章介绍服务创新管理、服务特色营销、服务知识营销和服务文化营销。

6.1 服务创新管理

服务创新（Service Innovation）是指用新的服务方式、技巧和要素全部或部分地替代原有的服务方式、技巧和要素，以便增加服务价值。在服务营销管理中，服务创新管理就是合理选择服务创新的类型、计划服务创新的步骤和制定服务创新的蓝图，以便充分发挥服务创新对服务营销的促进作用。

6.1.1 服务创新管理的作用

服务创新管理的作用主要是建立服务特色、保持服务竞争力、带动服务技巧的提高、刺激服务消费和促进个性化营销。

1. 建立服务特色

服务创新与服务特色之间有密切的联系。服务特色是服务创新的目的和结果，而服务创新是建立服务特色的手段。例如，郑州河南饭店的菜肴烹饪特色——桑拿菜和火焰菜，是该饭店创新的结果，而创新是该饭店建立特色的手段。因此，促进服务特色的建立是服务创新的首要作用。

2. 保持服务竞争力

服务竞争力是通过服务创新产生优势，但服务创新的优势较难保持，因为服务创新一般没有专利，竞争对手容易迅速地模仿。服务创新与服务本身一样也具有易逝性。因此，要保持服务竞争力，就要不断创新，通过不断创新，可以动态地保持竞争优势。服务业的创新频率应当比制造业高，而且高得多。

3. 带动服务技巧的提高

服务创新的核心是服务技巧的创新，而成功的技巧创新一般会带动技巧的提高，因为任何创新的目的无非是用新的、更高水平的东西替代原有水平较低的东西。

4. 刺激服务消费

服务创新对消费者有刺激性，尽管服务消费者对服务创新的接受程度不如对产品创新。随着服务市场的开放，消费者收入和受教育程度的提高，消费者对服务创新的态度会逐步转变，服务创新对消费的刺激作用会逐渐显现出来。

5. 促进个性化营销

服务创新与服务个性化之间也是密切相关的。许多服务创新来自对顾客的个性化服务，反之，服务创新也促进个性化服务。例如，信用卡是银行业一大创新，信用卡的一项重要功能是允许适当透支，而适当透支能较好地满足用户的某些个性化需要，如临时的应急支付。

6.1.2 服务创新管理的内容

服务创新管理的内容包括创新类型、创新步骤和创新蓝图（见图 6-1）。

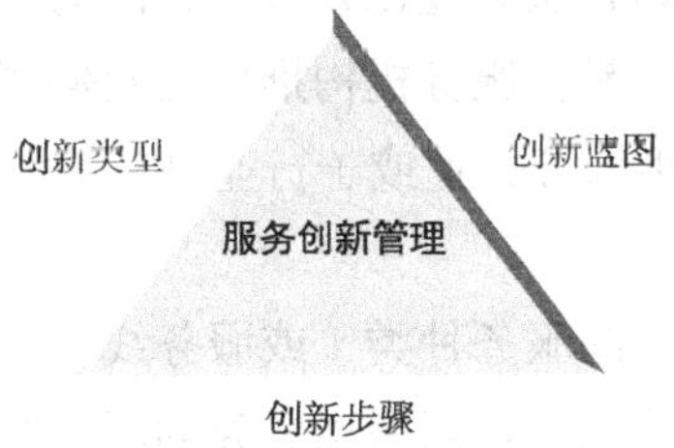

图 6-1 服务创新管理的内容

1. 创新类型

服务创新类型按创新程度的高低来分，可分为全新型服务创新、替代型服务创新、延伸型服务创新、拓展型服务创新、改进型服务创新和包装型服务创新（见图 6-2）。

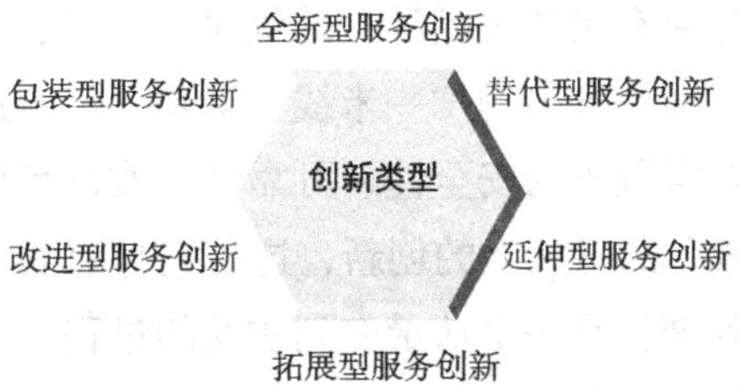

图 6-2 服务创新的类型

（1）全新型服务创新

全新型服务创新是指在服务内容和方式上创造新的与原有服务完全不同的服务。例如，速递、移动电话、超级市场、因特网和电子商务等都是全新型服务创新。全新型服务创新具有革命性，它们都给人类生活方式带来巨大的、质的变化；全新型服务创新具有技术关联性，它们往往都伴随着技术进步产生；全新型服务创新还具有行业启动性，它们的产生都意味着一个新的服务行业或子行业的兴起。

（2）替代型服务创新

替代型服务创新是指通过服务手段的替代创造新的与原有服务不同的服务。例如，自动取款机替代银行传统的出纳服务就是替代型服务创新。新的替代型服务与原有服务相比，服务内容是相同的，不同的是服务手段。替代型服务创新一般不是质的创新，创新程度比全新型低。由于是手段的创新，替代型服务创新与技术的关联度也比较大。替代型服务创新一般不意味着一个新的服务行业或子行业的兴起，而意味着原有行业内部竞争的加剧。例如，近年来手机也可以用来收发短消息，这是对寻呼业的一项替代型服务创新，它的出现加剧了移动通信业内部的竞争。

（3）延伸型服务创新

延伸型服务创新是指在原有服务的延伸领域（或相关领域）开发不同于原有服务的新服务。例如，零售商店开设餐饮部，邮局开设储蓄部，银行推出理财咨询服务等，都是延伸型服务创新。延伸型服务创新在服务业比较普遍，因为服务业各行业（各子行业）之间的交叉、渗透和相互延伸比较容易。服务机构推出的延伸型服务对自己而言是新服务，对市场而言并非新服务，而是其他服务行业或子行业已有的服务。

（4）拓展型服务创新

拓展型服务创新是指在原有的服务种类（或服务线）里开发新的服务品种。例如，大学开设新的课程、专业或学位等级就是拓展型服务创新；饭店推出新的菜单、航空公司开设新的航线和银行推出新的储蓄品种也都是拓展型服务创新。拓展型服务创新在服务业也是十分普遍，是主要的服务创新类型。拓展型服务创新与延伸型服务创新相比，相同点在于：都是本机构原有服务的拓展；不同点在于：延伸型创新是向不同的服务种类拓展，而拓展型创新是在同一服务种类内部向不同品种拓展。

（5）改进型服务创新

改进型服务创新是指对原有服务（品种）的程序、方式、手段、时间、地点、人员等服务要素进行改进。例如，银行推出的“一米线”就是一种改进型服务创新，这是对等候方式的一种改进，目的是增强服务的安全性、可靠性。改进型服务创新是最普遍的服务创新。改进型服务创新是“量”的意义上的创新，这是它与前面 4 种创新的不同之处。从改进型服务创新到全新型服务创新是一个从量变到质变的过程。一项全新型服务创新往往建立在大量改进型服务创新的基础上。

（6）包装型服务创新

包装型服务创新是指对服务的包装进行创新。服务的包装是指服务机构的环境形象。从严格意义上讲，包装创新不能算服务创新，但包装创新一般能带动服务创新。许多服务机构在对环境重新装修之际进行服务改进，因此顾客在看到新装修的同时也看到新的服务。例如，沪宁高速公路的贯通和由此而来的高速公路客运车辆的升级、更新，带动了高速公路客运服务的创新。上海沪宁高速公路客运公司开始向服务先进的东方航空公司学习“东方微笑服务”，请“东航”按空中小姐的模式培训了一批能提供高质量服务的巴士小姐，受到乘客的好评。因此，从包装创新的带动作用讲，它可以看作服务创新的一种类型。

2. 创新步骤

服务创新是一种创造性活动，而创造性活动从理论上讲似乎很难有预定的规则、步骤。但从服务创新的实际经验看，服务创新有一套系统的步骤比没有步骤更能成功。服务创新的一般步骤是：了解服务理念、建立服务创新战略、产生新服务的构想、定义和评估新服务、新服务的商业性分析、新服务蓝图的设计、新服务的市场试销和新服务的市场导入(见图 6-3)。

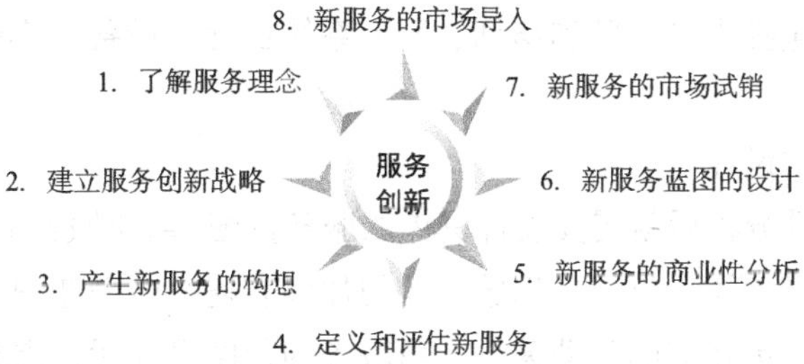

图 6-3 服务创新的步骤

(1) 了解服务理念

服务创新需要了解本企业或本机构的服务理念，包括服务宗旨、服务使命、服务目标、服务政策、服务原则和服务精神等。顾客导向的服务理念是服务创新的方向和指导思想，服务创新的每一步都应当符合服务理念。

(2) 建立服务创新战略

服务机构根据服务理念、机构的优势和利润计划建立服务创新战略。服务创新战略的内容包括服务创新的市场目标、服务创新的类型、服务创新的时间计划、利润目标等。例如，服务机构可以考虑两类战略：一类是针对原有市场进行服务创新，另一类是针对新的市场进行服务创新。针对原有市场进行的服务创新可以不必要求很高的创新程度，以延伸型、拓展型、改进型和包装型服务创新为主；针对新的市场进行的服务创新可能要求较高的创新程度，否则不足以吸引新的顾客。

(3) 产生新服务的构想

产生新服务的构想是服务创新的关键一步。新服务构想的来源主要是员工、顾客、服务中间商和竞争对手等。沃尔玛零售公司的服务领导人山姆·沃顿说过，“我们最好的构想都来自服务人员”。服务机构可以通过开展合理化建议活动等鼓励员工推出服务创新的构想。新服务构想应当符合机构服务理念和服务创新战略，这是筛选新服务构想的主要标准。

(4) 定义和评估新服务

第四步是给构想的新服务下定义。由于服务的无形性和不可分性，定义一项新服务是非常困难的。不同的员工之间、服务机构与顾客之间对新服务会有不同的定义，需要通过反复征求各方面的意见，才能达成共识和形成大家比较认同的定义。在给新服务下定义时，还需说明新服务的特征和特性、新服务所针对的问题、推出新服务的理由、新服务的程序及其作用和新服务购买的规则。在新服务程序的说明中应当包括顾客和员工的作用。

新服务定义后，需要由员工和顾客对它加以评估：新服务是否被员工和顾客理解；新服务是否被员工和顾客喜欢。

（5）新服务的商业性分析

新服务的商业性分析是指可行性分析和营利性分析，其中包括新服务的需求分析、收益分析、成本分析和操作可行性分析等。由于新服务与服务机构的操作系统关系密切，因此，新服务的成本中包括人员招聘和培训、服务系统加强、设备更换等与操作系统关系密切的前期成本。

（6）新服务蓝图的设计

新服务通过商业性分析后就需要设计具体的服务蓝图。由于服务的无形性和不可分性，新服务用一般语言很难表述，可以采用服务蓝图加以表述。服务蓝图可以形象地表述参与新服务的各部门、各人员之间的互动关系。新服务的蓝图设计后，需要将它变成服务部门和人员的执行计划。

（7）新服务的市场试销

由于新服务常常是插入原有服务中进行的，因此较难单独测量新服务的市场效果。可以采用实验法，即在服务机构两家服务种类（或品种）相同、服务水平接近的网点中进行对比实验：一家推出新服务，是实验网点；另一家维持原有服务，是对比网点。在一定时间期限内考察两个网点的服务实绩和运营实绩，并进行对比分析，从中考察新服务的市场试销的效果。

（8）新服务的市场导入

新服务的市场导入主要有两个任务：一个任务是让服务人员接受新服务。事实上，要让顾客接受一项新服务，首先要让服务人员接受。提高服务人员对新服务接受率的途径包括：鼓励服务人员参与新服务的构想和设计，加强服务机构的内部营销。另一个任务是对新服务的全过程和各方面加以监察，以发现需要进一步改进的问题。

3．创新蓝图

（1）创新蓝图的定义及构成

服务创新蓝图简称服务蓝图。在服务创新的步骤中，服务蓝图设计是关键的一步。通过服务蓝图，服务机构的服务人员、管理人员和顾客可以看到服务机构提供的服务是什么、自己在服务中的地位和作用、服务过程中所有的程序和流程。

服务蓝图（Service Blueprint）是指准确地描述服务系统和便于系统参与人员客观地理解、操作的示图。服务蓝图在结构上由 4 个区域和 3 条界线组成。4 个区域是顾客活动区域、前台活动区域、后台活动区域和支持性活动区域。3 条界线是交际线、能见度界线和内部交际线。图 6-4 为律师事务所服务蓝图。

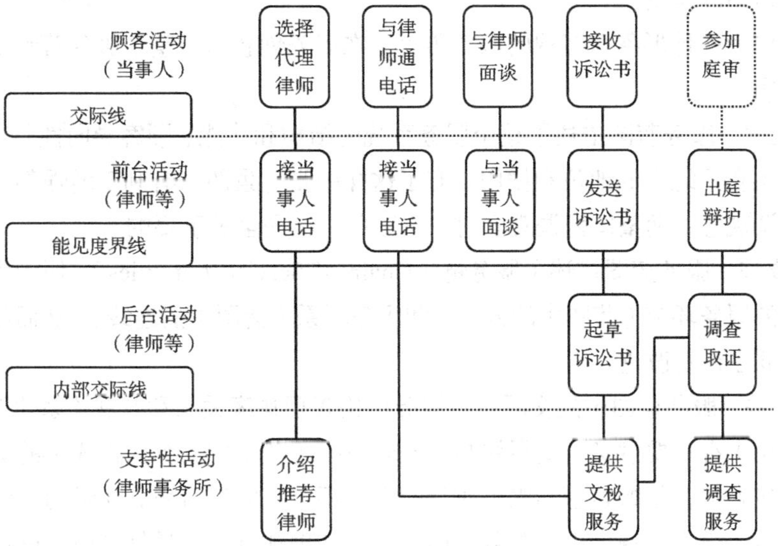

图 6-4　律师事务所服务蓝图

1）顾客活动。顾客活动（Customer Action）包括顾客在购买、消费和评价服务的过程中所进行的步骤、选择、行动和交际等活动。在律师服务系统中，当事人（顾客）的活动包括：选择代理律师、与律师通电话、与律师面谈、接收诉讼书等。

2）前台活动。前台活动（Onstage Employee Action）是顾客能见到的一线服务活动。在律师服务系统中，代理律师的出庭辩护是前台活动。

3）后台活动。后台活动（Backstage Employee Action）是顾客见不到的支持前台的服务活动。在律师服务系统中，代理律师向证人调查取证、起草诉讼书等是后台活动。

4）支持性活动。支持性活动（Support Process）是服务机构支持前台和后台的内部服务活动。在律师服务系统中，律师和事务所为代理律师提供调查服务、文秘服务等活动是支持性活动。

5）交际线。交际线（Line of Interaction）是顾客活动区域与前台活动区域之间的分界线。服务蓝图中的垂直连线只要穿过交际线，就表示顾客与服务机构之间存在直接的交际关系。

6）能见度界线。能见度界线（Line of Visibility）是前台活动区域与后台活动区域之间的分界线。在服务蓝图中，位于能见度界线下方的区域都是顾客见不到的区域，顾客能见到的是这条界线上方的区域。许多服务活动是前台与后台兼顾的，即部分活动是顾客可见到的，而部分活动是顾客见不到的。上述代理律师的活动对当事人来说，就是纵跨能见度界线的：既有可见的前台活动，又有不可见的后台活动。

7）内部交际线。内部交际线（Line of Internal Interaction）是后台活动区域与支持性活动区域的分界线，也是服务机构外部服务（顾客服务）与内部服务的分界线。位于内部交际线上方的活动都是为顾客服务的活动，而位于下方的都是为内部人员服务的活动。

（2）创新蓝图的作用

服务蓝图作为一种形象而客观的服务语言，在服务创新乃至整个服务营销中具有以下重要的工具作用。

1）整体观念。服务蓝图描述了整个服务系统的结构和功能、顾客导向性，以及每个部门、团队和员工在系统中的地位和作用。有了这样一张全景图，有利于增强部门、团队和员工的整体协调观念，而整体协调观念对一家服务机构是至关重要的。

2）服务改进。服务蓝图描述了服务链（Chain of Service Activities），便于服务机构从中发现有问题的服务环节（蓝图中的方框）和服务联系（蓝图中的连线），从而便于对这些薄弱的环节和联系进行改进。

3）顾客关系。服务蓝图中的交际线对服务机构管理顾客关系和开展关系化营销（互动营销和关系营销）有重要意义。交际线与服务联系线（蓝图中的纵向连线）的交点是服务前台，是服务接触点，是顾客感知服务质量的主要环节。顾客对服务质量的不满意通常产生于前台，产生于服务接触之中，服务投诉问题的处理和解决也最好在前台进行。因此，交际线有利于关系化营销。

4）服务有形化。服务蓝图中的能见度界线对服务机构研究服务有形化有重要价值。服务机构可以根据能见度界线确定哪些人员和环境是必须能见的，怎样重点加强和管理这些有形化部分的形象。服务有形化或服务形象是需要花费成本的，有了能见度界线，有利于掌握重点和节约有形化成本。

5）后勤支持。服务蓝图中的内部交际线对服务机构改进后勤支持链的服务是有重要价值的。内部交际线与纵向连线的交点是后勤服务与顾客服务之间的连接点，便于服务机构考察后勤服务的质量和内部营销的情况。

6）战略制定。服务蓝图描述了服务机构（系统）的服务链（包括服务环节、服务联系和程序等），而服务链是制定战略的主要依据：了解了服务链上各个服务环节、各种服务联系的成本，便于服务机构找到成本不合理的服务环节或服务联系，从而有利于制定成本领先的竞争战略；了解了服务链上各个服务环节、各种服务联系及整个程序的优势和劣势，便于服务机构找到自己特殊的具有核心优势的环节、联系或程序安排，从而有利于制定差异化竞争战略。

7）财务分析。服务蓝图为服务机构的财务分析提供了一种有效的途径，并且有利于将财务领导与服务领导密切地结合起来。例如，通过对服务蓝图的分析，可以更合理地确定服务系统中投资的重点环节和重点联系，可以更全面、更深入地核定服务系统的成本。

8）服务沟通。服务蓝图便于服务机构内外的沟通。服务蓝图中的每条联系（环节之间的连线）都需要营销沟通，其中有的是外部营销沟通，有的是内部营销沟通。因此，服务机构可以依据服务蓝图来制订整个营销沟通的计划。

6.2　服务特色营销

服务特色是服务创新的结果。服务特色就是服务企业在服务要素方面独特的、与其他同行业竞争对手相区别的地方。服务特色营销是指服务企业在营销中建立、保持服务特色和充分发挥服务特色的差异化竞争优势。青海省大通县国开村镇银行近年来积极开展“教师易贷通”产品的营销，深受大通县家住农村的教师的欢迎，在服务对象上建立了自己的特色。教师在家盖房、修建房屋和装修房屋时，可通过“教师易贷通”产品获得信贷支持。国开村镇银行“教师易贷通”服务营销的特色是一种服务对象（顾客）的特色。

6.2.1　服务特色的作用

服务特色的作用主要是创立品牌、保护专有技巧、拓展渠道和环境设计。

1．创立品牌

服务特色是服务品牌的构成要素。服务品牌的生命力在于服务的个性特色。创造和坚持个性特色是一家服务企业创牌、保牌的关键之一。事实上，在服务市场上，许多服务名牌都是以“特”取胜的。“人无我有”是在服务市场取胜的重要武器之一。

江苏镇江大酒店认为，一家酒店如果没有自己的特色菜、招牌菜，就无法在市场上立足，更无法吸引更多的顾客。镇江大酒店经过长期不懈的努力，逐步开发了一批深受顾客喜爱的特色菜、招牌菜，如美极爆软兜、金牌鱼翅、水晶肴蹄等。一家酒店有了特色，就比较引人注目，它的品牌就比较容易打响。

2．保护专有技巧

服务特色与服务技巧之间是互相促进的。专有的服务技巧是形成服务特色的基础，而服务特色的保持反过来也促进和保护专有的服务技巧。因此，注重特色的服务企业一般也是专有技巧得到保护和改进的企业。

北京全聚德百年来为了在不断变化的市场环境下保持全聚德烤鸭的传统特色，不断提高烤鸭的技巧。如近年来，全聚德正在研究怎样在保持传统特色的前提下将电脑引入烤鸭制作过程中，在变化的环境中保持特色始终是全聚德改进烤鸭技术的主要动因。

3．拓展渠道

服务特色作为一种无形资产，对服务特许代理商具有很大的吸引力。因为特许代理的核心内容之一就是服务特色的转让。因此，有特色的服务企业可以更有效地利用特许代理来拓展网点和市场。例如，在特许连锁方面取得成功的北京金三元酒家有“五连一锁”的经验，其中“五连”之一就是“连特色”。金三元认为，特许连锁“没有特色就没有生命力”。“一锁”是“锁特定值和自控设备”，即一切按金三元的 3 500 条规定办事和不用金三元的设备就生产不出金三元的扒猪脸，没有配方就没有金三元的味道。这里，“一锁”实际上也是“锁特色”。可见，特色在金三元的“五连一锁”和网点扩张中具有特殊、重要的作用。

4．环境设计

服务特色是服务企业环境和形象设计的一个要素。从营销角度讲，好的、吸引人的服务环境和形象都是有特色的，反之，服务特色也起到对环境和形象设计的指导作用。例如，北京全聚德前门店的“老铺”设计和装修获得成功，很好地重现了全聚德的历史文化，成功的一个重要因素是全聚德对自己传统特色的珍视。正是在保持传统特色的理念指导下，才保证了前门店“老铺”设计的成功。

6.2.2 服务特色的种类

服务特色包括专业特色、技巧特色、人员特色、顾客特色、时间特色、原产地特色、理念特色和环境特色（见图6-5）。

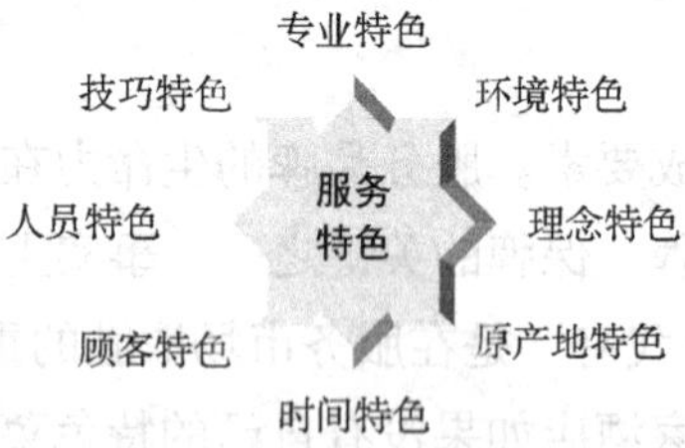

图6-5 服务特色的种类

1．专业特色

服务的专业特色是指为专业性顾客群（或顾客细分）服务的特色。这里所谓的“专业”是广义的，不但指产业、职业或学术上讲的专业，也指生活消费上讲的专门化服务。专业特色有时可以是不同专业或行业的交叉或复合。例如，上海图书公司开设的上海图书城设计书店体现了一种专业特色。这家设计书店汇集了广告、时装、室内装潢、建筑、工艺美术和装饰品等与设计密切相关的专业图书1 500种，其中包括我国60余家美术出版社和一些科技出版社每年推出的设计类新书近600种，形成了“专书专卖”的服务特色，非常受专业读者的欢迎。这里，与设计有关的专业读者群就是专业特色服务的对象。

专业特色的一个优点是能更好地发挥服务机构在服务技巧化或专业化方面的优势。反之，做好专业特色服务的关键也在于专业技巧。例如，办好上述设计书店，提高专业图书的采购、分类、陈列、推介，以及与读者关系的保持等服务环节的技巧和有关人员的专业化水平是很关键的。专业特色的另一个优点是服务质量的保证性或权威性，如对购书者来说，在图书城的设计书店能买到一流水平的设计类图书是毫无疑问的。

2．技巧特色

独特或奇特的服务技巧能形成服务特色。技巧特色的问题是容易被对手模仿，不容易长期保持。因此，重视技巧特色的企业需要不断地进行技巧创新。例如，郑州河南饭店为了争创特色，制作出了许多特色菜品，其中两个是桑拿菜和火焰菜。桑拿菜系列是将小型的鹅卵石放入烤箱烤烫后，盛入耐高温的盒中，然后放上新鲜食材，浇上制好的调味汁，食材烫熟后即可食用。桑拿菜的烹饪方法，实际上是古代“石烹法”的沿用，能给顾客奇特和怪诞的感觉，可以给餐桌带来更多的欢乐情趣。火焰菜系列则是另一种风格，将烹制成的菜肴放入锡纸中，在盘上锡纸外倒少许酒精，然后点燃上菜，外有火焰内有菜，给顾客以新奇的感觉。

3．人员特色

人员特色是一个重要的特色。因为顾客对服务质量的感知很大程度上取决于他们与服务人员的互动接触。因此，人员特色对顾客感知的影响比较大，营销效果也比较显著。例如，采用女交警、幼儿园男教师、空嫂、外籍空姐等都是人员特色营销。

上海有一家愚斋阁食府的服务员与一般餐馆饭店不同，是清一色的男青年。这是一种人员特色营销。上海绿波廊餐馆曾经部分地聘用一批 40 岁上下的女性担任服务员，推出所谓“家庭大嫂式服务”，效果不错。这些“大嫂”知人论事较成熟，庄重宽厚、做事踏实、亲切随缘，给顾客一种良好的感觉。这也是一种人员特色营销。

4．顾客特色

顾客是服务特色的一个来源。一家服务机构的顾客形成某种特征，其服务就容易被感知为具有某种特色。例如，某医院看骨科的病人一直特别多，那么，大致可以判断骨科是该医院的一个特色。根据同样的道理，报考某大学某专业的学生特别多或毕业生的成就普遍比较大，通常意味着该专业是该学校的一个特色。因此，大学可以通过宣传某专业毕业生的成就来塑造一种特色，以此吸引更多的学生报考该专业。

5．时间特色

服务时间的安排也可以形成特色。例如，北京居德林餐馆是按顾客（主要是组团形式的游客）要求的时间安排营业的，旅游团什么时候来，就什么时候提供服务。这是一种服务的时间特色。服务企业还可以针对顾客的时间结构形成服务特色，像餐饮业的休闲餐厅、工作餐厅等。休闲餐厅和工作餐厅都有很强的时间特色，而这种特色对城市上班族有很强的吸引力。

6．原产地特色

服务的原产地特色也就是传统特色，是最重要的服务特色之一。原产地特色或传统特色在服务的区际营销或国际营销中具有重要的营销价值。

四川火锅成功地从四川走向全国，一个重要原因是四川人（打工者、经商者和求学者）流向全国各地的规模较大、范围较广，为四川火锅提供了一个“在外地的四川人”市场，而且受这些“在外地的四川人”的影响，外地人也开始喜欢四川火锅，这就进一步扩大了对四川火锅的需求，但这种市场需求要持久，关键是在外地的四川火锅要保持原产地特色，即四川火锅的正宗性。

7. 理念特色

服务企业在宣传促销时传达的服务理念（包括主题）是服务特色的一个来源。一家服务企业的理念是体现其宗旨、使命、原则和精神的宣传口号或标语，有特色的理念具有很强的营销吸引力（包括内部营销）。服务业的主题营销也是对理念文化特色的一种运用，即用某个主题来营销企业或经营者的特色理念，包括独特的主张、独特的兴趣、对历史和潮流的独特的思考等。许多成功的餐饮企业的理念都是很有特色的，如麦当劳的“麦当劳不出坏孩子”、肯德基的“餐厅经理第一”和“唯一的门店”、马里奥特饭店的“代表顾客”、北京顺峰饮食娱乐公司的“22:78”、北京金三元的“五连一锁”等，都是很有特色的服务理念。

8. 环境特色

环境特色也是最重要的服务特色之一。因为环境是服务的有形提示，环境特色可以提示服务特色，并由于其有形性给顾客留下难忘的印象。例如，澳大利亚悉尼歌剧院的建筑样式非常有特色，很难令人忘怀。环境特色常常体现特色理念，如现在正在兴起的“环保饭店”的特色理念也都是通过特色环境体现出来的。环境特色还可以体现特色文化。环境的文化特色常常是服务企业文化营销的一种手段，实际上就是有特色的文化包装。

6.2.3 服务特色营销须注意的问题

服务的特色营销还要注意以下问题：一是要服务特色到位，真正的服务特色都是到位的，即功夫到家的；二是要解决企业特色与行业标准化的矛盾；三是要注意服务特色的成本，形成服务特色与成本花费也是一对矛盾。

相关链接

南京一些饭店原来有“情侣套餐”的服务特色，但因成本较高而办不下去。对此，南京钟山宾馆说，要想吸引消费者前来，价格就不能定得高，而情侣套餐却要占用整张餐桌。一般饭店的小餐桌较少，就算全用小餐桌，那么本来可以摆100个餐位的地方就只能摆50个餐位，显然影响饭店的经济效益。

6.3 服务知识营销

服务创新与服务知识有密切关系。服务知识是指与服务有关的知识（或信息），包括科技知识、社会知识、文化知识。服务知识营销就是增强服务的知识化程度，用知识来吸引和满足顾客的需要及充分发挥知识创新在服务营销中的作用。

在知识经济时代，服务业的知识营销有很大的发展空间。首先，专门从事生产性知识服务的服务业的营销完全是知识营销。科技服务、管理咨询、市场调研、广告设计等的营销完全是知识营销；教育、图书情报、传媒、网络数据库等从事知识流通的服务业也完全是知识营销。其次，非专门从事知识服务的服务业也正在知识化，它们的营销也越来越具有知识营销的成分。不仅高层次的服务需要越来越多和越来越高深的知识，较低层次的服务也开始知识化。

现在许多大城市的保姆服务市场也开始出现“知识型保姆”走俏的趋势。例如，在石家庄劳务市场上，有文化、懂规矩、讲礼节的“知识型保姆”走俏。聘请保姆的人特别看重学历，高中生最受欢迎，其次是初中生。有的聘主在看过学历证书后，还要对聘请对象进行口试后才放心。有的聘主认为，现在小孩启蒙早，没有知识无法照顾孩子。有些小孩在文盲保姆的带领下养成陋习，很难改正，而“知识型保姆”能担负起家庭教师的责任。还有的聘主认为，现在生活水平提高了，吃的、喝的都讲究科学，讲究营养，有文化的保姆一讲就懂，聊大也能找到共同语言。另外，有文化的保姆待人接物懂规矩、讲礼节，这也代表着家庭的形象。

6.3.1 服务知识营销的作用

1. 提高服务技能的层次

服务知识是服务技能的基础，服务的知识成分及比重决定着服务技能层次的高低，二者的关系呈正相关。因此，知识能提高服务技能的层次，从而促进服务技能营销。在上述石家庄“知识型保姆”的例子中，有知识、有文化的保姆就比较能适应现代城市家庭生活科技和文化含量增加的趋势。因为她们有一定的学习能力，可以不断地学习有关的科技知识、文化知识和社会交往知识，并将这些知识融入保姆技能之中。懂科学常识的保姆比较容易学会操作家用电子设备；懂人文社会知识的保姆比较容易学会待人接物。另外，知识文明也有助于提高人的行为的诚信度，这一点对保姆营销也是很重要的。

2. 增强服务质量的保证性

知识可以增强服务质量的保证性，满足顾客这方面感知心理的需要。服务营销学家认为，保证性是顾客感知服务质量的一个重要的维度，而保证性与服务的知识化程度有关。因为知识具有一种公认性或权威性，而权威性就是一种质量保证性，知识化程度高的服务是权威性强的服务，而权威性强的服务容易被顾客感知为质量保证性较强的服务。

6.3.2 服务知识营销的内容

服务知识营销的内容包括顾客教育、硬件技术、信息咨询和知识素养（见图6-6）。

1. 顾客教育

服务业知识营销的内容之一是顾客教育。顾客教育就是在服务营销中向顾客介绍和传授与服务有关的知识，以便提高顾客对服务生产的配合程度和对服务的享受程度。通过顾客教育，顾客不仅获得服务的享受，也获得知识。随着服务业高新技术含量的提高和国际化程度的提高，顾客教育越来越重要。

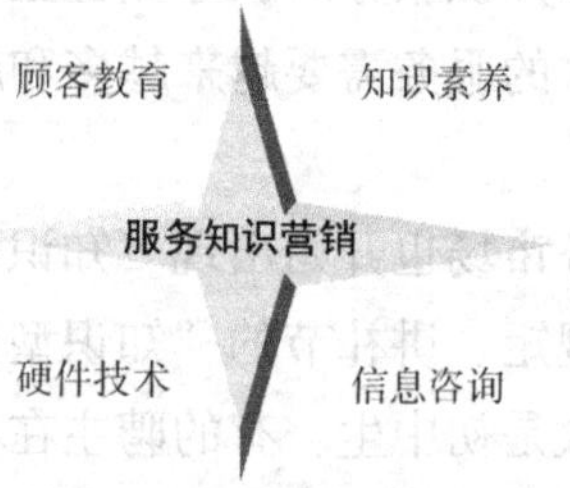

图6-6　服务知识营销的内容

软件服务营销的一个关键就是顾客教育。软件是不断更新的，软件服务商只有教会顾客使用软件，才能使软件卖得好。现在病毒经常攻击软件，因此软件服务商在顾客教育中增加了如何防范病毒的知识。

证券业服务营销的一个主要内容就是股民教育，向股民投资者介绍和传授金融知识、财务知识、投资知识、宏观经济知识、微观经济知识和产业经济知识。证券业股民教育的内容非常丰富，可以说是“百姓经济学院”。证券业的股民教育由于规模大还进入了电视和报纸等大众媒体。

零售业在服务营销中越来越重视顾客教育。上海淮海路商业街的“科普与商业结合”活动也大大增强了零售服务的知识性、科普性。像益民商厦开设的科普讲座，用科学的语言和手段介绍商品知识，并解答顾客（听众）的问题，很有吸引力。有的顾客听了讲座，对某种商品有了浓厚兴趣，于是实施了购买行为。

2．硬件技术

提高服务设施和环境等硬件的科技（知识）含量，也是服务知识营销的一个内容。因为顾客参与服务生产和接触服务硬件，服务硬件的科技（知识）含量的提高往往能促进顾客对服务的享受和对服务质量的良好感知。

美国迪士尼乐园在国内外的成功，其中一个主要因素是它惊险、刺激、独特和充满奇幻色彩的游戏节目，而提供这些节目的设施又主要是靠应用尖端技术。

上海公交服务业提高了公交车的科技含量后，增强了全行业竞争力，如公交车采用绿色能源，电车采用辅助电源，在停电的情况下仍能行驶；采用自动电子报站器、电子路牌显示，配有电子监视系统、IC卡收费系统等。

3．信息咨询

信息在某种意义上是知识的同义词。服务机构提供信息咨询是服务知识营销的一个要素。在服务营销中，一家服务机构提供的信息越多，信息的质量越高，它在顾客心目中的可信性或权威性就越强，而可信性或权威性对无形服务的营销来说是至关重要的。从服务交易的成本看，服务机构提供信息有助于降低机构与顾客之间的信息不对称程度，从而降低交易成本和促进交易。

在房产中介服务业，房产信息的掌握和咨询是吸引顾客的主要手段。房产信息掌握得越多越好，如哪家房产公司有好的户型，是现房还是期房，目前工程的进展情况怎样，房源周围的环境、交通条件和各种配套设施情况怎样，等等。事实上，在信息咨询中，只要有一条信息回答不出，房产中介交易就可能失败。相反，各方面信息掌握得越多、越熟，越能获得客户的信任和佩服，中介服务成功的可能性就越大。为了做到这一点，房产中介不得不开展大量的信息调研。所以，从某种意义上讲，房产中介服务营销几乎就是信息营销。

4．知识素养

提高服务人员的知识素养也是知识营销的一个要素，因为服务人员与顾客的人际沟通是服务知识沟通或传播的一种方式。提高服务人员的知识素养，一是要重视服务人员的学历；二是要重视服务人员的基础知识，基础知识较差的服务人员容易损害服务机构的知识形象；三是要扩大服务人员的知识面，服务人员的知识面越宽，所能服务的行业面、顾客面就越宽。

中国国际航空公司现在招聘空姐，不再像过去那样以貌取人，而是先看学历或学识再取相貌。国航认为，自己需要一批有较高文化水平的人参与空中服务。

某旅行社导游的文史基础知识较差，把苏东坡（东坡居士是苏轼的号）错误地介绍成苏轼的别名，把苏轼草书“大江东去”落款处的“东坡醉笔”念成“醉草”等。这样的旅行社显然不会得到游客的好评。

相关链接

知识最能说服顾客

沈阳市商业城百货公司特级营业员张晓茹认为，知识最能说服顾客。张晓茹曾遇到一位顾客，本来选好了一枚钻石，结果一看证书标明净度是 VS 级而不是 VVS 级就犹豫了，片面认为只要净度 VVS 级就是好钻石。她用专业知识跟顾客解释 VS 级是绝对没有问题的。最终，顾客高兴地买下了这枚戒指。所以，只有真正掌握了专业知识，在商品出现问题时才能游刃有余地加以解决。

6.4　服务文化营销

服务创新与服务文化也有密切的关系。服务文化是服务业文化的简称。服务业中的零售业、生活服务业、精神服务业、公共服务业都具有明显的文化性，如商业文化、餐饮文化、旅游文化、娱乐文化、广告文化、会展文化、房地产和物业文化、装潢文化、美容文化、体育文化、社区（公共）文化、城市（公共）文化等。服务文化营销就是挖掘和弘扬服务业文化的内涵，重视服务的文化包装和文化促销，将文化融入服务营销。服务文化也是一种知识，服务文化营销可看作服务知识营销的一个延伸。由于文化与科学知识相比具有感情色彩，文化营销具有知识营销不具有的“以情动人”的魅力。

6.4.1 服务文化营销的作用

文化在服务营销中的作用主要有促进服务品牌的发展、适应服务消费的流行和风潮、增强服务营销的情感力量、促进服务业的合作和提升服务业的环境形象。

1. 促进服务品牌的发展

文化营销能促进服务品牌的发展，因为文化是服务品牌的核心内容之一，向顾客传播服务文化可以使顾客加深对服务品牌文化内涵的理解，从而增强对服务品牌的兴趣和偏好。例如，在餐饮业，老字号餐饮企业通常有一个其他企业无法比拟的优势，就是丰富的文化内涵。翻开老字号的店史，可以知道许多逸事与史话；打开老字号的资料库，可以看到许多官府政要和名人雅士来店时留下的珍贵照片与墨宝；许多老字号的名菜名点也有许多的掌故与趣闻。这一切构成了老字号无形的资产，产生了巨大的影响，吸引了众多的食客，给企业带来了丰硕的效益，从而推动着老字号的兴盛与发展。老字号重视宣传和弘扬自己的文化，并由此培养了更多的品牌忠诚者。

2. 适应服务消费的流行和风潮

文化营销能适应消费流行和风潮的需要，因为消费流行和风潮都有社会文化背景，而文化营销可以利用这类社会文化题材。例如，北京餐饮业经常提起一张王牌，就是风味文化营销。从过去曾火爆京城的“三把火”，即以明珠海鲜、肥牛火锅和香港美食城为代表的粤菜，到后来的黑土地、北大荒、忆苦思甜大杂院为代表的怀旧菜，以至现在的红焖羊肉、羊蝎子、大骨头、鱼头泡饼的浪潮，都是适应北京餐饮市场不同时期的消费流行和消费风潮的产物，都有一定的社会文化题材，代表了一定的社会文化心理。

3. 增强服务营销的情感力量

文化营销能增强服务的情感力量，因为文化具有审美价值，而任何审美价值的背后都是情感。服务营销学家指出，移情性即人性的关怀，是衡量服务质量的一个标准，而文化营销能增强服务交易中人性的关怀，淡化服务交易中的物质层面。例如，在音乐茶座，音乐中所体现的情感和人性的关怀可以使茶座服务变得更加高雅，从而使茶座服务的价格高低变得不敏感了。这就是文化营销产生的效果。

4. 促进服务业的合作

文化营销能促进服务业中非文化产业与文化产业的合作营销。文化产业相对来说专长文化营销，非文化产业可以通过与文化产业的合作营销吸收合作伙伴的专业优势，而文化产业也可以在合作中扩大创收。餐饮、旅游、娱乐、社区管理等服务业的文化营销常常采取与文艺团体或个人合作的方式，并收到较好的效果。

上海市许多街道社区经常邀请专业文艺团体或个人到社区演出和指导社区群众文艺，受到社区居民的欢迎。这种社区服务业与文艺演出服务业之间的合作营销，既活跃了社区文化，提供了良好的社区服务、满足了社区居民的需要，又给专业文艺团体和个人提供了一个营销创收的渠道。

5．提升服务业的环境形象

文化营销能促进服务环境的营销。服务环境要吸引人，简单地说，除了整洁因素外，就是要高雅，因为环境整洁可以提示服务质量，环境高雅可以冲淡服务交易的平俗，使顾客得到精神方面的满足。而环境高雅的关键是融入文化，因为高雅的核心是文雅，是文化气息或气质。

6.4.2 服务文化营销的内容

服务文化营销的内容包括弘扬产业文化、文化包装和文化促销（见图6-7）。

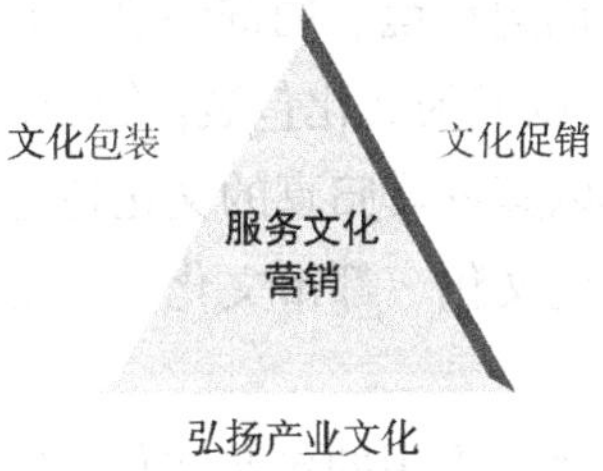

图6-7 服务文化营销的内容

1．弘扬产业文化

挖掘、宣传和弘扬产业文化是文化营销的一个内容。产业文化分宏观产业文化和微观产业文化。

（1）弘扬宏观产业文化

宏观产业文化是某产业在一个国家、一个地区、一个城市或一个特殊的消费者群体身上形成的文化。例如，宏观的餐饮文化有中华餐饮文化、八大菜系、清真饮食、火锅文化等。其中，中华餐饮文化是在世界华人中群形成的，八大菜系是在8个地区（川、粤、鲁、扬、京、徽、浙、湘）形成的，清真饮食是在世界上信奉伊斯兰教的民族消费者群体中形成的，而火锅文化是在四川、重庆等地区形成的。

服务业在营销中弘扬宏观产业文化，不仅可以更好地锁定源头市场，而且可以用以拓展区际市场和国际市场。例如，在火锅文化的影响下，四川火锅、重庆火锅已经遍及全国餐饮市场，甚至国际餐饮市场。在中餐文化的影响下，中餐已经遍及全球餐饮市场。

服务业利用宏观产业文化来开展营销的优点是可以借助宏观产业文化的影响力而节省自己的营销费用。例如，开一家四川火锅店并不需要向四川火锅文化支付费用。

宏观产业文化是一种产业内的“公共品牌”，即产业内大家都可以免费使用的品牌。但个别企业在使用“公共品牌”时，需要讲诚信，即要保护“公共品牌”的信誉。例如，川菜作为八大菜系之一，是一种宏观餐饮文化，在全国市场具有很大的影响力，可以为餐饮企业所利用。但在上海的川菜还是应当由正宗的四川厨师或其传人掌勺，如果挂的是川菜招牌，聘的是上海厨师，供应不正宗的川菜，就是不诚信的营销。

（2）弘扬微观产业文化

微观产业文化也可称为市场文化，是本产业的一家企业在市场活动中形成的文化，是这家企业专有的市场文化或品牌文化。微观的餐饮文化有“全聚德文化”、“狗不理文化”、“楼外楼文化”等。弘扬微观产业文化或品牌文化是文化营销的主要内容之一。

2．文化包装

文化包装是服务文化营销的一个内容。文化包装就是塑造服务企业的文化环境或文化氛围。例如，台北曾流行上海菜，不少上海菜馆或专售上海菜的饭店餐厅按20世纪二三十年代上海餐馆、饭店的风貌进行装修，给台湾顾客带来一种上海文化的享受。服务环境的许多要素，如地段、建筑外观、周边环境、内部装修、布局、气味、灯光、音响、家具、用具、人员、顾客、气氛等，都可以成为文化包装。例如，上海月城酒家的菜点不太出名，但它用福建特制的全套木质餐具以其返璞归真的文化特色吸人眼球。

服务业用以包装的文化有历史文化、都市文化、乡土文化、民族文化等。

（1）历史文化

历史文化是老字号服务企业普遍采用的包装文化，它可以维护老字号品牌的形象。例如，北京前门全聚德烤鸭店是“全聚德文化”的发祥地。该店为了挖掘和彰显历史文化，打开了老墙，亮出了老铺，通过装修再现了全聚德老店的风貌，并以此唤起人们对老字号品牌的回忆和尊重。

（2）都市文化

都市文化是许多大城市的服务业喜欢采用的包装文化。例如，上海的餐饮业兴起的楼宇餐厅，就是一种都市文化。楼宇餐厅就是在高层商务楼里办餐馆、饭店，主要对象是白领和经商者。高层楼宇和白领顾客的环境氛围具有很强的商业大都市的文化气氛，对目标市场有很大的吸引力。

（3）乡土文化

乡土文化是较适合异地营销的服务企业的包装文化。乡土文化体现乡土特色，联络顾客的乡土感情，并满足人们对异地文化的好奇心。例如，重庆一家叫巴国布衣的餐饮店在外地开设网点，就是靠营造川东乡土文化的店堂环境来吸引顾客并取得成功的。

（4）民族文化

民族文化是较适合以民族性消费群体为目标市场的服务企业的包装文化。北京的腾格里塔拉是一家以蒙古族为目标市场的饭店，它的包装文化完全是蒙古式的。饭店的包间是一间间“蒙古包”。在“蒙古包”里，顾客团团围坐，沏上热气腾腾的奶茶，撒上炒米，放上黄油，就着奶酪，喝着马奶酒，还可以歌舞。这种充满民族风味的文化包装，深深吸引着目标顾客。

3．文化促销

服务业的文化促销主要有举办产业文化节和文化合作营销。

（1）举办产业文化节

举办产业性质的文化节（包括展览会、展销会等）是一些服务业的文化促销的一种主要方式。例如，举办美食节是餐饮业文化促销活动的一个主要方式。南京金陵饭店中心大酒店每月都有美食节活动，餐饮管理人员每月精心组织、挖掘新品，其目的只有一个，使不断回头的客人每次都可以品尝到新的菜品。

产业文化节营销与其他促销相比的优点是：① 真实性，餐饮业做广告总是有点夸张性，而美食节对餐饮文化的展示都是完全真实的；② 聚集性，美食节将各地、各品牌的餐饮文化集中在一起展示，可以有一种聚集效应；③ 交流性，美食节是各派餐饮文化的大交流，同时也是餐饮企业与顾客之间最好的交流机会；④ 参与性，美食节可以让顾客品尝代表各种饮食文化的菜点、食品，有的美食节还让观众或顾客亲自动手下厨，观众还可以参与美食节举办的饮食文化学术讲座；⑤ 社会性，举办美食节，一般会在当地引起较大的社会反响，美食节常常可以同旅游节、文化节等联办，因此受到当地政府的重视。

（2）文化合作营销

服务业文化促销的另一个主要方式是与文化产业的合作营销。例如，郑州越秀海鲜酒家将三联书店引进酒家。引用酒家经理的话，“来这里用餐的有各界人士，包括许多文化人。我们有义务为人们提供美味佳肴，提供社交和商务活动的场所，也有责任提供高质量的精神食粮”。

北京全聚德的文化合作营销是与企业文化和企业公关结合起来进行的。全聚德聘请中央民族乐团著名词、曲作家创造了具有浓郁民族风格、京腔京味的全聚德集团歌《一炉百年的火》，在“全国企业之歌”大赛中，由全聚德合唱团演唱的这首集团歌受到众人好评，一举夺得大赛金奖，再次扩大了全聚德的品牌影响。全聚德支持和赞助有关全聚德历史文化的戏剧和电影，如北京人民艺术剧院根据全聚德的传奇历史排演了话剧《天下第一楼》，北京电影制片厂拍摄了电影《老店》，它们都荣获艺术大奖，大大提升了全聚德品牌在国内外市场的影响力。

相关链接

零售银行服务创新的方向

客户需求成为零售银行创新的核心驱动力。银行需要通过 5 种方式来实现产品与服务的创新，即新技术创新（如 RFID 新型支付方式）、以客户为中心的创新（如提升客户体验、加强客户忠诚度）、金融行业内创新（如银行与保险、证券等行业的合作）、国际化创新（如拓展海外市场和为客户提供跨境业务）及跨行业合作创新（如银行与医疗、税务、教育等行业的合作）。

本章小结

服务创新营销就是在服务营销中重视创新和充分发挥创新对营销的促进作用。服务创新对营销的作用主要是建立服务特色、保持服务竞争力、带动服务技巧的提高、刺激服务消费和促进个性化营销等。服务创新营销包括创新类型、创新步骤和创新蓝图等内容。

服务特色营销是指服务企业在营销中建立、保持服务特色和充分发挥服务特色的差异化竞争优势。服务特色就是服务企业在服务要素方面独特的、与其他同行业竞争对手相区别的地方。服务特色营销的作用主要是创立品牌、保护专有技巧、拓展渠道和环境设计。服务特色包括专业特色、技巧特色、人员特色、顾客特色、时间特色、原产地特色、理念特色和环境特色。

服务的知识营销就是增强服务的知识化程度，用知识来吸引和满足顾客的需要和充分发挥知识在服务营销中的作用。知识在服务营销中的作用主要有提高服务技能的层次和增强服务质量的保证性。服务的知识营销包括顾客教育、硬件技术、信息咨询和知识素养等内容。

服务的文化营销就是挖掘和弘扬本产业的文化内涵，重视服务的文化包装和文化促销，将文化融入服务营销。文化在服务营销中的作用主要有促进服务品牌的发展、适应服务消费的流行和风潮、增强服务营销的情感力量、促进服务业的合作营销和促进服务业的环境营销。文化营销包括弘扬产业文化、文化包装和文化促销等内容。

关键词解析

服务创新（Service Innovation）：指用新的服务方式、技巧和要素全部或部分地替代原有的服务方式、技巧和要素，以便增加服务价值。

全新型服务创新：指在服务内容和方式上创造新的与原有服务完全不同的服务。

替代型服务创新：指通过服务手段的替代创造新的与原有服务不同的服务。

延伸型服务创新：指在原有服务的延伸领域（或相关领域）开发不同于原有服务的新服务。

拓展型服务创新：指在原有的服务种类（或服务线）里开发新的服务品种。

改进型服务创新：指对原有服务（品种）的程序、方式、手段、时间、地点、人员等服务要素进行改进。

包装型服务创新：指对服务的包装进行创新，服务的包装是指服务机构的环境形象。

服务蓝图（Service Blueprint）：指准确地描述服务系统和便于系统参与人员客观地理解、操作的示图。

顾客活动（Customer Action）：顾客在购买、消费和评价服务的过程中所进行的步骤、选择、行动和交际等活动。

前台活动（Onstage Employee Action）：顾客能见到的一线服务活动。

后台活动（Backstage Employee Action）：顾客见不到的支持前台的服务活动。

支持性活动（Support Process）：服务机构支持前台和后台的内部服务活动。

交际线（Line of Interaction）：顾客活动区域与前台活动区域之间的分界线。

能见度界线（Line of Visibility）：前台活动区域与后台活动区域之间的分界线。

内部交际线（Line of Internal Interaction）：后台活动区域与支持性活动区域的分界线，也是服务机构外部服务（顾客服务）与内部服务的分界线。

服务特色营销：指服务企业在营销中建立、保持服务特色和充分发挥服务特色的差异化竞争优势。

服务知识：指与服务有关的知识（或信息），包括科技知识、社会知识、文化知识。

服务知识营销：增强服务的知识化程度，用知识来吸引和满足顾客的需要及充分发挥知识创新在服务营销中的作用。

前沿话题

服务特色"人文化"

为了让"乘车难"的孕妈妈们能更安心舒适地乘坐地铁出行，南京地铁推出了关爱孕妈妈出行的特色服务。不仅给孕妈妈赠送徽章，以便于身份识别，而且还会提供进、出车站爱心接力服务。南京地铁本次针对孕妈妈群体推出的爱心服务，是基于无障碍爱心服务的"人文特色服务"。

案例讨论 Case Discussing

重庆商社汽车贸易服务创新的4个维度

维度1：汽贸的服务概念

"新服务概念"维度要求企业对自己和竞争对手提供的已有服务和新服务都有准确的认识。根据对商社汽贸和竞争对手服务内容的比较，商社汽贸的服务内容在宽度上不如中汽西南，广度上不如百事达。在现有发展战略既定的情况下，就必须在服务内容的深度上挖掘创新，做到"敌有我优"，从而形成自己独特的竞争优势。例如，在举行新车交车仪式时，给客户送一个用红绳系住的苹果，寓意"平平安安"，一定会给客户留下比送大礼包或鲜花更加深刻的印象。打造"商社汽贸，您的汽车专家"的品牌形象是汽贸服务概念创新的指导思想。在这个指导思想下，汽贸创新的服务概念有很多，比如提供交通车服务、提供代步车服务、提供接送车和上门维修服务等。

维度2：汽贸的顾客界面

服务创新的第二个维度是顾客界面的设计，包括将服务提供给顾客的方式及与顾客之间交流的方式。商社汽贸目前所采用的顾客界面主要以电话界面、短信界面、现场交互界面等传统界面为主。

1）网络界面。本页面包含以下内容：一是实现商社汽贸网站的首页与旗下诸多品牌店网址的链接，让客户对商社汽贸和具体4S店之间的关系有更直观的感受，强化品牌认知，也方便客户直接浏览自己感兴趣的品牌。二是开辟网上课堂，定期发布一些保养、维护、操作驾驶方面的注意事项和常见故障诊断及排除方式，与用户一起学习成长。三是开展网上答疑，对客户学车、买车、用车等过程中的疑问予以解答。四是开设论坛专区，将在网站上咨询新车价格、配置信息的客户资料转给相关品牌跟进追踪，变被动等待客户为主动出击，通过关注潜在客户提高销量和市场份额。

2）客户服务中心界面。一是拥有完善的商社汽贸的客户信息系统。二是根据客户的价值、特征和行为对客户进行分类，从而制定相应的客户管理策略。三是具备强大的呼入呼出功能，在工作时间提供人工服务，非工作时间提供自助语音服务。

维度3：汽贸的服务传递系统

"服务传递系统"维度侧重于通过合适的组织安排、管理和协调，确保企业员工有效地完成工作，并开发和提供创新服务产品。服务传递系统的本质是如何通过有效的管理来确保员工将服务流程执行到位。商社汽贸的服务传递系统可以从以下几个方面进行改进：一是强化培训，统一认识，确保员工正确理解服务创新的内容、标准流程和实施方式。二是优化服务流程，提高服务效率。三是完善服务质量监督体系，包括邀请专家进行培训、通过第三方机构对客户服务进行调查、提供服务质量交流平台等。

维度4：汽贸的技术选择

商社汽贸的服务创新依靠强大的信息技术平台——数据库的支持。无论是网络界面还是客户服务中心界面，都以完整的客户背景资料为基础。通过数据库技术将客户的需求、消费历史、投诉建议等庞大的信息储存起来，为服务营销的分析和决策打下坚实的基础。

问题讨论：

1．重庆商社汽贸是怎样进行服务创新的？属于什么类型的服务创新？

2．重庆商社汽贸的服务创新有哪4个维度？对此，谈谈你的启发。

海底捞火锅连锁店的服务创新

海底捞火锅连锁店是全国知名的火锅连锁店、中国餐饮百强企业，是餐饮行业的成功典范。海底捞成功的关键在其“新颖的服务”上。

顾客信息是海底捞服务创新驱动力的重要来源。例如，开设在海底捞等待区的“美甲服务”，为婴儿在一些特殊位置安置婴儿床。

海底捞将店长及以上管理人员的考核划分为多个项目，其中创新是一项重要的考核内容，各店经理每个月都要向总部提交一个服务创新的评估和报告。海底捞特别注意鼓励员工的创新意识，尤其是一线服务人员的服务创新意识。在海底捞火锅店，员工的服务创意一旦被采纳，就会以员工的名字来命名。为此，还专门设立了创新奖。如此一来，对于海底捞的员工来说不但得到了尊重，还鼓励了更多员工。

海底捞认为，要想让员工在工作中充满激情地开展服务，积极投入服务创新，首先要给他们提供良好的生活环境，解决他们的后顾之忧。海底捞在四川简阳建了一所私立寄宿制学校，海底捞员工的孩子可以免费在那里上学。

海底捞通过层层培训建立标准化的服务流程，如海底捞的标志性接待动作被规范成：右手抚心区，腰微弯，面带自然笑容，左手自然前伸，作请状。海底捞的晋升制度也是采取内部晋升制。

问题讨论：

1．海底捞采用的是什么类型的服务创新?

2．试用服务创新的理论分析海底捞的成功经验。

3．海底捞的理念营销和标准化营销是怎样配合服务创新的?

4．试为海底捞设计服务蓝图。

5．服务环境的许多要素都可以成为文化包装，试结合案例举例说明。

第 4 篇

控制服务实绩

第7章

服务人员

本章学习导航

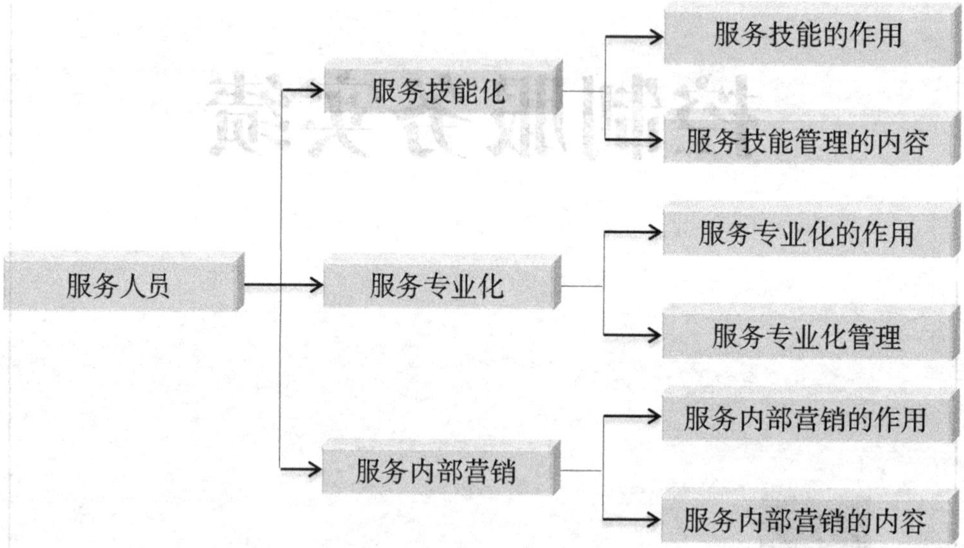

本章学习目标

- 掌握服务技能的作用和管理；
- 掌握服务专业化的作用和管理；
- 掌握服务内部营销的作用和内容；
- 了解服务人员与减小服务质量差距之间的关系；
- 能够应用本章知识进行现象和案例分析。

服务质量差距 3 是服务商在有服务质量标准条件下的服务质量实绩与制定的服务质量标准之间的差距，它存在的原因是：在人员、中间商、顾客和市场供求等因素的干扰下，服务商没有完全按照服务质量标准向顾客提供实际的服务。为了缩小服务质量差距 3，服务商可以先进行服务人员管理，并用此保证服务质量标准的贯彻执行，使顾客感知与他们期望一致的服务质量。服务人员管理包括服务技能化、服务专业化和服务内部营销等管理。本章介绍服务技能化、服务专业化和服务内部营销等内容。

7.1　服务技能化

服务技能是指服务人员服务的熟巧、技艺、能力等。服务技能化是指服务商在服务生产和交易中充分利用人员的服务技能来吸引和满足顾客，以及充分发挥技能因素在整个服务营销中的作用。服务技能在服务营销中运用比较普遍，在一些人员操作性较强的服务业中（如餐饮、旅游、出租汽车、美容、商品维修、装潢设计、艺术表演、体育竞赛、医疗、健身、教育等）尤其普遍。在服务业中，无论行业的档次高低，人员的技能都是第一竞争力。在旅游业，导游的技能水平对旅行社的竞争力有决定性的影响；在体育竞赛业，球员和教练的技能水平对足球俱乐部的市场地位有绝对的影响力。

相关链接

在医疗服务业，作为主要服务技能之一的外科手术是医院吸引患者的一个营销要素。江苏江阴市人民医院为了满足病人家属的要求，在手术室外设立 8 个“爱心电视包厢”，供家属通过电视观看手术情况。这些包厢还设有沙发、电话和多方位摄像系统的监控开关。这家医院采用这种富有独创性的服务方式，每年完成数以千计的大手术。这是一个典型的服务技能营销的实例。这家医院通过服务技能营销，不仅满足了病人家属的爱心需要，更重要的也满足了作为“顾客”的病人本身的需要——在亲属的陪伴和监控下，手术的安全感、可靠感会大大增强。同时，也由于病人家属的陪伴和监控，医护人员会在爱心的感染下比过去具有更强的责任心和做好手术的决心及信心，这有利于发挥医护人员手术（服务）技能的水平，提高手术（服务）质量和成功率。

7.1.1　服务技能的作用

技能在整个服务营销中的作用，主要有增强服务的神秘性、促进服务品牌营销、支持服务承诺营销、促进差异化营销和获得技能溢价。

1．增强服务的神秘性

服务技能的基本营销作用是保持和增强服务的神秘性，以便保持和增强顾客对服务的兴趣或服务对顾客的吸引力。这一点在表演服务业表现得最为明显。马戏、杂技、魔术、音乐、戏曲等表演服务业是典型的技能服务业，也是典型的神秘性行业：他们的表演都是观众在现实生活中所见不到的。观众感兴趣和愿意买票观看正是因为这样的神秘性，而表演服务业是靠表演技能保持和增强自己的神秘性的。技能和由此产生的神秘性还使这些表演服务业的营销具有天然的跨文化、跨地区和跨国界的性质，是具有国际营销优势的服务业，因为对神秘事物的兴趣是人类共同的社会心理，较少存在文化障碍或国别差异，尽管这些表演服务业本身是文化产业。

相关链接

神秘性是中国京剧走向国际舞台的一个重要因素，而京剧表演大师梅兰芳独特而高超的技艺大大增加了这种神秘性。20 世纪 30 年代，梅兰芳在苏联演出并取得极大的成功。当时，斯坦尼斯拉夫斯基、丹钦科、梅耶荷德、电影导演爱森斯坦等大师级人物都来观看京剧演出。当时年轻有为的德国戏剧艺术大师布莱希特为了观看梅兰芳的演出，专程赶到莫斯科，还有高尔基、托尔斯泰、著名芭蕾演员谢苗诺娃等。一时间，莫斯科音乐厅里大师云集。首场大轴戏是梅兰芳的《打渔杀家》，舞台上没有任何背景，就凭剧中父女手中的橹和桨的表演动作，各种程式身段和唱念的组合，让观众感到一个打拉小舟正漂浮在江水中，观众和专家们对这种既抽象又真实的表演感到极大兴趣，最后谢幕达 18 次之多，为戏剧史上所罕见。斯坦尼斯拉夫斯基说："梅博士现实主义的表演手法，值得我们探索和研究。""中国戏剧是有规律的自由动作。"布莱希特则说："我多年来朦胧追求而尚未到达的，梅博士却已经发展到极高的艺术境界。"中国京剧的神秘性和梅兰芳先生的技艺是京剧表演国际营销成功的一个主要因素。

除表演服务业外，其他技能性和神秘性较强的服务业也具有国际营销的优势，如餐饮、宗教、旅游、体育竞赛、教育和医疗等。例如，中国餐饮市场开放以来，成了"万国餐饮俱乐部"，在北京、上海等城市可以方便地品尝到许多异国风味，国外餐饮商在中国市场取得广泛的成功。与此同时，中餐也进入世界市场，中餐厨师的输出成为中国最成功的劳务输出之一，中餐的国际营销也取得很大的成功。餐饮服务业的国际营销优势证明了技能营销和服务的神秘性。

2．促进服务品牌营销

服务技能的一个重要作用是促进服务品牌营销。服务技能与服务品牌的知名度一般呈正相关关系。服务技能越独特、越高超，服务品牌就越容易成名。

国内外知名品牌全聚德之所以被广大消费者认可和喜欢，一个重要因素在于有一支由国际烹饪大师领衔，亚洲大厨、全国行业明星、烹饪技师等为技术骨干的 800 多人的技术队伍。全聚德的挂炉烤鸭由原宫廷厨师奠定了基础，后又经过全聚德其他厨师们的不断改进，到全聚德第二代名师蒲长春掌炉烤鸭时，已经形成了一套完善的烤制工序，包括宰杀、烫毛、煺毛、吹气、开生、掏膛、支撑、洗膛、挂钩、晾皮、烫皮、打糖、再晾皮、堵塞、灌水、入炉、燎裆、转体、出炉等。全聚德的烤鸭已经发展到了一个近乎完美的境地。

服务技能促进服务品牌营销，一是因为决定品牌强弱的主要因素之一是品牌主拥有的独占的差异化优势，制造业品牌的这种差异化优势主要与专利技术有关，而服务业品牌的这种差异化优势主要与专有技能即服务技能有关。二是因为顾客对某个服务品牌优良的服务技能的印象比较深，而深刻、良好的品牌记忆有助于增强顾客对品牌的识别度、赞誉度乃至忠诚度。

3. 支持服务承诺营销

服务技能对服务承诺的兑现起到支持和保证作用。俗话说：艺高人胆大。一家服务企业敢于在广告、海报上对服务质量做出承诺，是以过硬的服务技能为基础的。如果服务企业缺乏技能实力而向顾客夸下海口，那么这样的承诺营销注定要失败。例如，航空业为了争夺客源，纷纷做出服务承诺，包括航班延误补偿的承诺。但从执行的情况看，一些航空公司难以完全兑现承诺，由于自己技能（包括飞行、地勤维护和签派等技能）不过硬而造成的航班延误的比重不小，如果都要补偿给旅客，成本压力将大大提升。

4. 促进差异化营销

服务技能是差异化的一个基础，技能可以促进服务差异化。因为随着服务技能的提高，独创性的服务技能会增加，而员工独创性的服务技能是服务企业服务创新和服务特色的一个主要来源，这就促进了服务创新和服务特色的形成。另外，优良服务技能的养成离不开对顾客的应变性服务和个性化服务，而技能的提高反过来也能增强服务的应变性和个性化。例如，上海新世界商城女皮鞋柜台的营业员茅宏以其精湛的服务技能为顾客提供“看手卖鞋”的个性化服务。一位顾客来到茅宏所在柜台，她说：“每次试穿的鞋尺码都正好，但穿不了几天便感到紧，甚至磨出血泡。”茅宏说：“先让我看看你的手。”卖鞋的人先看手，顾客有些搞不懂。茅宏看到顾客的手掌较厚、较宽，就告诉她：“你买鞋须放大半码，并应选择小牛皮与浅口鞋。”几天后，茅宏收到这位顾客寄来的一封热情洋溢的感谢信。

5. 获得技能溢价

优良的服务技能可以使服务溢价。因为优良的服务技能可以给顾客带来超出正常标准的额外满足，顾客愿意为这样的服务支付更高的价格。技能溢价不仅给服务营销带来更多的收益，也是一种在服务质量上对顾客的承诺。当然，这种承诺反过来也增加了对服务人员的压力，促使他们进一步改善和增强服务技能。优秀歌手的演唱会通常能卖出较高的票价，其高出一般演唱会的部分就是优秀歌手的技能溢价。由于表演服务业的明星或名角一般都有高超的技能，因此表演服务业市场竞争的一个焦点就是对明星或名角的争夺和培养，并以此获得超额的溢价效应。

7.1.2 服务技能管理的内容

服务技能管理的内容包括技能定价、技能培训、技能竞赛、技能激励和能见度调节（见

图 7-1）。

图 7-1　服务技能管理的内容

1．技能定价

在服务定价中可以利用技能溢价因素并由此进行技能差价和技能调价。

（1）技能差价

技能差价就是按不同的服务技能层次和水平收取不同的服务费。技能差价能较充分地体现技能营销，是技能营销的一种重要方式。这种方式对技能性强的服务业（如美容、餐饮等）或技能层次高的服务业（如律师、设计、医疗、教育、文化等）尤其重要。例如，许多医院按医生的医技水平实行差价收费，以满足不同病人的需要，激励医生提高技能水平；足球联赛的票价按联赛的级别（超级、甲级、乙级）实行的差价也是一种技能差价，因为联赛级别就是球队的技能级别。

（2）技能调价

技能调价就是按技能水平的升降调节服务定价。技能调价对新兴服务业很重要，因为新兴服务业的技能水平有较快的提升，通过技能调价或服务价上调可以及时地巩固技能提升的成果和扶植新兴服务业的成长。心理咨询的收费过去比较低，远低于心理咨询技能的价值。随着下岗、升学、就业、离婚、炒股等社会问题的增加，人们的心理压力越来越大，对心理咨询的需求越来越大。因此，心理医疗咨询服务可以顺势而为地进行技能提价。这样的提价有利于巩固心理医生技能提升的成果，给这一新兴的医疗服务业带来必要的效益支撑。

2．技能培训

培训是培养和增强服务技能的根本途径。因为服务技能主要来自人力资本，但技能性的人力资本很难从学校培养，而主要靠服务业的在岗培养。

麦当劳快餐店从 1955 年创建开始就非常重视技能培训，1961 年开办了第一家汉堡包大学，对服务人员进行严格培训。现在的汉堡包大学占地约 33 公顷，有 6 个剧场式的教室、17 间会议室、22 种语言同声传译和先进的声像教学设备。汉堡包大学现在每期培训 6 天，数以百计的学员来自世界各地的麦当劳分店。

服务技能培训要结合服务营销的需要。例如，随着中国的开放，外国游客和商务来客越来越多，涉外服务的技能培训（如外语培训）就越来越重要。例如，江苏东海市的天成大酒店为了吸引外国游客和商务来客，每星期都要开办一堂英语教学课。为适应外国客人的服务需求，酒店要求餐饮服务员必须学会一般的日常生活英语，以方便与外国客人进行交流，达到优质服务的目的。为此，酒店专门请来英语教师，同时还聘用了一名懂英语的职员进行英语指导。此外，酒店每月都要举行一次技术练兵比赛，每年举行两次技术考核，并制定了健全的奖惩机制。

3．技能竞赛

技能交流和竞赛也是提升服务技能的一个重要途径。因为服务技能的提升不能完全靠培训，培训只能学到基本、静态的技能，而交流和竞赛可以学到先进、动态的技能。许多足球队提高技能水平就是练赛结合的：训练中穿插一些非正式或正式比赛，通过“以赛代练”让球员（或教练）从其他球员（或教练）身上学到较先进和较新的东西。交流和竞赛的主要优点是技能信息比较密集，技能提升速度更快。

例如，北京顺峰饮食娱乐公司为提高员工的技能水平，开展了全面广泛的内部竞赛，如“服务技能技巧比赛”分团体赛和个人赛，上至总经理下至每个服务员，人人重视。这类比赛增强了广大员工的服务意识，培养和提高了一线服务人员的接待水平、应变能力及推销技巧，推动了企业整体水平的发展和提高。除了内部比赛，顺峰还注重与外界的交流、学习。如顺峰与新加坡餐馆业工会举行了一次厨艺切磋与交流，在严谨治厨、合理用料、精工细致、讲究卫生和个人厨德方面受益匪浅。

在技能交流和竞赛中，要重视培养服务能手或尖子，以他们为榜样带动其他员工提高技能水平。例如，上海物业管理行业出了一位服务能手（也是劳模）徐虎后，该行业办起了专门培养优秀物业管理服务人才的“徐虎学校”，由徐虎任校长。学校采用国际先进的 MES 模块式教学方式，以丰富学员的物业管理知识，培养与“新技术、新材料、新工艺、新设备”有关的操作技能和解决房屋设备疑难杂症的技能。通过这样的方式带动全行业物业管理服务技能水平的提高。

4．技能激励

技能激励就是用物质奖励和评定职称等激励手段鼓励服务人员钻研和提高服务技能。因为服务技能的提高需要时间、精力和经济的投入，现在各种服务职业技术学校的收费都不低，没有经济利益的刺激很难让服务人员有钻研技能的动力。评定职称是一种精神和物质双重激励。对服务人员的精神激励也很重要，它可以满足服务人员对社会尊重和自我价值实现的需要。根据内部营销的原理，服务企业满足员工的需要，就能激励员工去满足顾客的需要。

上海华联商厦、杭州解放路百货商店等给营业员评定技术职称，即“商业经营师”，此举产生了较好的效果，大大提升了一线营业员的地位，同时也成为推动营业员钻研和提高服务技能的动力和压力。

5. 能见度调节

服务技能营销管理的内容之一是服务能见度的调节。如前所述，服务机构有一条能见度界线。能见度界线是指在服务过程中服务机构能直接被顾客看到或感知的部分与其余部分之间的分界线，也就是服务前台部分与服务后台部分的分界线。能见度界线的位置决定着服务（机构）能见度的大小。调节能见度界线的位置就是调节能见度的大小。

服务能见度大小与服务技能的层次高低有关。服务技能层次较高的服务业，如政府机构、银行、保险公司、证券公司、医院、大学、科研机构、宗教机构等，一般能见度比较小，给人一种心理上的神秘感，正是这种较小的能见度和神秘感让人心理上感到这类服务机构服务技能的层次较高。而服务技能的层次相对较低的服务业，如零售业、公共交通业等，一般能见度较大，缺乏神秘感，但优点是给人心理上的参与感、接近感和可靠感。

同一服务业不同的服务技能层次也可能有不同的能见度。例如，在零售业中，服务技能层次较高的专业店、百货店的服务能见度较小，而服务技能层次较低的超市的服务能见度较大。在电影放映业中，服务技能层次较高的电影院的服务能见度较小，服务技能层次较低的露天放映的服务能见度较大。

总之，服务技能层次的高低与服务能见度大小成反比，并成为服务消费者的一种认知心理。服务营销者可以利用这种心理，通过调节服务的能见度来提高服务技能的营销吸引力。

（1）减小服务能见度以提高服务技能的层次

技能层次较低的服务减小服务能见度，可以在顾客心理上提高服务技能的层次和营销吸引力。在餐饮业，如果将同样的技能层次较低的烧饼、油条和豆浆服务从服务能见度较大的露天摊位搬进服务能见度较小的室内餐厅，顾客在心理上会感觉烧饼、油条和豆浆服务的技能层次提高了。又如，有的零售店（或餐饮店）的布局有意采用折线或曲线，让顾客不能一目了然，灯光也有意调得昏暗，目的是通过减小能见度在顾客心理上提高零售店（或餐饮店）服务技能的层次，增加其神秘感和营销魅力。

（2）增大服务能见度以增强高层次服务技能的对顾客的亲和力

技能层次较高的服务适当地增大能见度，可以增强顾客对服务的参与感、接近感和可靠感，从而也有助于提高营销吸引力。例如，美国银行业服务营销发展经历过“友好服务阶段”，这个阶段的一个主要营销举措是拆除出纳窗口前的栏杆，这样做的目的之一是增大银行服务的能见度并由此让客户增加对银行服务的参与感、接近感和可靠感。

餐馆饭店将技能层次较高的烹饪服务从能见度很小的封闭式厨房改成能见度较大的、与餐厅在一起的敞开或半敞开式厨房，顾客在心理上会对烹饪服务产生参与感、接近感、可靠感和亲和力。因此，厨师水平不高或一般的餐馆、饭店宜采用封闭式厨房，而厨师水平较高的餐馆、饭店宜采用敞开或半敞开式厨房。现在有一种敞开式即不用通常的舞台而让演员与观众在一起的“小剧场话剧”很受欢迎，其道理与敞开或半敞开式厨房相似：演技高的话剧演出服务从能见度相对较低的舞台剧变成能见度很高的“小剧场话剧”，更能给观众带来参与感、接近感（亲切感）和真实感（可靠感）。

7.2　服务专业化

服务专业化是指服务人员经过专业培训后其服务技能和服务知识及职业道德等达到社会公认的水平。服务专业化通常以获得专业或从业资格证书为标志。例如，中国服务业范围内的注册会计师、律师、国际商务师、导游、交通车或运输车驾驶员、飞行员、厨师、股市分析师、保险代理人、资产评估师、房屋质量鉴定师、金银珠宝检验师、美容师、照相师、教师、医师、导演、演员、记者、电视节目主持人、体育教练、政府公务员等，都代表着相关行业服务的专业化。服务营销商要提高服务人员的专业化水平，充分发挥专业资格证书和专家在服务营销中的作用，用专业性、权威性和保证性的服务吸引顾客和提高服务机构的专业信誉。

7.2.1　服务专业化的作用

专业化在服务营销中的作用主要有促进服务标准化、促进服务品牌的创立、增强服务质量的保证性和促进内部营销。

1. 促进服务标准化

服务专业化体现着社会对某种服务基本的、规范化的要求。服务机构的专业化水平比较高，其服务一般也比较标准化或规范化，比较容易获得社会的认同和接受，因此对消费者具有更大的影响力。例如，中国的公关服务业曾经不规范，缺乏职业标准和相应的考评制度，主要原因之一就是缺乏专业化训练和专业素养。早在 1999 年国家正式颁布了《中华人民共和国职业分类大典》，明确规定了公关员的职业标准。

2. 促进服务品牌的创立

服务专业化或服务专业资格证书意味着服务人员的水平通过了本行业专业权威机构的审定，这对日后提高服务人员在这个领域的知名度是一个重要的基础。一家服务机构如果拥有几个本行业知名的专业人才，那么该服务机构的品牌也比较容易树立起来。正如餐馆、饭店的出名与拥有名厨有关，医院的出名与拥有名医有关，大学的出名与拥有名教授有关，而名厨、名医和名教授都是本领域一流的专业化人才。

3. 增强服务质量的保证性

专业化比知识更能保证服务质量，因为专业化代表着资格和权威，这有助于减轻和打消顾客对服务质量的疑虑。例如，对美容业来说，要让顾客进门，就要先有一张专业资格证书。美容业的服务营销从某种意义上说就是专业证书营销。

4．促进内部营销

服务机构支持和帮助员工取得专业资格证书和实现专业化，是对员工的一种最有效的激励。服务机构根据员工的专业资格等级和相应的考评来决定报酬和其他利益分配也可以产生有效的激励作用。因此，专业证书营销在服务机构的内部营销中也具有重要的作用。

7.2.2 服务专业化管理

服务专业化管理的内容包括专业资格、专家作用和专业化传播（见图 7-2）。

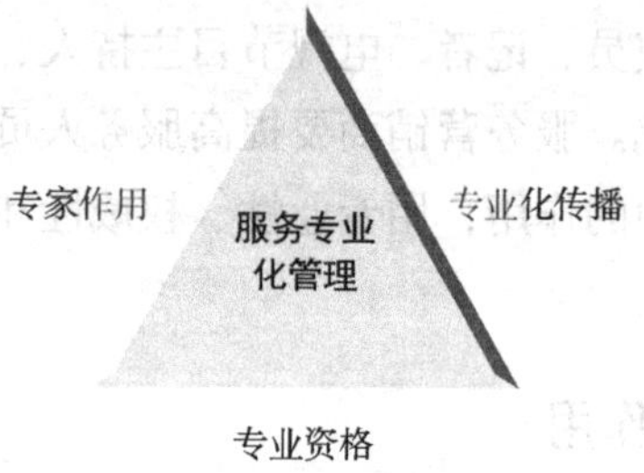

图 7-2 服务专业化管理的内容

1．专业资格

服务专业资格及证书是服务专业化管理的一个主要内容。服务机构要实行专业资格制度，支持、鼓励服务人员取得专业资格证书。服务机构要利用社会上组织的各种专业资格培训和考核机会，支持和培养自己的专业人才。另外，服务机构在招聘人才时也要重视专业任职资格。据上海市有关部门对几十家资产评估服务机构的调查，发现合格的资产评估机构都比较重视鼓励和支持服务人员取得资产评估师资格证书。

上海市有关部门近年来组织了美容、美发、按摩业从业人员上岗证的培训和考核、旅游业导游的培训和考核、房地产经纪人执业资格的培训和考核、金银珠宝商业的金银珠宝检验师的培训和考核等，有效地提高了上海市服务业专业化水平。

2．专家作用

发挥专家作用是服务专业化管理的又一个重要内容。专家体现着本服务行业较高的专业水平，服务专业化营销离不开专家的作用。一些服务难题和重大决策，需要发挥专家的作用。服务营销有时是一种专家营销。例如，专家门诊作为一种专家营销，在中国城市医院服务营销中起到重要的作用，很受社会欢迎。有的城市小医院、街道医院虽然环境、设备不够好，但因为拥有一两位专家，在医疗市场的竞争中仍然有一定的生存力和竞争力。

相关链接

发挥专家作用或专家营销的一个主要方式是专家坐堂。专家坐堂可以提升服务的专业化形象，及时解决服务中的专业化问题，对顾客进行现场教育和信息咨询，因而是最综合的集技能、知识和专业化于一身的营销方式。

上海华联商厦化妆品部特意请来了欧珀莱、娜丽斯、羽西、上海家化等知名生产企业的技术专家给顾客做皮肤测试、美容咨询，变简单推销为专家服务，既使消费者避免了误用化妆品造成的伤害，又准确、深入地介绍了产品，通过专家营销使营业额上升了七八倍。

上海九洲黄金总汇在销售黄金饰品时，聘请了有关黄金饰品鉴别的专家坐堂，提供咨询服务。

上海市第九百货商店聘请光学专家到眼镜商场提供配镜、验光等咨询服务。

上海的医药商店更是普遍地、经常地聘请医师尤其名医师坐堂咨询。

3. 专业化传播

专业化传播也是专业化营销的一个要素。服务的专业化不仅是服务人员及实绩的专业化，也是服务传播的专业化。各种方式的服务传播都要力求专业化，以便建立和提升服务企业的专业化形象。例如，广东豪富高尔夫运动服务公司每年都举办"中国高尔夫旅游发展论坛"、"中国最受欢迎的高尔夫度假球场评选活动"，每年出版一份《中国高尔夫旅游市场分析报告》。豪富高尔夫还出版《高尔夫黄页》、《中国高尔夫旅游指南》和《中国高尔夫旅游》等书刊，形成了公司自有、专业化的高尔夫运动服务传播媒体，向广大高尔夫球爱好者及业内人士发出了自己的声音，大大提升了专业化服务形象。

7.3 服务内部营销

内部营销（Internal Marketing）是指向内部人员提供良好的服务和加强与内部人员的互动关系，以便一致对外地开展外部营销。内部营销实际上就是机构对内的关系营销，或者说是关系营销在机构内部的延伸，即机构通过建立内部的服务关系来改善外部的服务关系。美国著名营销学家科特勒（P. Kotler）说得比较简明："内部营销是指成功地雇用、训练和尽可能激励员工很好地为顾客服务。"英国服务营销学家佩恩（A. Payne）指出，服务机构的内部营销包含以下两个要点：

1）机构的员工是内部顾客，机构的部门是内部供应商。当他们或它们在内部受到最好的服务和向外部提供最好的服务时，机构的运行可以达到最优。

2）所有员工一致地认同机构的任务、战略和目标，并在对顾客的服务中成为机构的忠实代理人。

7.3.1 服务内部营销的作用

内部营销的主要作用是促进外部营销。内部营销是将外部营销许下的承诺化为员工的实际行动。如果把外部营销看作关系营销，那么内部营销的主要作用就是促进关系营销，即通过改善员工关系来改善顾客关系。除此以外，内部营销还有提供增强服务技巧的动力、增强服务形象、支撑服务承诺、促进服务创新等作用，其中核心是发挥人员（People）这个服务营销组合维度的作用。

（1）提供增强服务技巧的动力

一切服务技巧归根结底是人的技巧，而内部营销提供服务人员提高服务技巧的激励或动力。

（2）增强服务形象

服务形象或服务的有形提示（有形线索）包括人员形象，而内部营销的一个目标就是增强人员素质和形象。

（3）支撑服务承诺

公司管理层对顾客的服务承诺，要靠服务人员去兑现，而内部营销提供兑现承诺的动力和能力。

（4）促进服务创新

服务创新的来源之一是广大的服务人员，他们更了解现有服务存在的问题，他们一部分人具有创新意识和某种能力，而内部营销向人员提供创新的动力和增强创新的能力。

7.3.2 服务内部营销的内容

服务内部营销的内容主要包括人员招聘、人员发展、内部支持和留住人才（见图 7-3）。

图 7-3 服务内部营销的内容

1. 人员招聘

服务机构内部营销的起点是人员招聘。招聘工作做得好，服务人员的素质就比较高，这就为服务机构建立人才优势或降低培训成本创造了条件。对某些服务行业来说，人员招聘是第一重要的，如足球俱乐部最重要的也是投资最大的就是聘请好的教练和球员。因此，教练和球员的招聘事务已经衍生为足球经纪人行业，后者专门为球员和教练的转会服务。服务机构的人员招聘工作要做得好，关键是要把它作为一种营销活动来进行。人员招聘主要考察应聘者的服务兴趣和服务能力，考察的方式可以是模拟测试或短期试用。

（1）招聘技巧

服务营销学家建议，服务机构应当用营销来吸引人才，就像用营销来吸引顾客一样。在这样的营销中，人才就是“市场”，机构提供的服务岗位就是“产品”，对服务机构和岗位的宣传、介绍就是“促销”。吸引和招聘人才的营销技巧如下：

1）与潜在的人才沟通。例如，服务机构可以利用大学校园网、校园报刊等与大学生沟通，提高服务机构在这些潜在人才中的知名度。

2）鼓励现有员工参与人才招聘，利用他们发展人才网。

3）每个岗位吸引多个候选人才，以便好中求好。

4）吸引和招聘多种不同阅历、不同背景的人才，以适应顾客多样化的趋势。

（2）招聘注重点

招聘服务人员应注重人员的服务兴趣和服务能力。

1）服务兴趣。招聘的服务人员是对服务职业有兴趣的人。其中，一类是天生喜欢服务职业的人。一些喜欢社交、富有同情心、助人为乐和人缘关系较好的人，往往是对这类服务职业有内在兴趣的人。这类人选择服务职业的一个动因就是通过服务获得社交的满足和愉悦，但这类人可能相对较少。大多数可能属于另一类，即对服务职业不一定有内在兴趣但能扮演服务角色的人，也就是能通过角色扮演同样表现出对服务有浓厚兴趣的人。后一类人也是合适的人选。

2）服务能力。人员的服务能力包括技能、知识、专业化水平和体质等，如服务营销普遍需要人员具有良好的体质。服务人员本身就是服务质量的一种有形提示。如果服务人员缺乏良好的体质，就可能影响自身在服务过程中的形象和由此影响顾客的印象。例如，体质较差的服务人员在比较繁忙的服务过程中容易表现出疲倦感和对顾客不耐烦的情绪，而顾客对这样的服务人员自然不会满意。

（3）招聘方式

服务机构可以采取模拟测试或短期试用的方式对应聘者的素质或能力加以考察。例如，某保险公司在电话销售和服务人员的招聘中设计和采用了模拟测试的方式，让应聘者接听和处理3个模拟电话：第一个电话是买保险的，要求应聘者必须说服对方买超过他（或她）一开始要买的数额以及必须准确地填写好所有的保单文件。这个测试的目的是考察应聘者的劝说能力和文书（保单文件）操作能力（包括效率和准确性）。第二个电话也是买保险的，但打电话者是一个不懂保险、不合作和语言粗暴的人。另外，应聘者接听电话时必须做记录。这个测试的目的是考察应聘者的心理承受力、交际能力和文书操作能力。第三个电话是投诉。投诉者说他因为搬家而晚收到保单，因而被罚了滞纳费。他认为这不是他的错，要求应聘者处理这个问题。另外，部分应聘者被要求做记录以便向上司汇报。这个测试的目的是考察应聘者的理解力、记忆力和交际能力。

2．人员发展

服务机构内部营销的策略之一是给人员提供良好的发展环境，使人员发挥最大的潜能。服务机构内部良好的发展环境包括人员培训、向人员授权和提供团队环境。

（1）人员培训

人员培训是增强服务兴趣和服务能力的主要途径。在某些主要靠服务技能营销的服务行业（如足球俱乐部、演出机构等），培训或训练所花的时间占整个运转时间的比重是相当大的。一些服务技能要求相对低的服务行业也需要花一定的时间和资金对人员进行培训。首先，服务行业的人员流动率很高，不断有新手加入服务队伍，而新手总是需要培训的。其次，服务机构在向外地区（包括国外）拓展网点时，多少总是要招聘当地的人员，而当地人员也是需要培训的。

服务人员培训的目标就是上述人员招聘的目标：服务兴趣和服务能力。通过培训增强人员对服务的内在兴趣和扮演服务角色的兴趣及能力。通过培训增强人员的服务技能、服务知识和提高专业化服务水平。其中，交际技能的培训通常是最重要的。

人员培训的对象既包括新手，也包括原有人员；既包括前台人员，也包括后台人员和支持性服务人员及管理人员。服务培训是全员培训，这是由服务质量的整体配合性决定的。

（2）向人员授权

服务机构向一线人员授权，也是一条内部营销策略。通过授权可以对服务营销带来以下好处：授权可以使一线人员迅速回应和满足顾客特殊的、个性化的需要；授权可以使一线人员迅速回应不满意顾客的投诉并采取补救措施；授权可以使一线人员获得尊重或社会地位方面的满足，这是一种激励；授权对一线人员的激励可以转变为一线人员对顾客的尊重和责任感；授权可以增强一线人员参与服务改进或创新的积极性；在授权条件下对顾客特殊需要的满足可以转变为顾客的口碑广告。

服务机构向一线人员授权的同时，要注意提高一线人员用权的勇气和能力。有的一线人员缺乏用权的勇气，怕承担处理失误的风险。服务机构应鼓励一线人员大胆使用处置权。有的一线人员缺乏用权即自主决策的能力，服务机构应通过培训来增强这种能力。

（3）提供团队环境

团队环境可以增强人员之间的合作，使人员从其他人员那里获得更多的支持。团队环境可以鼓舞人员的士气，从而有利于人员保持顾客导向的服务热情。团队环境还可以增加人员之间相互学习、相互带动的机会，从而有利于增强员工的服务兴趣和服务能力。

3．内部支持

服务机构向一线人员提供良好的内部支持和服务，这是一种内部营销策略。例如，一家医院要使医生向病人提供顾客导向的服务，就要向医生提供病人档案、检验、治疗设备、药品等支持和服务，这些服务应当是医生导向的，即应当围绕医生的要求，使医生满意。内部支持和服务策略主要包括考核内部服务质量、改善服务环境和建立服务导向的组织机制等。

（1）考核内部服务质量

服务机构可以建立内部服务质量考核机制，以提高内部支持和服务的质量。例如，美国圣迭戈一家服务公司建立了内部服务质量考核体系，考核对象是公司下属的各个部门。

这个考核体系包括内部服务质量的 4 个层面：服务态度、服务能力、服务反应性和服务效果。公司将部门经理的收入与本部门内部服务质量的考核成绩挂钩。

（2）改善服务环境

改善服务环境也是内部营销的一个主要策略。改善服务环境包括服务地点的优选，房屋装修，服务设备、工具和用品的更新、维护等。事实上，一个好的工作环境对服务人员可以起到一种激励作用：只有工作得好，才与好的环境相称。

（3）建立服务导向的组织体制

建立服务导向的组织体制是支持一线人员的根本措施。传统的组织体制是管理导向的，是从上而下的管理关系；而服务导向的组织体制将管理关系变为服务关系（见图 7-4）。

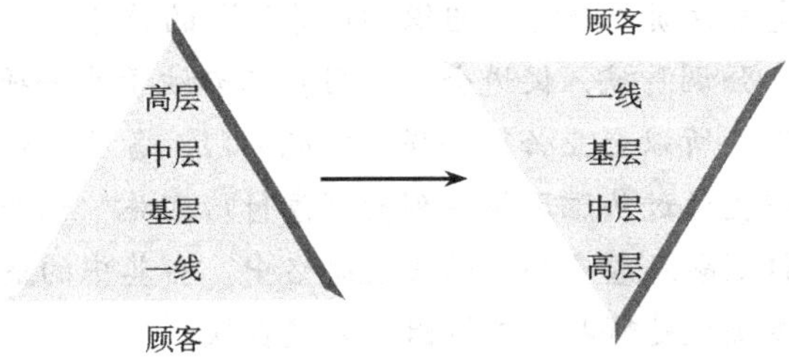

图 7-4　传统的组织体制转向服务导向的组织体制

4．留住人才

服务机构留住优秀服务人员或服务人才也是重要的内部营销策略。由于服务业的竞争，以及人力资本是大多数服务业竞争的第一要素，服务业的人员流动比较频繁，服务人才的流失是可能的。服务人才的流失会给服务机构带来较大甚至致命的损失。因此，留住服务人才对一家服务机构来说具有战略意义。服务机构留住人才的策略主要有加强服务理念的熏陶、制定人才政策和重奖优秀人才。

（1）加强服务理念的熏陶

服务机构加强对人才进行服务理念的熏陶，有利于服务人才将自己的理想和事业与服务机构的理想和事业统一起来，达到个人与机构之间的志同道合，而志同道合是有利于留住人才的。

（2）制定人才政策

服务机构制定人才政策也是留住优秀人才的一个途径。人才政策可以包括对特殊服务岗位的特殊待遇、提供培训和出国进修的机会、满足人员的个性化要求、增加服务人员的独立处置权、提供某些集体福利等。这些物质和精神的激励是有利于留住人才的。

（3）重奖优秀人才

服务机构对优秀的服务人才或服务业绩予以重奖，可以在服务人才中起到示范作用和激励作用，增加他们留在本机构的兴趣和动力。对优秀人才的重奖包括物质和精神两方面。许多服务机构支持和帮助优秀服务人才实现自己的人生价值。这种精神上的奖励通常更具吸引力。

相关链接

四种方法将员工打造成最好的品牌大使

（来源：世界经理人　作者：CEC　时间：2015年12月01日）

发表在chiefexecutive.net上的一篇文章指出企业可以借助四种方法把员工打造成组织最好的品牌大使。

第一，在公司内部寻找领导者。在公司各个分支机构寻找那些每日负责做关键决策的人。与他们打成一片，向他们了解绩效改进创意和问题解决方案。这是企业收获成果的最快途径，同时它也在向员工传递“组织相信你们”的信号。

第二，加强沟通，强调贡献，促进合作。当员工专注于某一项任务时，他们看待公司的视角就会变得狭窄。所以企业必须加强各职能部门、各业务线之间的沟通，搭建公开讨论平台。公司可以把通过头脑风暴得到的创意付诸实施，让经理人制作出具体的行动计划，然后把这些计划融入整个公司的发展战略中。当其中的最佳实践最终在整个公司全面铺开时，公司要确认是哪些员工做出了关键贡献。

第三，打造信任，积极授权。企业要找到一种方式，将责任下放到所有层级的所有工作团队，这样每个人便都会以主人翁的姿态去完成自己的工作。鼓励员工在工作中展示真实的自我，即使他们的行事风格与你的完全不同。对于新时代的员工来说，上级的信任与放手会让他们更敢于尝试，也更愿意担负责任。

第四，奖励员工，奖励绩效出色者。很多时候，公开表扬比单纯的金钱奖励更让人振奋。

本章小结

服务技能化是指在服务生产和交易中充分利用人员的服务技能来吸引和满足顾客，以及充分发挥技能因素在整个服务营销中的作用。技能在整个服务营销中的作用主要有增强服务的神秘性、促进服务的品牌营销、支持承诺营销、促进差异化营销和获得技能溢价。服务技能营销的内容包括服务能见度调节、技能定价、技能培训、技能竞赛和技能激励。

服务专业化就是提高服务人员的专业化水平，充分发挥专业资格证书和专家在服务营销中的作用，用专业性、权威性和保证性的服务吸引顾客和提高服务机构的专业信誉。专业化在服务营销中的作用主要有促进服务规范化营销、促进服务品牌、增强服务质量的保证性和促进内部营销。服务专业化包括专业资格、专家和专业化管理等内容。

服务内部营销是指向内部人员提供良好的服务和加强与内部人员的互动关系，以便一致对外地开展外部营销。内部营销的主要作用是促进外部营销。除此以外，内部营销还有提供增强服务技巧的动力、增强服务形象、支撑服务承诺、促进文化营销、促进服务创新等作用，其中核心是发挥人员在营销中的作用。内部营销主要包括人员招聘、人员发展、内部支持和留住人才等内容。

关键词解析

服务技能化：在服务生产和交易中充分利用人员的服务技能来吸引和满足顾客，以及充分发挥技能因素在整个服务营销中的作用。

服务专业化：提高服务人员的专业化水平，充分发挥专业资格证书和专家在服务营销中的作用，用专业性、权威性和保证性的服务吸引顾客和提高服务机构的专业信誉。

服务内部营销：向内部人员提供良好的服务和加强与内部人员的互动关系，以便一致对外地开展外部营销。内部营销的主要作用是促进外部营销。

案例讨论 Case Discussing

商业大厦宣传和奖励服务能手

北京甘家口大厦通过组织全员职业技能大赛，积极参加海淀区商业服务业风采大赛和北京市商业服务业提升员工岗位技能的系列活动，使员工的商品知识和服务技能得到了大幅提升，涌现出了众多服务明星和技术能手。甘家口大厦参赛选手、皇冠箱包的导购员鲁丹华在北京市商业服务业岗位技能系列活动——密码箱开锁决赛中取得了第一名。傲人的成绩让她在“魅力商业群星璀璨”北京商业服务业明星颁奖盛典上被授予“北京市商业服务业岗位服务技能小能手”称号。甘家口大厦总服务台礼仪员张爱明也被授予“北京商业服务业服务明星”称号。甘家口大厦为表彰先进，激发员工立足岗位，比服务、赛技能，争做服务明星、创服务品牌，通过广播、展会及召开中层管理人员会议，对受表彰的两位同志取得的佳绩进行全员通报，号召全体员工向她们学习，在各自的岗位上发挥自身优势，掀起人人争当先进的服务高潮。按照甘家口大厦奖励政策，在对她们进行物质奖励的同时，将她们的事迹刊登在大厦企业报上，扩大宣传范围、增强社会影响力。与此同时．大厦负责竞赛的组织部门及时将鲁丹华的比赛情况通报给她所在的经营部和厂商，在她取得决赛第一、被授予技能小能手称号后，大厦再次与厂商沟通，希望厂家也要对她的竞赛成绩予以奖励和表彰。

问题讨论：

1．甘家口大厦为什么要宣传和奖励服务能手？

2．试从服务技能管理和内部营销两方面解释甘家口大厦此举的服务营销意义。

培养员工的忠诚心和事业心

良好的员工关系的一个重要标志，就是广大员工应具有强烈的企业进取心，能够同心同德，与企业风雨同舟。要实现这一点光靠金钱是不可能的，它还必须依赖于有效的思想工作。松下公司和美国戈尔防水布公司为此展示了他们独树一帜的法宝。松下公司特别注重向自己的员工灌输对企业的忠诚心，处心积虑地培养员工的企业信念，激发他们对企业的自豪感和归属感。该公司总裁松下幸之助认为：工作占据了人们一半以上的清醒时间，因此公司对员工个性的塑造、心灵的美化、精神的创造责无旁贷。松下电器公司所有的工作人员，每隔一个月至少要在他所属的团体中进行 10 分钟的演讲，说明公司的精神和员工的关系。这种设法努力感化别人的做法实际上是松下“自我教育”的一种技巧。松下电器公司还是日本第一家有公司歌曲和价值规范的公司，每天早上 8 点，全日本有 8.7 万人一起背诵公司的价值规范，高唱公司的歌曲。此时此刻，松下公司的全体员工似乎已经融为一体。而让美国的戈尔防水布公司为了培养员工的忠诚和事业心则采取了一种爆炸式的管理方式，就是让员工们自己选择自己愿意干的工作。一个新的员工进入公司后，就被领到公司的各个部门参观一番，以便让他们了解公司有些什么行业和工种，并任意选择自己喜欢干的工作。这样，他们在自己选择的工作岗位上，带着浓厚的兴趣和强烈的事业心，自觉自愿地努力工作，无疑大大提高了劳动生产率。

问题讨论：

1．联系本案例，试分析内部营销的重要性。

2．松下电器公司和戈尔防水布公司的做法带给我们哪些启示？

第 8 章

服务渠道

本章学习导航

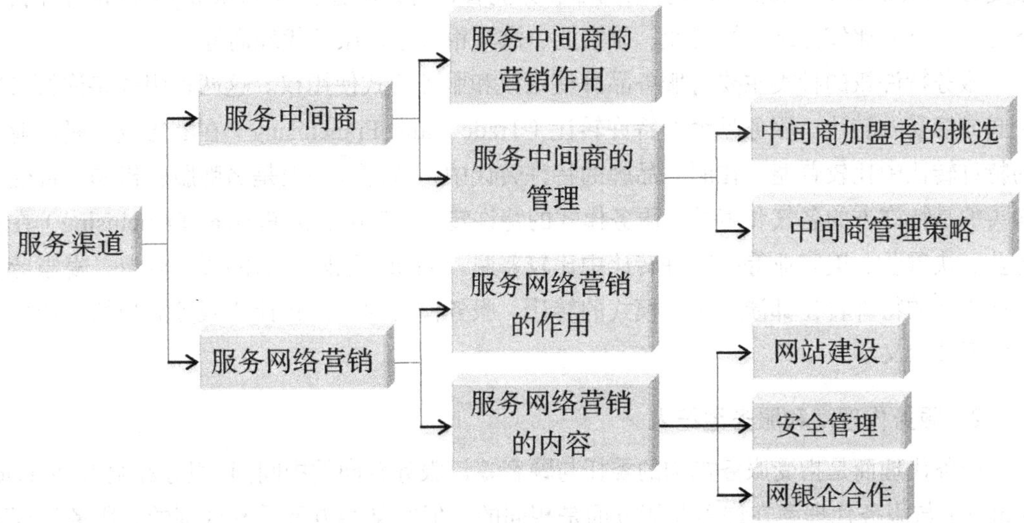

本章学习目标

- 掌握服务中间商的作用和管理；
- 掌握服务网络营销的作用和内容；
- 了解服务渠道与减小服务质量差距之间的关系；
- 能够应用本章知识进行现象和案例分析。

许多服务商需要通过一定的中间渠道向终端顾客提供营销服务。服务中间渠道包括中间商渠道和网络渠道。但服务中间商或网络商的服务可能偏离服务商的服务质量标准并由此造成终端服务质量差距，这也是服务营销管理模型中服务质量差距 3 的一个来源。服务商可以通过对服务中间商和网络商的管理保证服务质量标准的贯彻执行，使终端顾客感知与他们期望一致的服务质量，以缩小这种服务质量差距。本章介绍服务中间商和服务网络渠道的营销管理。

8.1 服务中间商

服务中间商（Service Intermediary）又称服务分销商，主要有特许服务商、服务代理商、服务经纪人等。

1. 特许服务商

特许服务商又称特许经营商，是指接受某个服务机构的服务特许权的服务商。提供或转让服务特许权的服务机构称为特许方（Franchiser），接受服务特许权的特许服务商称为接受方（Franchisee）或加盟者。从国际服务业看，特许转让（Franchising）或特许经营在下述服务行业比较普遍：快餐业、旅馆业、汽车租赁业、旅行代理商等。

服务特许权的种类主要有服务品牌使用权和服务模式使用权。这两种服务特许权可以一起向接受方转让。服务品牌的特许转让（Trade-name Franchising）在零售业、餐饮业等的特许转让中比较普遍。在服务品牌的特许转让中，特许方一般是名牌服务机构，接受方购买的是特许方的名气和声誉。服务模式的特许转让（Business Format Franchising）在旅游业、快餐业、美容业等的特许转让中比较普遍。例如，国际知名的假日旅馆、麦当劳、汉堡王等的特许转让都涉及服务模式的转让。服务模式的特许转让比服务品牌的转让更具有实质性意义。

2. 服务代理商和服务经纪人

服务代理商是指受服务机构的委托与顾客签订服务合同的中间商。服务经纪人（Service Broker）与服务代理商在许多职能方面是相同的，但在某些方面是有区别的。服务代理商一般长期地为委托机构或委托人工作，而服务经纪人一般短期地甚至一次性地为委托机构或委托人工作。服务代理商只代表服务机构或服务提供者并由服务机构支付佣金，而服务经纪人有时代表服务提供者，有时代表顾客（服务购买者），并由所代表的机构或人支付佣金。大多数服务代理商和服务经纪人的佣金占服务销售额的 2%～6%。服务代理商和服务经纪人在保险、金融、旅游、演艺和体育等服务业中应用较为普遍。

服务代理商的种类有销售代理商和援助代理商。销售代理商（Selling Agent）是负责委托者所有营销事务的代理商。销售代理商联系的委托者中有的人对营销事务完全不懂或不感兴趣，这类委托者在演艺界、体育界比较多。援助代理商（Facilitating Agent）是帮助委托者处理与营销有关的财务、风险和运输问题的代理商。服务代理商也可分为独立代理商和非独立代理商两类。

8.1.1　服务中间商的营销作用

服务中间商的营销作用主要是迅速进入和扩大市场、提高品牌知名度、扩大竞争优势、关系营销、降低经营成本财务风险。下面以特许中间商为例说明服务中间商的营销作用。

1. 迅速进入和扩大市场

特许渠道是一种迅速进入市场的方式。只要转让合同生效，作为特许商的服务企业就可以进入加盟者所在地区的市场。服务企业可以利用特许中间商迅速进入新的市场，扩大市场占有率和销售额。这一点对国际性或跨国性服务机构特别重要。美国不少跨国服务公司，如麦当劳、肯德基、假日旅馆、艾维斯出租汽车等，进入和扩展国外市场的方式都是特许转让。

特许渠道之所以能迅速进入和拓展市场，主要是因为特许商可以在较短的时间内在当地找到一批特许加盟者，并依靠他们建立和拓展市场。

1）对许多市场当地的中小服务业主来说，自己办服务店，没有名气，可能很吃力，不如买知名服务企业的品牌来经营。

2）特许渠道只涉及品牌使用权的转让，一般不涉及专利技术的转让，因此，技术含量不会很高，对加盟者在技术方面的要求不是很高，许多服务业者都可以成为加盟者。

3）由于技术含量不会很高，特许合同的谈判相对比较简单，签订的成功率比较高。

2. 提高品牌知名度

特许渠道或特许经营在某种意义上就是营销（转让）品牌。因此，特许经营与品牌之间是密不可分的。品牌知名度高有助于特许经营，反过来，特许经营也有助于提高品牌知名度和品牌的市场影响力。例如，肯德基是世界名牌，这一点有助于肯德基在中国的特许经营。反之，肯德基在中国的特许经营又进一步推动肯德基品牌在中国市场的迅速提升。

3. 扩大竞争优势

特许渠道可以保持和扩大服务企业独特的竞争优势。服务企业独特的服务模式（包括服务管理模式）体现其竞争优势。在服务模式的特许转让中，服务企业可以要求特许中间商按照这套服务模式运行，这就既保持了这套模式独特的竞争优势，又借特许中间商之手扩大了竞争优势。例如，湖北餐饮企业小蓝鲸特许转让的是它的管理软件，也就是企业的一套服务管理模式，而小蓝鲸正是靠特许转让来整合合作伙伴，由此保持它的服务管理优势。

4. 关系营销

服务企业可以通过特许渠道更多地了解新的市场，开展新市场的关系营销。因为特许中间商对当地顾客比较熟悉，并拥有现成的营销关系网，特许加盟后，特许中间商可以利用这种营销关系网较快地建立和发展与当地顾客的关系。

5. 降低经营成本和财务风险

特许经营可以使服务企业（特许商）利用加盟商的资金、人力资源、资源供应网、营销网，不必像自己亲自开直营店那样花费较大的投资和运营成本。一位专家在分析肯德基的特许经营时指出，“特许经营的一个好处是，肯德基公司可以保证在投资很少的情况下确保得到稳定的收入”。特许转让可以降低作为特许中间商的服务企业的财务风险。服务机构将一部分服务转让给特许中间商来做，就不再承担这部分服务由自己来做的风险（如设备和人员投资的风险），也就是说，特许转让的同时，风险也被转让了。这样，服务机构可以集中资金投向与自己核心服务能力有关的设备和人力资源上。

8.1.2 服务中间商的管理

服务中间商的管理内容包括中间商加盟者的挑选和中间商管理策略两方面(见图 8-1)。下面以特许中间商为例说明服务中间商的管理。

图 8-1 服务中间商的管理内容

1. 中间商加盟者的挑选

服务企业挑选特许加盟者需要考察加盟者的经济实力和业务素质、心理素质和管理素质。

（1）经济实力和业务素质

特许商服务企业挑选特许加盟者要考察加盟者的经济实力和业务素质。因为提供特许服务需要人、财、物等资源和懂得服务的技巧，因此，缺乏经济实力和业务素质的加盟者难以提供合格的服务。

例如，肯德基挑选特许加盟者的条件是：真正的餐饮服务业经营者，有从业背景，以实践为管理方向，能很快掌握行业基本知识，并证明具有在一定区域内扩大发展的潜力。加盟者必须是一名业主，负责所需股份或资金中相当大的一部分，能保持长期的业务伙伴关系。肯德基选中的候选人将被要求参加一个 20 周的培训项目，内容包括餐厅经理培训、餐厅副经理培训、如何管理加盟经营餐厅等。在培训过程中，候选人将承担自己的费用。有餐厅和行业经营经验的加盟者可以申请免去某些培训。

（2）心理素质和管理素质

特许商服务企业挑选加盟者还要考察加盟者的心理素质和管理素质。因为加盟是一种合作关系，而合作关系的维持和发展需要双方具有良好的心理素质和管理素质，如能忍受挫折和失败，能与对方协调等，因此，很难和缺乏心理素质和管理素质的业主合作得好。

2. 中间商管理策略

服务企业对渠道伙伴的管理策略有控制策略、授权策略和合作策略（见图 8-2）。

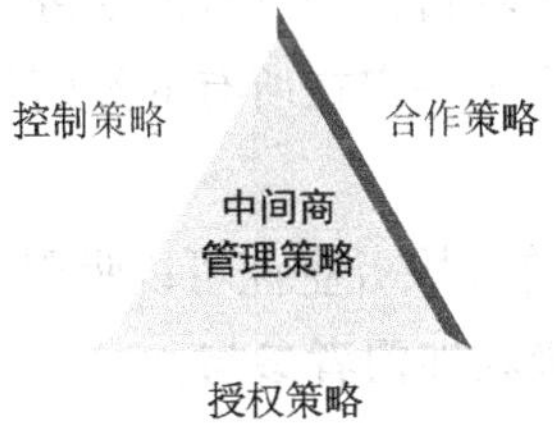

图 8-2　中间商管理策略的内容

（1）控制策略

如果特许商服务企业把特许加盟者看作自己的延伸部分，就可能选择控制策略，即按照合同对加盟者的经营进行严格控制。特许商服务企业通过严格控制可以保证加盟者按照特许商的经营模式和制定的标准做，从而保证终端服务的质量。特许者一旦发现加盟者存在问题，可以采取撤销合同或不再续签合同或限制资源供应等措施对加盟者进行控制。选择控制策略的服务企业应当是比较有实力、有市场、有核心优势的服务企业，否则难以对加盟者进行有效的控制。

（2）授权策略

如果特许商服务企业把特许加盟者看作自己的客户，就可能选择授权策略，即特许商服务企业允许加盟者在经营中具有较大的灵活性。特许商服务企业认为，加盟者在比较宽松的管理环境中能更好地发挥他们的才能。授权策略比较适合新的特许项目。例如，中国台湾顶新集团所属西式快餐公司德克士对特许经营的管理策略比较接近授权策略，即比较关照特许加盟者，把加盟者看作自己的客户，提出让加盟者富起来的基本方针，真心实意地为加盟者服务，建立起一套合理有效的运作系统，并带动加盟者走上富裕之路。

在实施授权策略时，特许商服务企业可以提供调研信息或方法程序以帮助加盟者改进经营。

1）提供市场调研。单个加盟者很少有条件进行市场调研。特许商服务企业可以做一些市场调研，并提供给加盟者，以便加盟者了解市场，改进经营和服务质量。

2）提供服务培训。特许商服务企业可以向加盟者提供培训，以提高服务技能。

3）提供管理支持。特许商服务企业可以向加盟者输出管理。例如，美国一家快餐公司（Taco Bell）就十分重视向特许连锁网点输出管理，包括组织团队、进行招聘、执行纪律和处理财务等。

（3）合作策略

如果特许商服务企业把加盟者看作自己的合作者，就可能选择合作策略，即与加盟者一起研究市场，改进服务质量和改善沟通促销。合作策略适合特许商服务企业与加盟者双方的实力相当，且彼此信任的情况。特许商服务企业与加盟者的合作可以是建立共同的经营目标，也可以是经营决策过程的合作。

1）建立共同的经营目标。在合作的初期，特许商服务企业可以与加盟者一起研究和建立共同的经营目标，包括共同的市场目标和一致的财务目标。当然，由于特许商服务企业与加盟者之间是相互独立的，双方不一定在所有的经营目标上达成一致，但应当力争在尽可能多的目标上达成一致。

2）经营决策过程的合作。特许商服务企业可以吸引加盟者参与自己的决策过程，如特许商服务企业的创新项目就可以吸收加盟者参与。

相关链接

美容美发企业发展特许经营的条件

美容美发企业在发展和扩张过程中，发展特许连锁经营是一种快捷可行的战略发展模式，但必须逐步具备以下几个条件。

（1）拥有较高知名度的商标；

（2）逐步形成突出的经营特色；

（3）培育明确且可长期发展的理念；

（4）着重累积成功运作的经验；

（5）不断改善的研发能力。

8.2 服务网络营销

服务网络营销是指服务企业通过因特网接触服务顾客和进行交易。近 20 年来，随着 IT 产业的迅速发展，网络营销在服务业的应用已经兴起。

8.2.1 服务网络营销的作用

服务网络营销与服务中间商营销相比，具有更强的自主参与感、更大的服务供给能力、更高的服务效率、更低的服务成本、更好的合作性、更高的广告效率、更大的品牌知名度和更好地满足个性化需要的特点。

1. 更强的自主参与感

网络服务使顾客产生更强的自主参与感，因为网络服务的主动权完全掌握在顾客手中的鼠标上，顾客在网上真正成了被服务的主人，因此，有比在超市购物时更大的购买自主权和更强的自主参与感。这是网络营销最吸引人的地方之一。新浪网和再见城市网推出过网络旅游营销。游客靠一台笔记本电脑和在“网导”的指导下游欧洲。在 8 天的欧洲之旅中，游客的食、住、行、游、娱都要借助因特网这位特殊导游的帮助来实现。游客在网上自行选择旅游线路、内容、时间表、交通方式和住宿条件等，由旅行社（网站）通过因特网向游客提供网络导游服务。这里，网络使游客具有更强的自主参与感。

2．更大的服务供给能力

网络服务可以突破普通服务的时空限制，因而具有更大的服务供给能力。例如，中国不少高校推出了网络教育，即借助网络进行本科生和研究生教学。与电视大学、函授大学、刊授大学等传统的远程教学相比，网络教育更加没有时空限制，具有更大的服务供给能力，而且能像课堂教学一样进行师生双向的实时交流，这是传统的远程教育所无法比拟的。

3．更高的服务效率

网络服务可以突破普通服务的时空限制，把不同时空的服务整合起来，实现服务的集约化和集约营销，从而达到更高的服务效率。例如，美国联合航空公司的网络营销是在因特网上提供机票、订旅馆房间、租车等一揽子服务，给旅客带来便捷，提高了服务效率。

4．更低的服务成本

网络营销能运用网络和计算机替代人工，高效、低成本地处理服务信息，从而能大大降低服务企业的信息成本。这一点对银行、证券、保险等信息成本较高的服务业来说尤其重要。

例如，美国有一家叫快讯的保险信息服务网站。访问快讯网站的客户如果想要评估其所要购买的保险情况，在客户回答了年龄、收入、家庭情况、健康、住宅所有权和已经购买的保险等问题后，快迅的软件系统将把这些信息汇总和加工，并很快向客户提供一份清单，单子上把客户要购买的保险按优劣顺序排列出来。不同保险公司的保险申请过程和支付方式各异。这些信息工作都在网上进行，成本将大大降低。据快迅网站统计，网上每销售一份保单，保险公司将节省 200 ~ 350 美元的成本。

5．更好的合作性

网络服务能使服务企业与网络服务商更好地合作，促进二者的纵向或横向的合作营销，从而提高对终端顾客的服务效率。

例如，美国韦伯麦德公司是一家网上医疗信息服务公司，它在网上与医生、医疗媒体和医药书出版商合作，为病人和医生建立了一个网上了解和交流医疗信息的平台，被称为“因特网上的医疗信息大超市”。现在有 1 万名外科医生已经成为这个医疗信息服务网站的合作者，提高了为病人进行信息咨询服务的效率。

6．更高的广告效率

网络信息的互动或反馈能帮助广告客户进行受众分析，从而提高服务企业的广告效率。网络广告最大的优点是互动性，即这种广告不仅影响消费者，也能知道消费者对广告的反应。例如，有多少人接触到某一则广告，哪些人对这则广告有兴趣，消费者到过哪些网站，对哪则广告有鼠标点击，这些资料都可以通过因特网进行统计。了解这些资料，不但能帮助广告客户提高广告效率，同时也能增加网络广告服务商的收益。

7. 更大的品牌知名度

网络可以比传统的渠道或媒体更快地扩大品牌影响和知名度。例如，美国亚马逊（Amazon）书店是最大的网上书店，但它实际上并未依靠网上销售赚取利润，其收益完全来自股票价格的飙升。仅创办后两年半内，其股票价格就上升了近30倍。亚马逊书店股票价格飙升的一个主要的原因是它品牌知名度的迅速扩大，而网络营销又是它品牌知名度迅速扩大的主要原因。可见，网络营销对这家世界著名书店的重要性。

8. 更好地满足个性化需要

服务企业通过网络可以满足顾客个性化的需要。因为网络可以方便地接受顾客个性化的订单，并且迅速将订单信息通知服务部门。网络还可以方便地开展市场细分调研，因此，可以使服务企业更好地了解各类细分顾客的个性化需要，从而更好地提供主动性个性化服务。由于餐厅80%的生意往往是由20%的顾客带来的，而利用网络可以有效地确定这20%的重要客户并能提供满足他们特定需要的服务，使他们成为餐饮企业忠实的顾客。

8.2.2 服务网络营销的内容

服务网络营销的内容包括网站建设、安全管理和网银企合作（见图8-3）。

图8-3 服务网络营销的内容

1. 网站建设

服务企业或机构的网站建设是一个过程，它包括4个阶段：触网、上网、网上营销和全面电子商务。

（1）触网

在触网阶段，服务企业没有自身的网站，但可以利用现有的网站公司为自己的营销业务服务，如餐饮服务企业可以利用前述的食神网、中国美食网、中华美食网等。

（2）上网

在上网阶段，服务企业在网上拥有自己独立的网站。网站建设要明确目的，还要着重解决以下问题：网站内容过于主观，脱离消费者的立场和需求；网站更新周期长，没有专人维护，缺乏技术力量的支撑；对访问者的要求没有反应，没有发挥网站的互动功能；访问量小，效果不理想。

例如，建立旅游服务网站，首先要确定网站的目的。只有明确目的，旅游网站主页的版面设计、编排和内容才具有针对性及吸引力。建立旅游网站的目的一般有 3 种：① 仅仅在网上建立一个企业黄页，提供当地旅游信息，以树立目的地的旅游形象；② 推广企业的产品、线路和服务，收集游客的需求信息和反馈意见，进行简单的电子商务业务；③ 建立一整套完整的电子商务系统，通过网络开展预订与销售业务，并提供相应的服务和支持。

（3）网上营销

在网上营销阶段，服务企业应充分利用网站进行营销业务，一般可以按售前服务、售中服务和售后服务 3 个阶段进行网上营销。还要将网上营销与网下营销结合起来，如将网络广告与电视、报纸、杂志、户外、DM（直接邮递）等广告有机地整合起来，增强营销效果。

例如，旅游网上营销的 3 个阶段：① 在售前环节，可建立分类导航服务、虚拟展厅等，使网站栏目一目了然，方便游客查询酒店、机票和旅游线路等各类需要的旅游信息；② 在售中环节，通过与银行、保险公司合作，为游客提供包含酒店、景点套票、机票、娱乐、购物、美食、服务热线、保险（车险和旅游险）等全方位的旅游预订，并支持多种支付方式，要努力简化预订流程，所需游客信息尽量采用“选择式”录入，并且在下次使用时重复的信息可自动生成，从而提升游客在使用过程中的舒适感、易用性、友好度和吸引力；③ 在售后环节，建立网络旅游消费者论坛、信息反馈平台等，畅通与游客沟通渠道，重视并及时处理游客反馈信息。

（4）全面电子商务

在全面电子商务阶段，服务企业在采购、营销、内部管理和顾客关系等各方面都利用因特网。实现全面电子商务，还需要许多条件的配合，如网上采购、物流配送、电子支付及信用机制的建立等。

2．安全管理

网络营销（交易）带有虚拟性和公共性，容易诱发不诚信、不道德，乃至欺诈行为等风险，因此，网络营销系统的安全管理是网络营销的一个内容。

例如，保险服务的网络营销存在以下不安全的问题：① 在线核保问题。保险公司对保险标的有较为详细的核保标准和要求。对于风险较大、技术含量较高、保险金额较大的标的要求做到现场查勘，而在线核保无法做到；② 电子签名问题。由于中国还没有电子签单的相关立法，通过电子签名在线签订的保险合同不具有法律效力，对伪造签名问题还缺乏有效的防范；③ 计算机欺诈及故障问题。如滥用信用卡、电信偷窃、自动柜员机偷窃、加密设施被破坏；④ 计算机系统及记录的破坏问题。如很少有公司能抵御潜在的黑客和计算机病毒；⑤ 侵犯隐私权的问题。保险公司搜索的信息可能会详尽地包括人们的消费和生活方式的各个细节，其中可能包括个人隐私，由此存在潜在的侵犯隐私权的可能。

3．网银企合作

服务企业与网络公司、银行三者之间的合作也是网络营销的一个内容。

服务企业与网络公司的合作是一种纵向合作。合作中可能出现网络收费问题和责任问题。例如，随着电子邮件、万维网等电子通信的发展，纸和无纸的界限变得模糊不清，保险公司可能面临与电子邮件相关的责任风险。

网上支付问题是三者的合作问题。例如，保险网络营销的网上支付问题需要银行信用卡的发展作为配合。网上支付曾经是保险网络营销瓶颈之一，因为当时银行信用卡在中国还未普及，使用者相对较少，只有牡丹卡、龙卡、长城卡等几种卡可以选择。

相关链接

经济型连锁酒店网络营销新思路

（1）采用多种媒体全方位展示酒店形象，让顾客在预先体验中对酒店形成正确期望；

（2）建立网络客户关系管理系统和突出人性化经营理念；

（3）加强“软营销”投入，用更贴近顾客的方式进行心理营销。

本章小结

服务中间商营销是指服务企业通过服务中间商向终端顾客提供服务。服务中间商的种类主要有特许服务商、服务代理商和服务经纪人。服务中间商的营销作用主要是迅速进入和扩大市场、提高品牌知名度、扩大竞争优势、关系营销、降低经营成本和财务风险。服务中间商营销包括中间商加盟者的挑选和中间商管理策略2项内容。

服务网络营销是指服务企业通过因特网接触、服务顾客和进行交易。服务网络营销与服务中间商营销相比，具有更强的自主参与感、更大的服务供给能力、更高的服务效率、更低的服务成本、更好的合作性、更高的广告效率、更大的品牌知名度和更好地满足个性化需要的特点。服务网络营销的内容包括网站建设、安全管理和网银企合作。

关键词解析

服务中间商（Service Intermediary）：服务分销商，主要有特许服务商、服务代理商、服务经纪人等。

特许服务商：即特许经营商，是指接受某个服务机构的服务特许权的服务商。

服务代理商：受服务机构的委托与顾客签订服务合同的中间商。

销售代理商（Selling Agent）：负责委托者所有营销事务的代理商。

援助代理商（Facilitating Agent）：帮助委托者处理与营销有关的财务、风险和运输问题的代理商。

服务网络营销：指服务企业通过因特网接触服务顾客和进行交易。

前沿话题

金立如何争夺一线市场 服务与渠道并重

（来源：手机之家　作者：周路遥　时间：2017年4月13日）

互联网渠道式微，线下渠道崛起，此消彼长之下，以oppo、vivo、金立、华为为代表的老牌手机厂商迅速抢占了大量的市场份额，形成了当今手机市场金华OV的局面。在线下渠道的建设方面，金立并没有盲从OV，一方面与国美、苏宁、迪信通等重要渠道商结盟，另一方面则依托运营商，建立金立品牌专区。

2016年，金立与中国联通达成全面战略协议，将线下渠道与运营商体系进行融合。2016年联通向金立开放1万家营业厅，实现金立品牌终端全面上柜，联合打造3 000个联通自营厅品牌专区，提供3 000名金立专职促销员，并制定了全年1 380万台联通定制终端销售目标。

和运营商结盟只是金立拓展线下渠道的手段之一。此外，金立还和全国131家核心零售商“结盟”，成立“金钻俱乐部”。这些零售商中，既有苏宁、国美、迪信通等全国闻名的机构，也有浙江话机世界、河北国通等地方“诸侯”，其中不乏实力强大者，比如乐语通讯目前业务覆盖230余个城市，拥有约2 000家门店，年销售额超120亿元；话机世界在浙江、安徽等地拥有500多家直营门店。

案例讨论 Case Discussing

武汉小蓝鲸酒店的特许连锁

武汉小蓝鲸是一家以川菜、湘菜和鄂菜为主的特许连锁酒店。小蓝鲸餐饮品牌历经数十载的发展，已拥有20家特许连锁酒店、4 500多名职工，年营业收入数亿元，被国家发改委评为“全国首家营养健康型餐饮示范单位”。武汉小蓝鲸在全国创牌的成功，除了靠“吃出健康”的服务理念和“营养健康”型烹饪技术外，就是靠特许经营渠道来扩大品牌知名度。

小蓝鲸老总刘国梁说：“小蓝鲸赢得品牌的途径之一是特许连锁这种合作方式，使我们与别人有了宽泛的合作。在与别人的合作上，我们采取了三种方式：一是加盟。如果某个酒店想在经营特色、方式和品牌上与我们合作，我们可以提供管理软件、技术咨询；二是委托管理。如果企业有资金，想开发餐饮项目，但不知道怎么做，我们提供一流的管理；三是合作。如果本来是一家餐饮企业，但经营不善，我们称为‘休克’，需要‘输氧’，合作的方式是用我们的品牌、管理、人力资源、产品和资金来扶持。”武汉小蓝鲸为了发展特许连锁，花 200 万元请中国台湾专家对特许连锁进行策划并编制了特许连锁规范手册，形成“五连一锁”（连品牌、连文化、连资源、连特色、连管理和锁定顾客特定值）的特许连锁餐饮管理模式。

问题讨论：

1．为什么特许渠道能迅速进入市场？

2．武汉小蓝鲸的特许连锁有哪几种方式？

3．武汉小蓝鲸的特许连锁对品牌知名度的扩大起到什么作用？

4．武汉小蓝鲸的特许连锁为什么要编制规范手册？

5．怎样评价武汉小蓝鲸的特许连锁的“五连一锁”管理模式？

天津旅游目的地网络营销系统

（1）天津旅游目的地网络营销系统概况

天津的人文旅游资源丰富且具有其独特性，素有“看近代史到天津”的美誉。天津旅游目的地（网络）营销系统（Destination Network Marketing System，DMS）建设的起步较早，是国家 12 个试点 DMS 之一，从最初的“渤海明珠，近代缩影”（www.visittj.com）到现在的天津旅游资讯网（www.tjtour.cn），天津 DMS 在旅游目的地信息采集、整合、发布方面做出了很大的贡献，为用户出行提供了便捷的信息检索服务。

（2）天津旅游目的地网络营销系统存在的问题

1）整体规模较小。DMS 网站点击量较少。有大量旅游企业并未加入天津 DMS 和开展网络营销活动，或参与度不足。原因有三：天津市本身作为旅游城市的概念没有足够地推广；有些企业对 DMS 了解甚少；天津 DMS 在信息更新、旅游线路上也存在不足。

2）网站经营形式单一，特色不明显。天津的各旅游网站多是线路预订、常规线路罗列等相似信息，缺乏各旅行社线路自己的特点，没有充分利用在线交流这个广阔便捷的平台。

3）网站信息内容粗糙，用户体验差。有些旅游网站页面做工粗糙、信息单一陈旧，甚至存在错误信息；一些实用功能还存在缺陷，没有自己的一套独立的预订系统。

4）企业各自为战，缺乏整体营销。天津旅游的整体规划没有将 DMS 建设提高到应有的重要位置，缺乏整体营销观念，各个利益相关者独立运营，不能形成一个整体的营销系统，从而导致天津旅游目的地传递的信息杂乱无章，天津作为旅游城市的影响力和知名度都不高。

问题讨论：

1．天津 DMS 存在几大问题的原因是什么？

2．试根据服务营销和网络营销的理论提出天津 DMS 改进的对策。

第 9 章

服务对象

本章学习导航

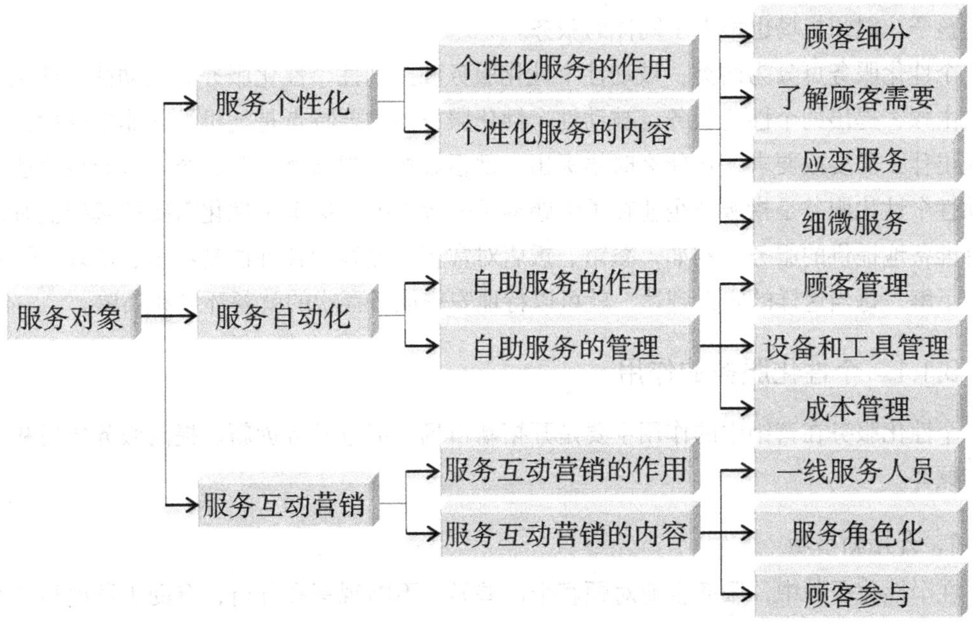

本章学习目标

- 掌握个性化服务的作用和内容；
- 掌握自助服务的作用和管理；
- 掌握服务互动营销的作用和内容；
- 了解服务对象与减小服务质量差距之间的关系；
- 能够应用本章知识进行现象和案例分析。

服务对象是指顾客或客户、消费者等。顾客对服务营销过程的参与可能影响服务质量标准的贯彻执行和由此造成服务质量差距 3。在顾客的参与下，服务营销的过程往往伴随着顾客个性化的需要，顾客可能部分地进行自助服务，同时也是服务企业或服务人员与顾客之间互动的过程。服务企业可以通过个性化服务和顾客的自助服务及与顾客之间的服务互动促进服务质量标准的贯彻执行，使顾客感知与他们期望一致的服务质量。本章介绍服务个性化、服务自助化和服务互动营销。

9.1 服务个性化

服务个性化也称顾客化（Customization），是指服务机构为满足个别顾客（或顾客群）的需要提供的特殊服务。对顾客来说的个性化服务，对服务机构来说就是多样化服务。因此，个性化服务也可称多样化服务。例如，深圳的外来打工夫妇比较多，他们忙于工作没有时间接送远在他乡的孩子，深圳机场推出了“航空特快专递送儿童”服务，以满足这些外来打工夫妇的需要。温州出外打工经商的夫妇比较多，他们忙于工作没有时间接送在温州的孩子，温州机场也推出了同样的服务。

个性化服务可分为两类：被动性个性化服务和主动性个性化服务。被动性个性化服务是指由顾客提出的个性化服务。被动性个性化服务的主要特点是随机性和非常规性，即顾客提出什么需要或要求，在什么时候提出，都很难按常规预测，服务企业只能被动适应。主动性个性化服务是指服务企业在了解顾客（一般是顾客群）个性化需要的基础上有计划和有准备地提供的服务。例如，餐馆、饭店对常客、熟客的各种饮食习惯、偏好、需求等比较了解，每当这样的客人到达，就可以特地安排他所喜欢的就餐环境和菜单。

9.1.1 个性化服务的作用

个性化服务在营销中的作用主要是开拓新市场、促进服务创新、提高服务技巧和培养忠实顾客。

1. 开拓新市场

在个性化服务中，服务企业对顾客个性差异的不断观察和分析，有助于发现和开发具有相同个性的顾客群，即新的目标细分市场。例如，重庆小天鹅是一家重视顾客个性化需要的火锅店。一位来重庆出差的哈尔滨客人经常来这家饭店吃饭。这位客人公务结束后专程来到这家饭店，希望能买一盒汤料带回哈尔滨让家人共享。小天鹅满足了他的特殊要求。后来，这位哈尔滨客人又多次来信帮邻居、朋友代买。由此，小天鹅萌发了兴办火锅底料厂和发展火锅底料市场的主意。这里，个性化服务为小天鹅带来了一个新的细分市场——火锅底料市场。

2. 促进服务创新

在个性化服务中，服务企业关注顾客的个性化需要，可以从中获得创新的构想。事实上，许多创新的构想来自顾客个性化的需要。例如，麦当劳重视向儿童顾客提供个性化服务。麦当劳专门为前来就餐的孩子辟出一块地方，并提供儿童游戏设施，供孩子们玩耍，这就是被称为“麦当劳乐园”的服务创新。“麦当劳乐园”是对孩子顾客进行个性化服务的结果。

3. 提高服务技巧

服务人员在提供个性化服务的过程中会更快速地提高服务技巧。因为个性化服务需要服务技巧，需要理解顾客的心理，具有灵活、多变的适应能力，这促使服务人员提高服务技巧，增长服务知识。

上海红房子西餐馆的名服务师唐曾萼的高超服务技巧主要是在对外宾的个性化服务中练就的。她会运用英、日、俄三国语言与外宾交流。除此之外，她还掌握了英、法、德、美、俄、日等国的风土人情，能按外宾不同的需求推荐西餐，提供符合外宾习惯的服务。对英国人，她上红茶和少油腻的菜肴；对美国人，她上冰水和以水果为主的菜肴；对法国人，她上咖啡和以酒类烹调为主的菜肴；对常来的日本人，她上绿茶和以海鲜为主的菜肴。她的个性化服务常常使外宾有在异乡胜过在家乡的感觉。

4. 培养忠实顾客

当顾客的个性化需要得到很好的满足时，他很可能成为服务企业的回头客或忠实顾客。因为成为回头客或忠实顾客的一个重要条件是他感知的服务水平不低于期望的最低服务水平，即服务企业规定并承诺的服务水平，而个性化服务一般都是超过规定或额外的服务，也就是所谓的“超值服务”，因此符合回头客或忠实顾客的条件。

新加坡东方大酒店提供的“超级服务”就是服务人员要尽可能地满足顾客的个性化需要。一天，酒店咖啡厅来了 4 位客人，他们一边喝咖啡，一边拿着文件在认真地商谈问题。但咖啡厅的人越来越多，嘈杂的人声严重干扰了 4 位客人的谈话。受过“超级服务”训练的服务员觉察到这一点，马上向客房部打电话询问是否有空闲的房可以借给这 4 位客人临时一用。客房部立即答应提供一间。当 4 位客人被请到这间免费的客房，知道这是为了让他们有一个不受干扰的商谈环境时，他们对这样好的“超级服务”感到难以置信。他们在事后的感谢信中写道：“……我们除了永远成为您的忠实顾客之外，我们所属的公司及海外的来宾，将永远为您广为宣传。”

9.1.2 个性化服务的内容

个性化服务的内容包括顾客细分、了解顾客需要、应变服务和细微服务（见图 9-1）。

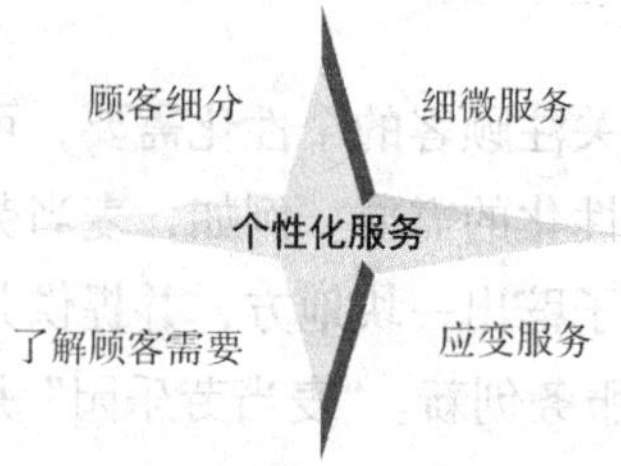

图 9-1　个性化服务的内容

1．顾客细分

顾客细分是个性化服务的基础。顾客细分就是市场细分，它不仅是关系营销也是个性化服务的一个内容。因为服务企业的顾客人数很多，逐一进行个性化服务的成本很高，因此，需要将消费个性相似的顾客合并成一个个性化顾客群，将个性化顾客群作为个性化服务的单位，降低个性化服务的成本。例如，上海沈记靓汤酒店推出“男汤”、“女汤”。“女汤”口味清淡，并注明有明目养颜、清热解毒功能，引来众多女回头客。上海南华火锅楼宾客盈门的原因之一，就是推出迎合女士饮食习惯的女士火锅。这种性别化服务就是一种顾客细分化的服务。

2．了解顾客需要

了解顾客的特殊需要也是个性化服务的一个内容。了解顾客的特殊需要对主动性个性化服务尤其重要。这类服务需要事先的计划和准备，而不了解顾客需要就无法做出有效的计划和准备。例如，不同顾客或不同顾客群（细分市场）对同一家餐馆或饭店的需要可能是不同的：有的是商务用餐，有的是结婚宴请，有的是合家欢聚，有的是心情消费，有的是品尝美食，等等。餐馆或饭店服务人员了解或理解这些不同的需要对做好个性化服务是非常重要的。

3．应变服务

应变服务是个性化服务的主要内容。被动性个性化服务满足的是随机和非常规的需要，而随机需要只能靠应变服务予以满足。应变服务包括灵活服务和机敏服务这两种。

（1）灵活服务

灵活服务就是为了尽可能地满足顾客的非常规需要提供非常规或突破常规的服务。例如，酒店的东坡肉是论小盘卖的，但有一桌客人偏要大盘装。面对这种非常规需要，酒店服务员应灵活变通，尽可能地满足顾客的要求。大多数灵活服务对服务人员技能的要求并不高，主要要求服务员有灵活的服务意识，即心诚、眼尖、口灵、腿勤、手快。

（2）机敏服务

机敏服务就是在服务过程中及时发现和解决顾客遇到的意外问题。例如，某餐厅的包房里，一桌顾客酒兴十足，添酒加菜，热闹异常。其中有一位客人因不胜酒力，悄悄将杯中的白酒换成了矿泉水，不料冰镇过的矿泉水使酒杯壁上蒙上一层水汽，别的顾客借机取笑他，那位客人因有上司在场而特别尴尬，这时餐厅服务员见状赶紧走上去说："先生，对不起，我刚才错将矿泉水倒入你的杯中。"这位顾客很感激这位服务员帮他化解了尴尬。这位顾客走出餐厅后又返回，特地再次向服务员表示谢意。后来，他成了餐厅的常客，并带来了大批其他消费者。这位服务员的机敏起到了很好的营销作用。

4. 细微服务

细微服务是个性化服务的另一个主要内容。细微服务是指在细微处满足顾客需要的服务。顾客真实的个性化需要往往在细微处才能感知（见微知著），而只有感知和满足顾客的某些细小但真实的需要、欲望或偏好（体贴入微）才能使服务营销更有效。例如，北京蜀国演义酒楼在给顾客结账时先打出一张预结单，让顾客核对后再打出实结单，待顾客确认和签名后，再进行支付。这样做，虽然看似麻烦，却体现了酒楼的细微服务，从细微之处满足了顾客对诚信服务的需要。

9.2　服务自助化

服务自助化是指服务生产者向顾客提供某些服务设施、工具或用品，让部分服务由顾客自行完成。零售业的自选式商场、餐饮业推出的自助餐、自助火锅和汽车租赁公司提供的由租赁者自己驾驶汽车等都是自助服务的例子。

相关链接

VIP 营销

VIP（Very Important Person）意为非常重要的客户。VIP 营销就是企业把一部分消费能力较强的顾客作为一个特定消费群体（一般称为 VIP 客户），在营销和服务上给予特殊待遇，从而提高顾客忠诚度，以获取更多经营利润的一种营销方式。

（1）VIP 营销的作用：实施个性化的市场营销；实现企业价值最大化。

（2）VIP 营销管理：加强客户管理，保证客户质量；进行 VIP 营销管理，提升消费附加值；加强信息管理，发掘客户资源；建立战略联盟，扩大服务功能。

9.2.1　自助服务的作用

自助服务的作用主要是增强服务供给能力、增强顾客的自主权利和责任感、降低服务成本、增强服务的有形化、带动服务技术的进步和满足顾客社交的需要。

1. 增强服务供给能力

由于服务的不可分性，以人为直接服务对象的服务业在服务过程中只能"一对一"地提供服务，这就限制了服务供给能力。当客流较多时，就会出现顾客等候或排队现象。自助服务可以让服务或部分服务改由顾客自行来完成，从“一对一”的服务转变为“一对多”的服务，在效果上相当于增强了服务供给能力。例如，现代零售业要在人手有限的情况下增强服务供给能力可以采取自选商场，即顾客自助服务的方式。像上海百联集团开办的家万全大卖场，营业面积 35 000 平方米以上，商品品种近 10 万个。这样巨大的商场如果不采用顾客自助服务的方式，就需要数以百计的营业员，而只有采用自助服务的方式才能在人手有限的条件下进行营业，因为自助服务营销能增强服务供给能力。

2．增强顾客的自主权利和责任感

自助服务能增强顾客参与服务的自主权利和责任感。自助服务等于向顾客授权，使顾客具有一部分自主选择的自由和权利。按权利和责任对等的原则，顾客在自助服务中享受自由和权利的同时，也会增强与服务者配合的责任感。顾客参与服务的积极性和责任感的增强对服务营销是有利的。例如，医院设立的家庭病床是一种病人（家属）自助的医疗服务。家庭病床可以发挥病人（家属）参与医疗服务的积极性，增强病人（家属）的责任心和责任感。

3．降低服务成本

在自助服务中，服务企业的部分服务由顾客的自助服务来替代。对服务企业来说，替代的成本等于服务企业提供给顾客进行自助服务的设备、工具和用品的成本扣除服务企业被替代的那部分服务成本（主要是人工）。在发达国家，设备、工具和用品的成本相对较低，而服务成本相对较高，因此，顾客自助服务的替代成本通常为负值，即自助服务通常节约成本。例如，实行自选服务的超市、卖场等地方的服务收费即商品毛利率要比不提供自选服务的百货店、专业店低得多，主要就是因为自选服务能大幅度降低服务成本。

4．增强服务的有形化

服务自助营销的关键之一是服务企业提供自助服务所必需的服务设施、工具或用品，而这些是服务的有形提示物。因此，服务自助营销必然伴随和增强服务的有形化。例如，银行业在发展自动取款、电话支付、销售点支付等自助服务的过程中，必然促进信用卡、自动取款机、电话通知支付机、销售点支付机等服务有形提示物的发展。

5．带动服务技术的进步

自助服务要用先进的服务设备和工具代替人工服务，这就有利于提高服务企业整个服务技术的水平。例如，城市公交服务业在实行自动投币这项自助服务的同时提高了公交车（服务工具）的科技含量：采用自动电子报站器、电子路牌显示、电子监视系统、IC 卡收费系统等。这就是自动投币自助服务对公交服务技术进步的带动作用。超市、卖场等自助服务的发展会带动超市设备和技术的发展，像食品冷柜技术、电子防窃监控技术、计算机售货支付技术（POS 系统）和货架自动盘点技术等。

6．满足顾客社交的需要

顾客规模较大的自助服务，如鸡尾酒宴、冷餐会、自助餐宴等，可以满足顾客社交的需要，因为自助服务所具有的自由气氛对社交特别适合。各种品牌登陆、名店开张、产品发布或周年庆典等活动，都不约而同地选择了自助餐或酒会作为举办形式。举办自助餐时，由于没有固定的席位限制，除了必要的仪式外，客人们可以随意走动，自由组合，互相交流信息。较之单纯的大吃大喝一通，自助餐显得更节制，也更有效率，因为活动的重心从“吃”转到“交流”上来了。青睐自助餐的并不仅仅是商务交际，私人聚会也开始越来越多地体现自助精神。自助餐受欢迎反映出餐饮的社会功能开始日益受到关注。

9.2.2　自助服务的管理

自助服务管理的内容包括顾客管理、设备和工具管理、成本管理（见图 9-2）。

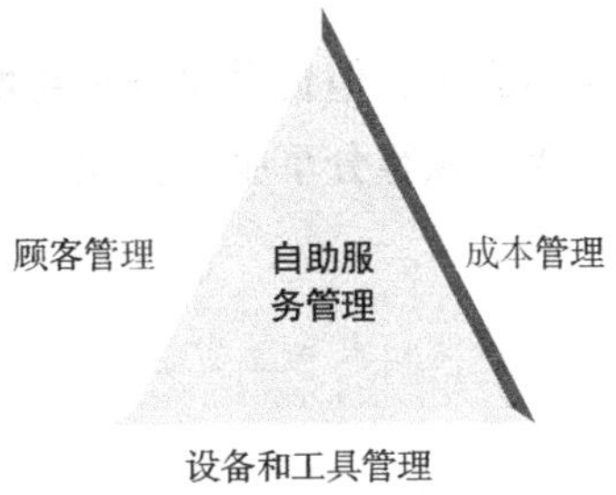

图 9-2　自助服务管理的内容

1．顾客管理

服务自助营销授予顾客自主参与的权利，但顾客的责任不一定对等，即存在顾客不负责任甚至不诚信的行为，如超市、卖场的商品失窃现象，自助餐的浪费现象，自动取款机和投币电话的人为损坏现象等，有的比较严重，已经成为有关服务企业经营亏损的一个因素。为此，服务企业需要对参与自助服务的顾客加以管理。顾客管理是服务自助营销的一个内容。顾客管理又包括顾客教育、环境引导和监管等内容。

（1）顾客教育

教会顾客使用自助服务的设备和工具，有助于增强顾客对自助服务的兴趣和由此爱惜具有公益性的设备和工具。例如，有些老年人不会操作银行的 ATM 和证券公司的计算机终端，银行和证券公司可以对他们进行辅导。中式自助餐馆有必要对顾客进行烹饪或吃法的指导，因为中式自助餐（如火锅）需要顾客自己动手。

（2）环境引导

自助服务的环境应当整洁、有序和高雅，这样可以暗示顾客注意行为的规范。在一个整洁、有序和高雅的环境里，自助餐顾客一般就不好意思无节制地多拿食品和随意浪费食品，因为这样的行为与有序而高雅的环境不相称。自助服务环境中的顾客组合很重要，顾客之间是相互影响的，其中“好”顾客（行为与好环境相符的顾客）的榜样作用很重要。

（3）监管

自助服务可以通过电子监控设施或人员对顾客行为加以监管。一旦发现问题，应及时采取督导措施，其中包括制度的修订。对顾客监管的核心是适当限制顾客参与自助服务的自主权利。

2. 设备和工具管理

自助服务的关键之一是服务企业提供自助服务所必需的服务设备和工具。因此，服务企业要通过管理，保持这些设备和工具功能的完好，从而使自助服务顺利进行。一些银行自动取款机或各种读卡机出毛病而无法读卡的现象时有发生，自动取款机或投币电话坏了不能及时修好的现象也不少，这些都是管理不善造成的。设备和工具的管理，一是要加强对服务设备、工具运行状况的监控；二是要加强保养和维修。

3. 成本管理

自助服务可以降低服务企业的成本，但自助服务本身增加了顾客的成本。因此，要注意平衡成本增减的关系。另外，要让顾客分享服务企业由于降低成本而增加的利益，以达到自助营销双赢的效果。

9.3 服务互动营销

互动营销（Interactive Marketing）也称实时营销（Real-time Marketing），是指在服务人员与顾客之间实际的相互接触中的关系营销，即服务实时操作中的关系营销，或者说，是关系营销的实际操作。互动营销的操作者是一线服务人员，他们受服务企业管理层的委托代理关系营销的实时操作。他们的操作既接受管理层的指令性信息，也接受顾客的反馈性或前馈性信息。互动营销在形式上是一种人际交流或交际。在交际中，服务人员的行为与顾客的行为之间是相互影响的。作为互动营销的交际与人们平时的交际有本质的区别。人们平时的交际是真实的人的交际，而互动营销的交际是角色的交际，即代理人角色的交际。懂得这个区别很重要，许多互动营销或服务营销失败的一个重要原因就是没有进行角色交际，而采用真实的人的交际。因为一位服务人员可能遇到一位他不喜欢的顾客，如果按照真实的人进行交际，那么交际成功的可能性就非常小，只有按照角色进行交际才有可能成功。

互动营销中的人际交流除了面对面的交流，也包括通过电话、信件和网络的交流。如网络营销中的互动营销都是在网上的互动交流。例如，百度贴吧近年推出互动营销产品“百度灯塔”。使用“百度灯塔”的企业可以通过视频、图片、投票、发帖等形式与潜在消费者进行亲密互动，第一时间对“粉丝”进行促销信息发布、线上投票、产品调研等互动营销，通过潜在消费者的回复或转发，产生巨大的市场规模效应，达到沉淀客户、影响客户和管理客户关系的效果。

9.3.1　服务互动营销的作用

服务互动营销具有实现服务质量、兑现服务承诺、演练服务技巧和促进服务个性化等作用。

1. 实现服务质量

服务质量是在互动营销的过程中实现的，因为服务质量需要顾客的实际感知，即对服务的真实瞬间的感知，顾客对服务质量的实际感知只能来自他们对服务过程的参与，即与服务人员的互动或交际过程。因此，互动营销具有实现服务质量的功能。

2. 兑现服务承诺

服务商管理层对顾客的种种承诺（包括广告、展示、公共宣传、人员推销和促销活动）最后都要在互动营销中进行兑现。如果顾客在互动营销中感知的服务人员的实时操作质量不如承诺的那样好，他们就认为服务商不能兑现承诺，这使顾客很难成为回头客。

3. 演练服务技巧

服务技巧中一项主要的技巧是交际技巧，而交际技巧很难在课堂上培训，只有在交际实战中才能学会。因此，互动营销具有学习和演练交际技巧的作用。

4. 促进服务个性化

服务个性化与互动营销是分不开的。服务应变和个性化都是互动营销的需要，是相互促进的。有应变能力和个性化服务能力的服务人员比较容易做好交际。服务交际必须与变化的顾客和个性化顾客打交道，这就成为一种推动服务人员增强应变能力和个性化服务能力的动力。服务创新和服务特色的创立，也离不开对服务过程包括交际活动中存在问题的观察、分析和解决。

9.3.2　服务互动营销的内容

服务互动营销的内容包括一线服务人员、服务角色化和顾客参与（见图 9-3）。

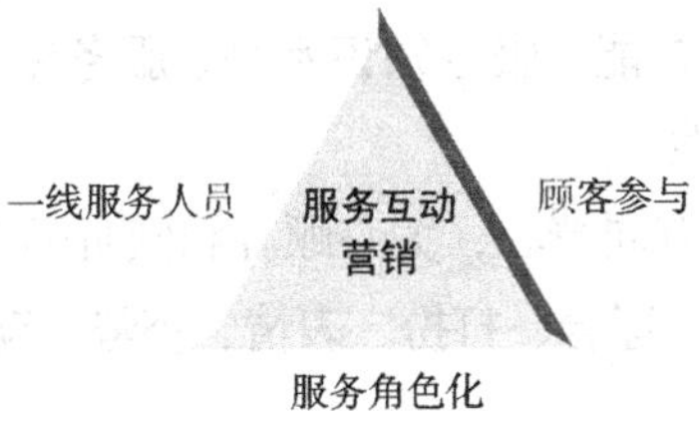

图 9-3　服务互动营销的内容

1. 一线服务人员

服务互动营销中的服务人员是指一线或前台人员，他们是互动营销的一个要素。一线人员直接接触顾客，服务是通过他们提供给顾客的，而顾客也是通过他们参与服务和对服务施加影响的。一线人员是整个服务营销的人格化。

（1）一线人员是服务本身

许多服务主要就是直接向顾客提供人员，如保姆、美容、律师事务、学校、医院、演出、足球俱乐部等。这些服务商的服务实绩在很大程度上取决于服务人员。即使不直接提供人员的服务，人员因素也是主要的，如银行的自动取款机要保持正常的服务，必须有人加以维护。如果维护人员出了问题，自动取款机的正常服务就难以保证。

（2）一线人员是服务商的化身

制造业公司的化身是它们的实物产品。服务商提供的主要是服务，是无形产品，因此很难作为自己的化身。在顾客眼里，服务人员就是服务商的化身，服务人员的行为、素质和形象代表着服务商的行为、素质和形象。因此，一线人员的一言一行都影响到整个服务商的形象，客观上具有整体意义，尽管许多一线人员主观上并不愿意让自己的言行代表整体。

（3）一线人员是服务营销人员

服务生产与交易的不可分性要求一线人员必须兼任营销。即使服务业有营销人员与服务人员的分工，也不能改变服务人员必须兼任营销的要求。例如，航空公司有机票销售人员与机组人员（服务人员）的分工，但乘客买到机票不等于与航空公司之间交易的结束，尚未结束的交易（或营销）任务还需机组人员继续执行和完成。只有当乘客下了飞机和检票后离开机场时，航空公司与乘客的交易（或营销）才算结束。可见，航空服务营销人员不仅包括机票销售人员，也包括机组（服务）人员。

（4）一线人员直接影响服务质量

服务质量的可靠性、响应性、保证性、移情性和有形性维度都直接与一线人员的质量有关。为了更好地发挥一线人员在互动营销中的作用，服务企业可以按这5个维度要求和考评一线人员：

1）要求一线人员保持身心状态的稳定性，加强对人员的监督、控制，以减少服务偏差和增强服务质量的稳定性和可靠性。

2）要求一线人员具备灵活应对的能力，以增强服务质量的响应性。

3）要求一线人员提高服务技能、服务知识水平、服务专业化水平和服务文化素养及诚信度，以增强服务质量的保证性。

4）要求一线人员热情和富有同情心，关心顾客和倾听顾客，以增强服务质量的移情性。

5）要求一线人员注意仪表、穿着、打扮、表情、姿势、动作和语言等视觉和听觉形象，以增强服务质量的有形性。

2. 服务角色化

（1）服务角色化的定义

服务角色化是指服务企业让一线人员在服务过程即与顾客的交际中忘我地进入角色，

将服务过程变成演剧过程，将服务中的互动关系变成角色关系，也可称为角色服务。所谓进入角色是指：一线人员的仪表、语言和行为举止都达到服务商所设计的角色规范的要求；一线人员必须忘我，即在服务中排除自我干扰，严格按照角色规范要求自己；一线人员也要引导顾客进入角色，明确顾客在服务过程或服务关系中的角色定位。

（2）服务角色化的实行

服务实行角色化或角色服务的一个关键是处理角色与自我之间的矛盾。在服务中，一线人员的角色要求他们代表公司为顾客服务，但他们潜意识地又代表自我与顾客交际。这种现象也称扮演双重角色：公司角色与自我角色。双重角色之间是有心理冲突的。

例如，某一线人员自我对某顾客的印象很差，这种从自我角度出发的评价就可能影响他对该顾客服务的质量。如果该一线人员能够“忘我”，即不顾或抑制自我对该顾客的看法，而完全站在公司角色的角度来看待该顾客，那么，就可能不影响对该顾客服务的质量。

又如，某一线人员对顾客的态度非常计较，以至双方发生争吵，其结果对公司、对本人和对顾客都不利。这实际上也是双重角色的冲突造成的：服务人员计较顾客的态度常常因为他们在与顾客打交道时主要扮演的不是公司角色，而是自我角色。自我角色就是与顾客一样的平常人，而平常人之间自然难以忍受对方不良的态度。如果该一线人员能扮演公司角色，淡化或放弃自我角色，那么他对顾客态度的忍受力就可能大大增加。

服务人员的双重角色引起的矛盾是普遍存在的，因为绝大多数服务人员在经受严格的训练以前都很难做到放弃自我角色，很难完全“忘我”，很难完全进入服务商要求和给他们设计的角色。服务人员的自我角色经常干扰服务商要求的角色，这是影响顾客导向的服务标准执行的一个因素。

服务商解决一线人员双重角色冲突的办法，主要是通过严格的训练增强服务人员的心理素质，善于“忘我”，善于进入角色，变双重角色为一重角色——公司角色。一个人“忘我”和进入角色的能力也就是表演能力或演戏能力。一线人员在服务中应当学会演戏或表演，应当努力“忘我”和进入公司角色。这正是许多优秀服务人才的共同特点。

3．顾客参与

顾客在服务的互动营销中的地位很重要，因为顾客是服务的参与者，顾客行为直接影响服务质量，顾客还是服务的一种有形提示。服务的互动营销既要依靠服务人员，也要依靠顾客。由于服务生产与服务消费之间的不可分性，作为服务消费者的顾客多少都会参与服务生产。顾客既是服务消费者，又是服务生产者。顾客既然参与服务，就会对服务的质量和效率产生影响。

（1）顾客参与的程度

顾客参与服务的程度不同，这与服务的标准化程度、自动化程度和顾客的投入结构有关。

1）服务的标准化程度。服务的标准化程度越高，顾客参与服务的程度就越低；服务的标准化程度越低，顾客参与服务的程度就越高。例如，中餐服务的标准化程度不如西餐高，中餐顾客参与服务的程度就高于西餐。中餐顾客通常提出具体的菜单（服务计划）和某些特殊的要求（如菜的咸淡、调料、火候、数量甚至指定厨师等）。

2）服务的自动化程度。服务的自动化程度越高，自助化程度就越高，顾客参与服务的程度也就越高。例如，城市公交车实行自动投币后，乘客参与服务的程度提高了，整个售票服务完全由乘客来完成。又如物业服务中的电梯服务实行自动电梯服务后，电梯服务就由物业居民自助了，也就是物业居民完全参与电梯服务了。

3）顾客的投入结构。顾客投入服务的除了资金（服务的费用）外，也包括自己的时间、劳动力、信息、知识甚至设备和工具等。顾客投入中资金投入所占的比重越大，顾客参与服务的程度一般就越低。顾客投入中非资金投入所占的比重越大，顾客参与服务的程度一般就越高。例如，在房屋装修中，参与度低的房主一般将设计、材料购买和施工都包给装修公司，而自己只管付钱；而参与度高的房主除了投入资金以外，往往会投入时间、知识、信息和体力用于设计、材料购买和监管施工。

（2）顾客参与的有效性

顾客对服务的有效参与是保证服务质量的一个重要条件。例如，在保健服务中，按照保健医生要求做个积极改变不良生活习惯的人，健康恢复得较快，保健效果较好。有 3 种顾客参与具有有效参与的特点。

1）顾客向服务企业或服务人员提问。顾客提问主要是对自己做什么和怎样做不清楚，而这两类问题直接关系到服务质量，因此这类提问是有利于保证服务质量的。

2）顾客表现出对服务质量的自我责任感。如果顾客认为自己对服务质量的好坏也有责任，那么这样的顾客一般会负起顾客的责任并积极与服务人员配合，从而有利于保证服务质量。

3）顾客投诉。顾客投诉是顾客对服务的一种重要的参与，也是顾客责任感的一种表现，具有积极意义，对保证和改进服务质量也有重要价值。因此，聪明的服务企业或服务人员往往能理性地对待顾客投诉，把它看成一件有利于自己的好事情。

（3）影响有效参与的顾客因素

1）顾客的素质。顾客的人品、知识和能力都会影响其参与服务的有效性。例如，一位病人的人品比较好，又善于交际，那么病人与医生、护士之间的关系就可能比较融洽，合作就可能比较成功。如果病人的医学知识比较丰富，病人的病情诉说就可能比较清楚，病人对自己的治疗方案就可能懂得比较多和比较容易接受。

2）顾客参与的兴趣。顾客参与行为的有效性又与顾客参与的兴趣和积极性有关。顾客参与的兴趣越大，积极性越高，参与行为就可能越有效。例如，在网络服务发展的初期，青年人比中老年人对网络更感兴趣，因此青年人对网络服务参与的有效性比中老年人更强，对网络服务的评价也更高。

3）顾客之间的关系。顾客之间的关系越和谐，顾客参与就可能越有效。相反，顾客之间的关系不协调，矛盾较大，顾客参与的积极性和效果就可能较差。

（4）顾客组合

服务企业加强顾客有效参与的策略，除了支持、鼓励 3 种有效的顾客参与和通过顾客教育培养顾客素质、兴趣外，主要是管理顾客组合。顾客组合（Customer Mix）是指多个同时参与某项服务的不同顾客（或市场细分）之间的成分（结构）关系。顾客组合管理就是对顾客成分关系的引导、组织和协调，也可称顾客间协调性管理（Compatibility Management）。例如，足球赛举办者需要管理球迷组合，包括对球迷与球迷之间的座位关系和沟通关系加以组织和协调。有的球赛出现球迷闹事，一个重要原因就是没有管理好球迷组合。

服务营销者管理顾客组合的一般策略是求同存异。

1）求同。服务商可以为每项服务寻找共同性或相似性尽可能大的顾客群（市场细分），以此增加顾客之间的协调性，如开设女子学校就是这样一种求同策略。在女子学校，学生之间没有性别歧视，平等的程度提高了，这就有利于改善学生之间的协调性，并由此增强学生的参与性和提高教育质量。

2）存异。服务商可以在服务中尽可能地将差异性大的顾客群分开。例如，医院的重病房、饭店的吸烟者餐厅、机场的吸烟室、饭店的包房、剧院的包厢、飞机和轮船的分等仓、足球场的球迷席等，都是存异策略。

相关链接

图书馆服务互动

馆员热情主动地帮助读者，读者会感受到馆员的责任心，从而对他们心存感激，进而理解支持馆员的工作，双方的关系也更为融洽。同时，如果读者自觉遵守图书馆的行为规范，在借阅过程中耐心等待，按期归还图书，损坏图书按规定赔偿，尊重馆员的劳动，馆员就会心情愉快，工作效率会更高，服务态度也会更好。

本章小结

服务个性化也称为顾客化（Customization），是指服务机构为满足个别顾客（或顾客群）的需要提供特殊服务。个性化服务在营销中的作用主要是开拓新市场、促进服务创新、提高服务技巧和培养忠实顾客。个性化服务的内容包括顾客细分、了解顾客需要、应变服务和细微服务。

服务自助化是指服务生产者向顾客提供某些服务设施、工具或用品，让部分服务由顾客自行完成，以便服务生产者与消费者之间实现一定程度上的分离。自助服务的作用主要是增强服务供给能力、增强顾客的自主权利和责任感、降低服务成本、增强服务的有形化、带动服务技术的进步和满足顾客社交的需要等。服务自助管理包括顾客管理、设备和工具管理、成本管理等内容。

服务互动营销是指在服务人员与顾客之间实际的相互接触中的关系营销，或是服务实时操作中的关系营销。互动营销具有实现服务质量、兑现服务承诺、演练服务技巧和促进服务个性化等作用。服务互动营销的内容包括一线服务人员、服务角色化和顾客参与。

关键词解析

服务个性化：顾客化（Customization），是指服务机构为满足个别顾客（或顾客群）的需要提供的特殊服务。

被动性个性化服务：指由顾客提出的个性化服务。

灵活服务：为了尽可能地满足顾客的非常规需要提供非常规或突破常规的服务。

机敏服务：在服务过程中及时发现和解决顾客遇到的意外问题。

细微服务：指在细微处满足顾客需要的服务。

服务自助化：指服务生产者向顾客提供某些服务设施、工具或用品，让部分服务由顾客自行完成。

互动营销（Interactive Marketing）：即实时营销（Real-time Marketing），是指在服务人员与顾客之间实际的相互接触中的关系营销，即服务实时操作中的关系营销，或者说，是关系营销的实际操作。

服务角色化：指服务企业让一线人员在服务过程即与顾客的交际中忘我地进入角色，将服务过程变成演剧过程，将服务中的互动关系变成角色关系，也可称角色服务。

顾客组合（Customer Mix）：指多个同时参与某项服务的不同顾客（或市场细分）之间的成分（结构）关系。

顾客组合管理：对顾客成分关系的引导、组织和协调，也可称顾客间协调性管理（Compatibility Management）。

前沿话题

宝马 BMW 7 系全线产品开启个性化定制服务

（来源：凤凰汽车　时间：2017 年 4 月 14 日）

宝马首次在中国市场推出个性化定制(BMW Individual)服务，以满足客户日益增长的高端化、个性化的消费需求。自 2017 年 4 月 14 日起，BMW 7 系全线产品均可选择该定制服务。客户可以通过选择“BMW 个性化定制系列”或“BMW 完全定制”服务，订购一辆专属的 BMW 7 系。

随着中国汽车市场的成熟和消费理念的升级，客户对豪华汽车的价值诉求也在改变，从传统的商务用途，逐渐过渡到对个性和品位的独特表达、对生活方式的不同理解，以及对创新科技的深度体验。宝马敏锐地捕捉到了这种趋势，并将继续通过创新的产品和服务，致敬钟爱 BMW 品牌的中国客户。

案例讨论 Case Discussing

中国商业银行的自助服务

随着我国经济的飞速发展，银行自助设备在管理和技术方面逐渐成熟，成为银行提供金融服务的重要方式。

由于银行自助设备布放量的不断增加，其日常运营管理成为各家银行关注的问题之一。工商银行已形成了较为完善的涵盖 ATM 使用生命周期的技术管理体系，建立静态设备台账管理系统与动态运行监控系统的关系；光大银行先后上线自助设备跨平台软件和实体渠道管理系统。在系统的支持下，实现了自助设备集中管理，变设备故障时处理为事前监控，提高了设备故障处理效率。

随着业务需求的不断变化，自助设备系统建设也需要不断提升，加强技术创新。在上海世博会期间，交通银行在 ATM、CRS 上推出 8 种外语界面，方便国内外持卡人用卡；兴业银行在 2010 年着手启动 ATM 系统的升级建设，在技术上实现创新，如将 UI 展现技术应用于 Web 页面展现、静态语音播放、动态视频播放、TTS 实时语音合成、数字键盘汉字输入、触摸屏汉字识别等方面。

近年来，自助设备犯罪案件层出不穷，ATM 的安全问题不容忽视。工商银行在设备测评采购阶段，通过多种措施确保供应商产品达到安全设计的要求，并通过统一系统及应用平台软件、安装统一的防病毒程序等措施，在系统、网络及应用层面不断提升 ATM 安全应用水平；光大银行从系统运行和用户使用两个方面加强自助设备的安全性。

自助设备已快速深入到广大公众的生活和工作中。因此，提升客户体验一直以来也是各家银行关注的重点。工商银行自助设备系统根据对客户基本信息、产品信息等的判断，弹出针对性的欢迎、祝福或营销等提示页信息，为客户提供更加亲切体贴的金融服务；交通银行则简化操作步骤，让更多的持卡人（特别是老年人）习惯使用自助设备办理金融业务；光大银行在自助设备上开发了第三方存管、ATM 缴费、母亲水窖捐款等一系列功能。

问题讨论：

1．中国商业银行为什么如此重视自助服务及设备管理？

2．请从营销的角度谈谈中国商业银行如何改进其自助服务设备的管理。

第10章

服务调节

本章学习导航

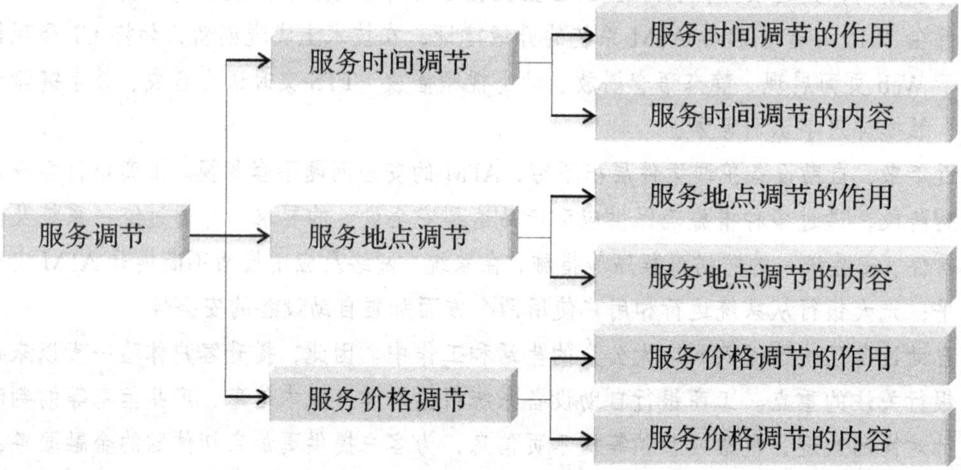

本章学习目标

- 懂得和掌握服务时间调节的作用和内容；
- 掌握服务地点调节的作用和内容；
- 掌握服务定价的作用和内容；
- 了解服务调节与减小服务质量差距之间的关系；
- 能够应用本章知识进行现象和案例分析。

服务质量差距 3 的一个主要表现是：由于服务供给与需求之间的不平衡而造成顾客的有效需求得不到满足和由此对服务失望。服务商可以通过对服务时间、地点和价格的调节来实现服务供给与需求的平衡，使顾客的有效需求得以满足，使他们感知的服务与他们期望的服务达到一致。本章介绍服务时间调节、服务地点调节和服务价格调节。

10.1　服务时间调节

服务商通过服务时间的调节来满足服务需求和平衡服务供求的矛盾。例如，服务商为了满足顾客需要增加服务时间，或者采取灵活的服务时间，或者提供预约服务等，都是时间可调化营销。对一些需求明显随时间波动的服务业来说，时间调节的意义更加重要。许多服务业周末和周日的需求达到高峰，而其余时间相对平稳，这些服务业可以通过对营业（供给）时间的调节来适应市场需求的波动。

上海有一家叫时装商厦的商店，实行弹性营业，盛夏季节正午才开门，而晚上营业到 11 点或更晚，这样比较适合夏季客流的日波动规律。

10.1.1　服务时间调节的作用

1．接近目标市场

服务商调节服务时间有利于接近目标市场。服务是一种活动，而一切活动都是时间的函数。服务市场从某种意义上讲是时间的市场，与时间因素关系很大。服务商调节服务时间，可以接近时间意义上的目标市场和满足其需求。上述时装商厦在夏季延长夜市服务时间，就有利于在时间上更接近夏季商业客流的高峰或目标市场。

2．捕捉和利用营销机会

营销机会存在于消费者的时间之中，服务时间的调节有助于从消费者的时间里捕捉和利用营销机会。例如，在上海的旅游产品（包括黄浦江游览）中，曾经缺少夜间的游览项目。各地旅游团队没有较有特色的夜间游览活动，而游客想要领略上海不夜城的风貌，也只能自己去寻找方向。上海浦江游览公司从中看到了商机，在同上海一些知名度较高的旅行社共同商讨后推出了浦江夜游的旅游产品，受到中外游客的欢迎。浦江游览公司从游客的时间结构中看到了时间机会，并用增加黄浦江夜游的举措利用了这种时间机会。

3．促进服务创新

服务时间调节本身就是一种服务创新，是改进型服务创新。上述时装商厦的延长夜市时间就是对惯常营业时间的一种改进。另外，服务时间的调节也会带动其他服务创新。如上述时装商厦在延长夜市的同时也对商铺业主的选择和陈列方式进行改进和创新。

4．促进服务个性化

服务商灵活地调节服务时间，可以更好地适应不同顾客的个性化需要，增强个性化营销的吸引力。例如，南京必胜客虽然是快餐店，但其服务时间并无限制，你可以在那里“泡”上半天，也没有服务员撵你走，从不“清场”，让人体验到一种真正休闲的感觉。必胜客服务时间的安排对个性化顾客很有吸引力。

5. 促进服务特色

服务时间的调节（安排）本身就可以形成一种服务特色，即时间特色。例如，北京居德林餐馆的服务特色就是按游客的要求安排营业时间，这是一种服务的时间特色。

10.1.2 服务时间调节的内容

服务时间调节包括调整服务时间、建立预订系统、告示高峰时间、采用灵活的用工制度、全天候服务和假日营销等内容（见图 10-1）。

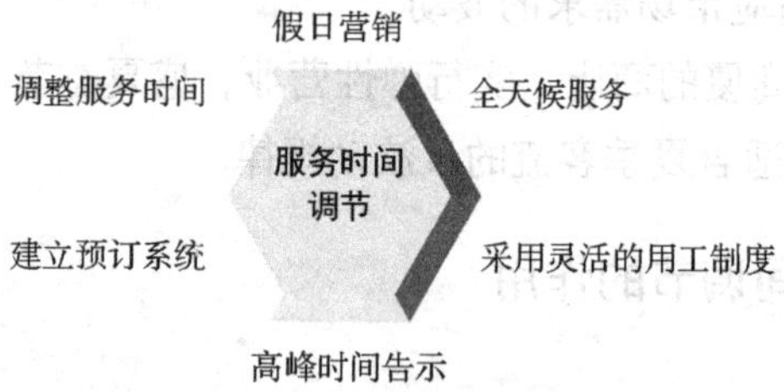

图 10-1 服务时间调节的内容

1. 调整服务时间

调整服务时间包括在服务需求的高峰期增加服务或延长服务时间或调整服务时点。例如，有的大学或有的专业的研究生报考需求量较大，师资相对不足，因此采取让部分研究生“推迟上学，保留学籍”的措施，以缓解供求矛盾。此举是一种服务时点的调整，目的是缓解某个入学时点某些专业研究生教学的供求矛盾。

2. 建立预订系统

服务商可以建立预订或预约系统，有计划地安排服务需求和供给的时间，达到二者在时间上的平衡。例如，航空、旅游、餐馆饭店、旅馆、医院、美容等服务行业都广泛采用了预订系统。预订系统的运行要有良好的电话系统或网络系统的支持。网络营销往往都有预订系统，如法国巴黎“吃在网上”的站点就可以让人们在网上对餐馆和就餐档次进行预订。

3. 告示高峰时间

向顾客告示服务需求高峰时间，可以让顾客避开高峰而选择非高峰期的服务。例如，在城市中有的路段、隧道和桥梁在交通高峰时间会出现严重堵车。城市交通管理（服务）机构可以向市民告示堵车的路段、隧道和桥梁及堵车的时间，并以此引导部分出行的市民避开堵车的时间或堵车的路段、隧道和桥梁。

4. 采用灵活的用工制度

服务商要灵活调节时间以适应市场需要，一个重要的问题是采用灵活的用工制度，即不仅要聘用合同工，也要聘用季节工、临时工、半日制工和钟点工等。灵活的用工制度可以支持灵活的时间调节。例如，哈尔滨一些银行实行银行柜员钟点工制，这样可以灵活地适应银行服务需求的波动性。

5. 全天候服务

随着现代人生活的丰富多彩，“不夜城”越来越多，全天候服务是不少消费性服务业（如餐饮、娱乐、网络服务、零售商业、出租汽车、银行、医院等）发展的一个趋势。

在北京，永和豆浆快餐店敢于和麦当劳和肯德基竞争，其竞争优势之一就是全天候服务。北京城市夜间消费潜力很大，实行全天候 24 小时营业有很好的市场空间。

6. 假日营销

消费性生活服务业，如零售、交通、旅游、餐饮、娱乐、文化、体育服务等开展假日营销，即加大节假日的供给和加强节假日的营销，也是一种服务时间调节的策略。服务业的假日营销是所谓“假日经济”的主体部分。中国自实行 5 天工作制和规定国庆节和春节长假以来，出现了“假日经济”现象，即节假日的商品和服务销售与非节假日相比，呈明显甚至成倍增长的趋势。

假日消费已成为深圳餐饮市场的一大亮点。特别是国庆节放长假期间，深圳餐饮企业普遍取得经营佳绩。许多餐饮企业的餐桌换台达 10 次以上，出现了排队等待就餐等情形。据调查，深圳节假日餐饮消费较平日高出 1 倍左右。餐饮企业借助国庆、元旦等有利时机，开展了丰富多彩的促销活动，有力地拉动了市场需求，企业营业额普遍大幅上升，假日餐饮已经成为深圳餐饮业新的经济增长点。

10.2　服务地点调节

服务商通过服务地点的调节来满足服务需求和平衡服务供求的矛盾，如上门服务、流动服务、多地点（增加地点）服务和跨地区经营（地点转移）等都是服务地点的调节。服务地点是一个空间问题，而空间与时间是可以互相替换的，因此，服务地点的调节可以看作服务时间调节的一种替代。当服务时间的调节不足以达到服务营销的目的时，可以采取服务地点的调节来补足。

10.2.1　服务地点调节的作用

1. 接近目标市场

服务商通过服务地点的调节可以在空间上或地理上接近目标市场。例如，上海经济发达，居民的收入水平比较高，上海距离杭州较近，大多数上海人都去过杭州旅游，对杭州菜并不陌生。因此，上海是许多杭州餐饮企业所关注的一个重要的地理细分目标市场，而在上海设立网点是进入这个目标市场的基本手段。事实上，餐饮业作为一种服务业，它的生产地点和消费地点是很难分开的，餐饮业通常需要通过生产地点的调节和移动来接近目标市场。20 世纪 90 年代末以来，杭州菜在上海餐饮市场的成功是杭州餐饮业服务地点调节的成功。

2．捕捉和利用营销机会

营销机会存在于消费者生活的地方，服务地点的调节和移动有助于捕捉和利用异地的营销机会。例如，菲律宾的保姆业主要靠服务地点的国际转移而获取营销机会和取得成功的。由于服务地点的国际转移给服务商带来巨大的营销机会，全球服务贸易的增长很快，其速度已超过商品贸易。

3．促进服务创新

在服务地点的调节下，原有服务进入新的地点，往往要做一些改进和创新，以便适应新的市场环境。例如，许多南方餐饮企业，像“顺峰”、“九头鸟”、“小蓝鲸”、“谭鱼头”等，进入北京市场后都在菜品和服务上有创新，为的是适应北京餐饮市场的新环境。连麦当劳这样非常成熟的服务进入中国市场后也不得不做一点改进型创新，如用新的鸡肉汉堡包部分地替代原有的牛肉汉堡包，因为中国人更爱食用鸡肉。

4．促进个性化服务

服务商在不同的地点提供服务需面对不同个性的顾客或顾客群。因此，服务地点的调节和移动也促进了服务的个性化服务。例如，连锁超市开在不同档次住宅区的连锁门店的服务会有个性化的差异。又如，家用电器维修公司派人上门服务，是一种服务地点的移动，而这样的服务通常是个性化的。

5．促进特色营销

服务特色往往在异地更能凸显，四川火锅就是一个例证。因为服务地点的移动，势必遇到环境的变化，这就促使服务商考虑“变中不变”的东西，即自己的特色。例如，杭州菜进入上海比在杭州时更能重视自己的特色，因为“杭州菜”在杭州有一定的垄断优势，而在上海还没有这种垄断优势和需要创立垄断优势，而垄断优势最重要的因素就是别人难以替代的服务特色。

10.2.2　服务地点调节的内容

服务地点调节的内容包括地点调节的类型、网点拓展战略、网点选址、网点拓展模式、网点的当地化和网点管理（见图 10-2）。

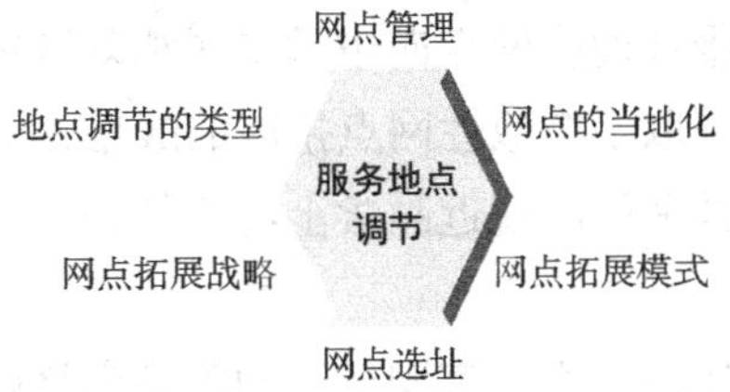

图 10-2　服务地点调节的内容

1．地点调节的类型

（1）上门服务

上门服务是把服务地点转移到顾客居住地。许多服务业都有上门服务，如邮政、速递、直销商店、物业管理、家电维修、社区医院、家政、保姆、家教、保险、律师、出租车等。

例如，上海一家提供厨师上门烹调服务的专业公司在春节期间上门烹调家宴 2 000 多桌，除夕夜的年夜饭就制作了 600 多桌。又如，兰州一家大厦率先在兰州市推出上门做菜服务，其口号是“上门做菜，服务到家”。兰州许多顾客来电询问菜肴的价格及风味特色，有的客人找到大厦餐饮部实地考察，这使该商家了解到，确实有不少家庭需要上门做菜这项服务，于是决定将该项目继续下去。

（2）流动服务

流动服务或流动外卖也是服务地点的一种调节。例如，传统的小吃多数是流动外卖式，现代化的快餐在拓展固定网点的同时也不放弃流动外卖。现代人的工作紧张，生活节奏快，对餐饮的便利性要求高，而流动外卖正好具有这种优势。意大利的比萨饼、美国的汉堡包都有强大的流动外卖业务。大城市一些卖场派定点班车接送顾客的营销举措实际上也是一种流动服务，因为服务地点实际上随着班车的流动而流动。这种地点可调化营销的效果很好，大大增加了卖场的客源和销售额，已经成为卖场的一项核心竞争力。

济宁市公共汽车公司为解决广大持卡乘客的充值和购新卡问题，新装备了一辆公交 IC 卡流动服务车，主动到中小学校、社区、车站、广场等人员密集的场所上门服务，市民可以在家门口办理公交 IC 卡充值、购新卡等服务，此项服务措施一经推出深受市民欢迎。

（3）多网点服务

服务商拓展或增加网点，形成多网点（地点）服务，这是地点调节的主要方式。大型服务商普遍采用多网点或多地点服务，以便形成和保持规模优势，以及利用网点所在地的市场机会。多网点服务已经被大型服务商用于跨地区经营和跨国经营。杭州楼外楼饭店努力实施“走出去”的跨地区经营战略，在上海开设分店后，又在北京、临安、石家庄开设了 3 家分店，形成了跨地区服务营销的格局。

2．网点拓展战略

（1）扩散性战略

服务网点拓展的扩散性战略是指地处中心城市的服务商将网点向卫星城市和乡镇拓展，或者城市的地处中心城区的服务商将网点向边远城区和郊区拓展。例如，上海长寿路商业街的白玉兰小笼馆比较早地采取了扩散性网点拓展的战略，该小笼馆将网点扩散到餐饮店较少的新村小区，使那里的居民可以就近品尝上海小笼包子，白玉兰的名气也随之大振。

（2）聚集性战略

服务网点拓展的聚集性战略是指多家同行业的服务商将网点向同一地点拓展，形成同行业网点聚集的格局。例如，上海城隍庙、上海云南路餐饮街、乍浦路餐饮街、天津食品城等都是餐饮业聚集性拓展的例子。中国城市的餐饮街、餐饮城、餐饮广场、餐饮中心等，都是许多餐饮企业网点聚集的产物，它们具有一种聚集优势，即多网点聚集在同一营业地点形成的整体市场吸引力大于各网点分散布局形成的市场吸引力的总和。

例如，在上海中心商业区的益民百货、太平洋、八佰伴、食品一店、东海南部和新世界等大商厦的顶层开办了一批美食广场。美食广场也称小吃广场、美食世界、美食城等，是一种多店聚集，以小吃为主和开设在大型零售商场内的餐饮业态，一经出现，就受到广大消费者的欢迎，取得良好的经济效益，并已成为上海餐饮市场一道颇为亮丽的风景线。

（3）竞争性战略

服务网点拓展的竞争性战略是指服务商将网点向竞争对手的网点所在地拓展。例如，麦当劳与肯德基的网点拓展就是最典型的竞争性拓展，这两家对手在美国或世界各地的网点拓展基本上是在同一地点（如同一街区）的对峙，也就是俗称的“抢滩”。服务业行业巨头的网点拓展常常采用竞争性拓展的方式，以保持巨头之间的均势。

（4）依托性战略

服务网点拓展的依托性战略是指不同的但关联的服务业向同一地点拓展网点，以便互相依托。例如，餐饮业网点的拓展常常依托其他服务业：餐饮业网点常常与文化娱乐业网点设在一起，因为文化娱乐的消费时间长，一般都需要餐饮服务，设在一起可以相互依托。电影院、戏院、书店、歌舞厅、游乐场、体育场馆、博物馆、图书馆等文化网点都是餐饮企业拓展网点的地方。餐饮业也常常依托旅游业拓展餐饮网点。旅游的一个主要环节就是“吃”，向旅游景点渗透是餐饮业网点拓展的一个好选择。旅游业现在越来越讲文化促销，宗教、历史、风土等文化因素往往都离不开餐饮或餐饮文化，如上海玉佛寺、龙华寺观光离不开素斋。餐饮业还依托商业、交通等，城市商店多的地方或交通枢纽地点常常设有餐饮小吃网点。

3. 网点选址

服务商的网点选址就是在网点拓展战略的指导下实际地选定网点的地点。网点的选址主要应考虑商圈、客流、竞争对手和自己的实力等因素。例如，江苏常州大娘水饺的选址原则是“五不做”：不是大型商圈的中心位置不做；没有充足的客流不做；相对封闭的二层楼层以上不做；户外无独立醒目的广告位不做；得不到房东与当地主管部门支持不做。大娘水饺在选址前，要派专业人员进行商圈考察、人流测定与远景预测等，并且坚持“晴天看了雨天看，白天看了晚上看，工作日看了双休日看”。这种科学的选址使大娘水饺开店的成功率大大提高，做到开一家，火一家。

4. 网点拓展模式

（1）分店

分店的优点是可以有较大的经营规模，增强对当地市场的控制力；缺点是投资大，一旦失败损失大，而且需派出经营管理人才和技术人才，这对人才紧缺的服务商而言是个难题。

（2）连锁店

连锁店的主要优点有：一是可以集中、大批量地采购服务生产原料，原料成本较低；二是集中管理、集中营销，有统一的广告促销，声势比较大。缺点是统一的营销方式难以适应不同地区的不同需要，而且追求集中、统一会影响各网点的积极性和创造性。在中国服务业网点拓展的经济模式中，连锁店模式（包括直营连锁和特许连锁）是用得最多的。

（3）特许经营店

特许经营店就是允许其他店使用特许店的店名，特许店负责特许经营店主要服务的培训和营销指导。特许经营店的优点是可以最快地发展网点，而且所需投资最少；缺点是店名的特许权较难定价，而且每年特许店返回的使用费一般只占营业额的5%左右，这种收益比自己开分店要小得多。

（4）租赁店

租赁店就是在其他服务店租赁一块场地开设网点，其优点是可以利用出租店的地段优势、商誉等，缺点是本店的想法和做法有时与出租店相冲突，而且出租店只管收取租金而忽视对租赁店的服务。

5. 网点的当地化

服务网点的跨地区经营或跨国经营有一个当地化问题，即在营销中怎样适应当地环境的问题。例如，中国深圳大明火锅进入日本市场后，十分重视日本当地的风俗民情，将一道名叫“六月雪”的中国菜改造成富士山的造型，并改名为“富士积雪”，很受日本人的欢迎，并列入大明火锅日本店的保留菜单。这就是大明火锅网点的当地化策略。

6. 网点管理

服务商对网点的管理非常重要。麦当劳、肯德基网点拓展之所以屡屡成功，一个主要因素就是：网点尽管多而且不少地处他国，但并不失控。如果随着网点拓展，网点管理的能力跟不上，以致网点服务质量失控，那么，网点拓展的意义就值得怀疑了。

相关链接

华夏银行"上门服务"获盛赞

（来源：金融时报　作者：孟扬　时间：2014年7月9日）

为了给老弱病残等特殊人群提供更好的金融服务，华夏银行以"风险可控，人性服务"的原则，推出了上门服务等柜台延伸服务。例如，特殊人群尚未丧失行为意识能力，可指派代理人办理，以提供更及时的服务。

10.3　服务价格调节

服务商通过服务价格的调节影响顾客的需求和由此平衡服务供求的矛盾。这里所说价格的调节是广义的，不仅指定价的升降，也指定价方式的调整，如目标市场定价、组合定价、顾客定价等。

10.3.1　服务价格调节的作用

1．影响需求

在服务供给不变的条件下，需求与价格呈负相关。降价刺激需求，而提价抑制需求。当服务供大于求时，可以用降价的手段扩大需求，以达到供需平衡；当服务供不应求时，可以用提价的手段抑制需求，以保持供需平衡。例如，在旅游淡季，与旅游有关的旅馆业、航空业、旅游景点等普遍降价，以刺激旅游。在旅游淡季，只要收回边际成本，价格再低也是合理的。事实上，旅馆业、航空业的边际成本的比重并不高，这些服务业的成本结构中比重高的主要是固定资产折旧。在旅游淡季，如果没有旅客，就无法冲抵固定资产折旧；如果用降低价格的手段吸引一部分旅客，尽管可能仍然亏损，但多少还能冲抵一部分固定资产折旧。

2．提示服务质量

价格是服务的一种有形提示。服务价格的高低可以反映服务质量的高低或服务价值的高低。因此，服务商可以用提高价格的手段向顾客提示服务质量的提高，以此吸引顾客。

3．提示服务品牌的价值

服务价格与服务品牌的价值是正相关的。服务价格的高低可以反映服务品牌知名度、赞誉度的高低。因此，服务商可以用提高价格的手段向顾客暗示服务品牌知名度和赞誉度的扩大来吸引顾客，而服务品牌的知名度和赞誉度对服务消费者的购买影响比较大。

4．接近目标市场

不同的顾客群对价格有不同的承受力。例如，可支配收入高的顾客群能承受高价位的服务，而可支配收入低的顾客群则正好相反。因此，服务商可以通过调价使价位接近目标顾客群的承受力，这样有利于接近目标顾客群。

5．提示市场定位

价格是市场定位的一个维度（变量）。价格定位可以提示市场定位。例如，麦当劳的价格与肯德基接近，这意味着它们的市场定位也可能接近，事实也确实如此。因此，服务商可以通过调节价格来提示自己与对手之间的异同。

6．关系营销

价格优惠是财务性关系营销的主要内容。因此，服务商可以通过价格调节（优惠）来改善与顾客的关系。一些公共性服务业或自然垄断的服务业采用顾客听证会的办法来调价，也有利于关系营销，主要是社交性关系营销。

10.3.2　服务价格调节的内容

服务价格的调节内容包括调价策略、需求−价格弹性和成本控制（见图 10-3）。

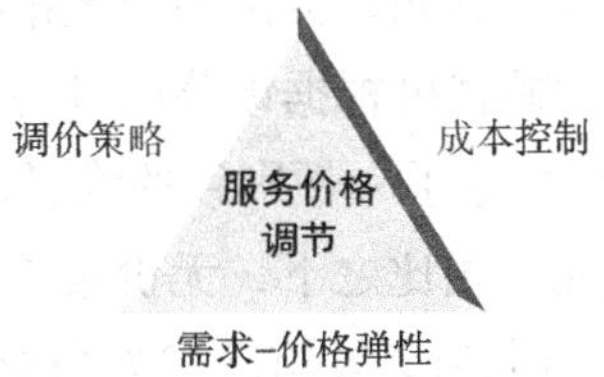

图 10-3　服务价格调节的内容

1．调价策略

（1）目标市场定价

目标市场定价就是通过调价使价位接近目标顾客的承受力。例如，郑州黄鹤楼大酒店的地理位置偏僻，开业时间短，但天天食客盈门，主要得益于它准确的目标市场价格策略。黄鹤楼大酒店的服务理念是“老百姓的厨房、生意人的食堂”。它的目标市场是普通老百姓和吃食堂的生意人，按此目标市场，黄鹤楼大酒店将价格调至低于高档酒店而接近大众化餐饮店。这种调价策略给黄鹤楼大酒店带来优势有：相对于高档酒店，黄鹤楼大酒店有明显的价格优势；相对于同样价位的街头小店，黄鹤楼大酒店又有环境和服务优势。

（2）市场定位定价

服务商可以通过调价来进行市场定位，以便与竞争对手区别开来，树立市场差异化优势，增强市场吸引力。例如，北京中华风味快餐店，把快餐价格定位在盒饭和洋快餐之间，这是有市场竞争力的。洋快餐的原料成本只占售价的 20%～25%，之所以价格这样高，是由于高昂的店租、大量广告支出及高额利润造成的。中华风味快餐店以物美价廉的食品吸引顾客，而餐饮业中口碑是最有效的广告宣传，加上前期的广告投入，因而不用挑选最好的铺面一样顾客盈门，节省了大量店租，价格低廉也能盈利。这里，中华风味的调价是一种市场定位调价，即介于快餐与盒饭之间的市场定位用相应的价格体现出来。

（3）多价格

多价格也称组合定价，就是对同一类服务按质量或档次的高低制定两种或两种以上的价格。例如，广州泮溪酒家对结婚宴席进行重新配套，推出 6 种不同档次的婚宴，价格为 698 ~ 1 680 元，有高有低，以适应不同顾客的需要。多价格可以产生一定的心理效应。同一类服务如果只有一个价格，没有比较，顾客会嫌定价高。如果推出两个价格，那么，大部分顾客会接受较低的价格。而如果较低价格的服务的成本比较高价格的低得多，那么，两个价格的策略有可能使服务商获得更多的盈利。如果推出 3 个价格，大部分顾客受虚荣心的驱使，可能会接受中间的价格。如果中间价格的服务是服务商单位获利最大的产品，那么，3 个价格的方法就是成功的。服务商可以利用以上心理效应，用多价格的方法引导顾客购买，以实现获利最大化。

（4）顾客定价

服务业传统的定价都是卖者的定价，如果反过来变为买者的定价，有可能产生奇特的营销作用。顾客定价就是买者定价。例如，美国匹兹堡市有一家朱利奥家庭餐馆，在营销上出了个新招：让顾客自己定价。顾客可根据饭菜质量的好坏付款，不论多少，老板均无异议。顾客克雷斯夫人和女儿在这里吃了一顿别致的晚餐，自愿付了 15 美元，而在别的餐馆，同样一顿的晚餐只需 5.7 美元。相比之下，无价菜单比有价菜单获利更高。出于对自愿定价法的好奇，只有 34 个座位的朱利奥餐馆已成为当地的一个热门场所，每个月的营业收入以 25%的幅度递增。

（5）差别化定价

经济学上将差别化定价称为价格歧视，就是对不同顾客或不同时段、不同地点的顾客收取不同的服务费用。许多服务企业对一部分顾客发放优惠券，实质上就是一种差别化定价。获得优惠券的顾客也需要付出一定的代价，如增加服务消费次数、收集优惠券发放信息、预付服务定金等。因此，没有获得优惠券的顾客虽然支付的服务价格较高，但也节省了为获得优惠券而花费的代价。又如，国外许多服务业个性化服务的差价是所谓小费。个性化的顾客愿意支付小费，是因为他们的个性化需要得到一定的满足。小费可以归服务员所得，也可以由服务商与服务人员分成。在小费归服务人员所有的体制下，服务商仍然可以间接地获利：服务商可以适当地调低服务人员的工资而减少工资成本；小费可以激励服务人员不断地改善服务和增强服务技巧，更多地满足顾客个性化的需要，从而为服务商带来更多的顾客。

2. 需求-价格弹性

通过调节价格可以影响需求，即需求对价格变化的反应可能不同，这叫需求对价格的弹性。需求弹性大，对价格调节比较敏感，价格调节的效果比较明显；需求弹性小，对价格调节不敏感，价格调节的效果不明显。需求弹性的大小取决于服务的性质、市场和价位。服务商在调节价格时应注意服务的需求-价格弹性，以便增强价格调节的效果。

（1）不同服务的需求弹性不同

以餐饮服务为例，商务餐、工作餐、学生用餐这类生产性的餐饮服务的需求弹性较小，对价格并不敏感。因为这类服务是工作需要，顾客不会很计较价格的变化。结婚筵席、生日筵席这类需要在餐馆、饭店操办才有气氛的餐饮服务，需求弹性也比较小，顾客对价格变化也不会很计较。另外，有特色的餐饮服务、旅游餐饮、垄断性的餐饮服务（如航空机场内的餐厅），需求弹性也比较小。

（2）不同市场的需求弹性不同

例如，早茶服务的需求弹性在广东比较小，而在北方市场比较大，因为广东人历来有吃早茶的习惯，而北方城市的早茶历史还很短。又如，肯德基的需求弹性在青年人市场比较小，在中老年人市场就比较大，因为青年人大多数对肯德基有偏好，不大在乎肯德基价格的变化，而中老年人大多数没有这个偏好。

（3）不同价位的需求弹性不同

一般来说，高价位时需求弹性比较大，低价位时需求弹性比较小。比如，每年“五一”旅游旺季时旅游价位很高，在旺季结尾时，有的旅行社打折促销的效果比较好，所以不少人宁可赶在旺季结尾时出游。而到了 6 月、7 月旅游淡季，旅游价位很低，这时打同样的折扣进行促销，也较难吸引旅游客。因此，不少旅行社只好打较大的折扣进行促销。

3．成本控制

服务价格调节或服务定价的一个要素是成本控制，因为成本是价格的基础，只有将成本控制在较低的区间，才能创造较大的调价空间。服务商的成本控制包括培养员工成本控制意识、控制服务生产原料的采购、控制服务生产能源和原料的消耗和建立成本控制信息系统等措施。

相关链接

医疗服务价格应动态调整

（来源：大连日报　作者：张丽霞　时间：2016 年 1 月 16 日）

医疗改革推进过程中，医疗服务价格的调节事关百姓切身利益。大连市中心医院院长王凡对此提出自己的建议：由于 2017 年将全面推行城市公立医院综合改革，物价部门应精心谋划，早做准备，制订具体方案，以降低医院因改革带来的损失，为医院正常运行、发展打下基础。

前沿话题

“点动式”服务

（来源：燕都晨报　作者：张家菡　时间：2015 年 7 月 23 日）

北塔街道鑫业社区党总支结合社区实际，创新开展“点动式”服务，实现社区服务无缝隙。该社区以社区无职、在职、先进、两代表一委员等党员为点，组织他们积极行动起来，发挥作用，辐射带动居民、楼院、小区、网格开展服务活动，使点成片、片成面、面成网，在社区内形成多点开花的服务格局，全方位打造新常态下服务型党组织建设。通过一系列党员“点动式”服务活动，增强了党员和居民对社区的责任和归属感，起到凝聚力量，便于管理的效果。

本章小结

服务商通过服务时间的调节来满足服务需求和平衡服务供求的矛盾。服务时间的调节在服务营销中的作用主要是接近目标市场、捕捉和利用营销机会、促进服务创新、促进服务个性化和促进特色。服务时间可调化营销包括调整服务时间、建立预订系统、高峰时间告示、采用灵活的用工制度、全天候服务和假日营销等内容。

服务商又通过服务地点的调节来满足服务需求和平衡服务供求的矛盾。服务地点的调节在服务营销中的作用主要是接近目标市场、捕捉和利用营销机会、促进服务创新、促进个性化服务和促进特色营销等。服务地点可调化营销包括地点调节的类型、网点拓展战略、网点选址、网点拓展模式、网点当地化和网点管理等内容。

服务商还通过服务价格的调节影响顾客的需求和由此平衡服务供求的矛盾。价格调节在服务营销中的作用主要是影响需求、提示服务质量、提示服务品牌的价值、接近目标市场、提示市场定位和关系营销等。服务价格调节包括调价策略、需求–价格弹性和成本控制等内容。

关键词解析

服务时间调节：服务商通过服务时间的调节来满足服务需求和平衡服务供求的矛盾。

营销机会：市场上尚待满足的需要、欲望和需求。

用工制度：国家关于企业使用劳动力的各项政策规定，即使用工人的各项制度。

假日营销：注重研究节假日消费心理、消费方式、消费趋势，将假日意识贯穿于整个营销过程的各个环节，以满足消费者节假日需求。

服务地点调节：服务商通过服务地点的调节来满足服务需求和平衡服务供求的矛盾

（注：当服务时间的调节不足以达到服务营销的目的时，可以采取服务地点的调节来补足）。

上门服务： 把服务地点转移到顾客居住地。

流动服务： 服务地点不固定，服务人员在各个服务地之间流动。

多网点服务： 服务商拓展或增加网点，形成多网点（地点）服务。

网点拓展的"扩散性战略"： 地处中心城市的服务商将网点向卫星城市和乡镇拓展，或者城市的地处中心城区的服务商将网点向边远城区和郊区拓展。

网点拓展的"聚集性战略"： 多家同行业的服务商将网点向同一地点拓展，形成同行业网点聚集的格局。

网点拓展的"竞争性战略"： 服务商将网点向竞争对手的网点所在地拓展。

网点拓展的"依托性战略"： 不同的但关联的服务业向同一地点拓展网点，以便相互依托。

网点选址： 在网点拓展战略的指导下实际地选定网点的地点。

需求–价格弹性： 通过调节价格可以影响需求，即需求对价格变化的反应可能不同。

案例讨论 Case Discussing

肯德基的服务网点选址

肯德基对网点选址是非常重视的，选址决策一般是两级审批制，一级是地方分公司，一级是公司总部，肯德基网点的选址按以下两步进行。

（1）商圈的划分与选择

肯德基计划进入某城市，会先收集该地区的资料。待资料收齐后开始分析和评价商圈。商圈评价的方法是打分法。通过打分把商圈分成市级商圈、区级商圈、社区商圈、旅游商圈等。肯德基选择商圈时，考虑商圈自身的市场定位，也考虑商圈的稳定度和成熟度，还考虑肯德基自己的目标顾客群。

（2）人流及路线的测算

选定商圈后，还要根据商圈内人流及路线选择网点的位置。在这个商圈内，肯德基都派人去测算人流路线，有一套完整的数据之后才会确定地址，并且还会考虑客流是否有可能被竞争对手拦截及在所选地址投资的上限等。

麦当劳的优惠券：一种差别化服务定价

发放优惠券是麦当劳一直使用的服务营销模式。发放优惠券的真正目的是让没有优惠券的顾客支付更高的价格，这就是差价营销，在经济学中叫"价格歧视"。麦当劳知道，并不是所有顾客都会使用优惠券，而使用优惠券的消费者必须支付以下成本：一是收集成本，二是选择权的丧失。先看收集成本。优惠券虽是免费发放，但其收集过程却需耗费一定成本，如要订阅或购买夹带优惠券的当期报纸等。这些行为均耗费一定的时间和精力。不同阶层的时间成本也不尽相同。高收入阶层不可能花时间收集优惠券并随时带在身上。再看选择权的丧失，持券购买的消费者在享受价格折扣的同时只能消费固定产品组合，不能任意选择。收入高对价格优惠不敏感的消费者不会委屈自己的口味偏好而使用优惠券。麦当劳通过优惠券把具有不同支付意愿的消费者甄别开来，从而对不同的消费者收取不同的价格。

问题讨论：

1. 上述案例分别反映了服务调节中的哪种方式调节？并根据案例简要说明此类方式调节的作用。

2. 肯德基选址时为什么要测算人流及路线？

3. 麦当劳优惠券与直接的服务降价相比有什么不同？为什么？

第 11 章

服务效率

本章学习导航

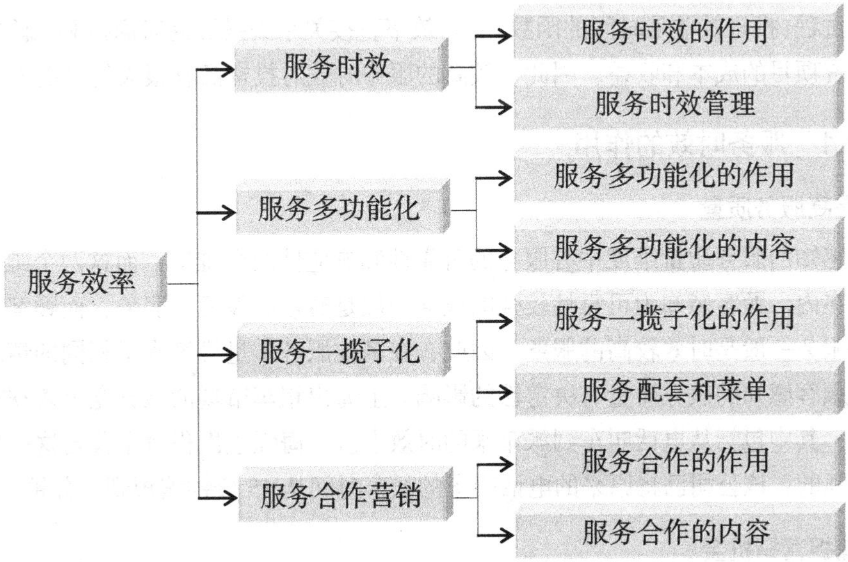

本章学习目标

- 掌握服务时效的作用和管理；
- 掌握服务多功能化的作用和管理；
- 掌握服务一揽子化的作用和管理；
- 了解服务效率与减小服务质量差距之间的关系；
- 能够应用本章知识进行现象和案例分析。

服务商除了通过调节服务，还可以通过提高服务供给的效率来实现服务供给与需求的平衡，并由此克服服务质量差距 3 和满足顾客的期望。与提高服务效率有关的服务营销包括提供时效服务、多功能服务和一揽子服务，以及开展服务合作营销。其中，提供时效服务就是提高服务的时间效率，提供多功能服务和一揽子服务就是提高服务的空间效率和实现服务的集约化，而服务合作营销是与合作者分享时间和空间资源，也是一种服务的集约化。本章介绍服务时效、服务多功能化、服务一揽子化和服务合作营销。

11.1 服务时效

服务是易逝的、不可储存的，是随着时间而流逝的。服务的这种易逝性使得服务业珍惜时间和提高服务的时效。服务时效成为服务市场竞争的一个要素。餐饮业的快餐、邮政业的特快专递、铁路的提速、航运业的快速客轮、高速公路、城市公交的轨道化、医院的急诊、消防、摄影业的快照、洗涤业的快洗等，都是服务时效竞争的例子。不仅客运服务市场存在时效竞争，其他许多服务业市场也存在时效竞争。例如，宁波开发区提出“效益就是生命，时间就是金钱”，把“只争朝夕”的精神和“兵贵神速”的原则渗透到招商引资工作的全过程。投资效益是时间的函数，时间效率直接关系到投资商对商机和风险的把握，关系到投资项目的成本和收益。因此，较高的服务时效对投资商有很大的吸引力。

11.1.1 服务时效的作用

1. 提高服务质量

顾客感知的服务质量维度中有服务的可靠性和响应性两个维度，而这两个维度都包括时效因素在内。顾客感知为可靠性较强的服务一般是时效有保证的服务，而顾客感知为反应较快的服务一般是时效较高的服务。因此，在其他服务质量维度水平相同的情况下，服务时效对顾客感知的服务质量有决定性的影响。上海出租车市场的服务竞争表现在电话叫车的便捷，其中包括从电话叫车到派车来的时效上。上海强生出租汽车公司这一项时效竞争力是最强的：该公司已将原来的电话叫车的派车时间从 15 分钟缩短到 5 分钟。

2. 捕捉营销机会

服务营销机会出现的时间常常是短暂的，甚至稍纵即逝，只有在服务上有快速反应的能力，才能更多地捕捉营销机会。例如，万事达信用卡推出一种快速服务系统，它可以使办理信用卡的消费者在 ATM 前直接拿到新的信用卡，所谓“立等可取”。该系统一接到申请，就立即进行信用检查并在 30 ~ 40 分钟内完成整个批准过程。这种“立等可取”的信用卡申办服务，将使万事达信用卡更多地捕捉发展信用卡用户的机会，进一步增强万事达信用卡的市场竞争力。

3. 服务增值

对顾客来说，服务的价值是服务消费的效用扣除服务消费的成本，而许多服务消费的成本不仅是所支付的服务费用，还包括服务消费所需要的时间（成本）。提供时效服务能节约顾客进行服务消费所需要的时间（成本），从而相对地增加服务的价值。例如，旅游市场的散客，往往因为对交通不熟悉而浪费了不少宝贵的旅游时间。一些城市的散客旅游服务中心针对此种情况推出了多种“一日游”产品，用优化的“一日游”线路将散客组织起来，大大提高了他们的旅游效率，受到国内外旅游散客的欢迎。

4. 促进时间调节

实行服务时效化或具有快速服务能力的服务企业，一般具有调整服务时间的基础。例如，在餐饮业，快餐和小吃的营业时间和班次安排之所以比正餐灵活，一个重要原因就是快餐和小吃的服务时间较短、时效较高。

5. 兑现服务承诺

许多服务承诺都是时效承诺，而时效服务是兑现时效承诺的保证。例如，中国货运航空公司向国内外货主承诺“中转国际转国内、国内转国内、国际转国际货物分别在 12 小时、4 小时、3 小时内到达目的地”。为此，该公司推出快速、限时中转服务，以保证承诺的兑现。

11.1.2 服务时效管理

服务时效管理包括服务设备、服务技能、服务标准化、服务简化和时效承诺等内容（见图 11-1）。

图 11-1 服务时效管理的内容

1. 服务设备

改进服务设备和工具可以提高服务时效，尤其对那些设备和工具投资大的服务业来说更是如此。因为设备和工具的“服务”（生产）效率比人的服务效率高得多。例如，健身房提供的各种健身器械能大大提高健身的效率，医院购置的各种检验设备能有效地缩短诊断时间，而商场安装的自动扶梯也能提高购物的效率。

2．服务技能

对那些大量使用人工的服务业来说，改进服务技能可以有效地提高服务时效。服务技能越熟练，服务时效就越高。例如，在现金仍然作为主要支付手段的条件下，银行的现金出纳服务的效率很重要，关系到银行的营销竞争力，而出纳服务的效率与出纳员服务技能的熟练程度有关：1 分钟点钞 200 张的出纳员的效率比 1 分钟点钞 100 张的高 1 倍，顾客自然愿意购买 1 分钟点钞 200 张的出纳员的服务。

3．服务标准化

服务标准化是提高服务时效的一个要素。首先，时效标准是一项主要的服务标准，实行服务标准化的服务商必然会制定一系列时效标准，这有助于时效服务；其次，非时间因素的标准化也有利于提高时效，因为一项工作的标准一般是达到效率优化的（在平均水平之上），因此，各项工作都达到标准化，整个企业的效率必然是比较高的。例如，城市政府机构在公共服务导向的改革中普遍规定了服务的时效标准，如规定“对市民来信必须在 5 天内予以答复”，有了这样的时效标准，市民感知政府机构服务质量提升了。

4．服务简化

服务简化也是提高服务时效的一个要素。因为复杂的服务一般是费时的，如外科手术。要提高服务时效，就要适当简化服务。例如，采用内窥镜做胃切除手术，就比原来的开刀手术简化，因此时效也提高了。

5．时效承诺

服务时效的承诺也是服务时效管理的内容，因为服务时效管理本身就包括制定服务时效的标准和向消费者承诺服务时效标准的需要。有服务时效竞争力的服务商最好通过广告、宣传和展示等提出服务时效承诺，以便增强营销效果。

11.2　服务多功能化

服务多功能化是指服务商对同一个或同一细分群顾客提供多种功能不同但相互关联的服务，以便提高企业的服务效率和顾客消费的效率。顾客在一家服务商能得到多种功能不同的服务，可以节省跑多家服务商的时间和成本，顾客服务消费的效率得以提高。与此同时，提供多功能服务的服务商能增加顾客的逗留时间，在营业时间不延长的情况下，等于在相同营业时间里增加了服务客流，即等于提高了服务商总体的服务效率。

11.2.1　服务多功能化的作用

1．提高服务效率

服务多功能化能提高服务效率。因为多功能服务使顾客在同一家服务商那里获得多种功能不同的服务，节约了顾客跑不同服务商的时间和交易成本，提高了服务消费的效率并增强了服务商的营销吸引力。多功能服务还能减少服务等候所引起的时间浪费；减少服务消费"间隙"引起的时间浪费。例如，一种集银行、证券和保险于一体的"金融超市"能使客户在同一营业场所得到多种功能相关的金融服务。这种多功能金融服务能提高金融客户的时效。客户以前必须在 A 银行办理存款，找 B 证券商买卖股票，再向 C 保险公司投保寿险，费时费力且交易成本高。而在"金融超市"，从信用卡、外汇、保险，到共同基金、汽车贷款等，都可以在同一家办理，客户省时省力，交易成本也因此降低不少。

2. 促进服务创新

服务多功能化能促进服务创新。因为服务创新中多数是功能的延伸或拓展，增加新的服务功能可能意味着功能的延伸或拓展，即意味着服务创新。银行业的一些服务创新都是由服务多功能化的需要而引起的。例如，活期储蓄功能加上结算功能产生"个人支票"的创新（拓展型创新）；个人账户功能加上电子汇兑功能产生"个人电子汇兑"的创新（延伸型创新）；信用卡功能加上通存通兑再加上转账结算等功能产生"信用卡账户"的创新（拓展型创新）；银行（信用卡）功能加上网络功能产生"网上银行"的创新（延伸型创新）；等等。

3. 增加服务收益

服务多功能化能增加收益。首先，每增加一种新的服务功能都带来新的收益机会；其次，多功能服务能产生规模经济（Scope Economy）的效应，即由于多种互补的功能之间互相促进而使得服务的整体功能增强；最后，多功能服务的提供能增加顾客计划外的服务消费并由此也增加服务商的收益。

11.2.2 服务多功能化的内容

服务多功能化的内容主要包括功能延伸、功能拓展和场所的功能设计（见图 11-2）。

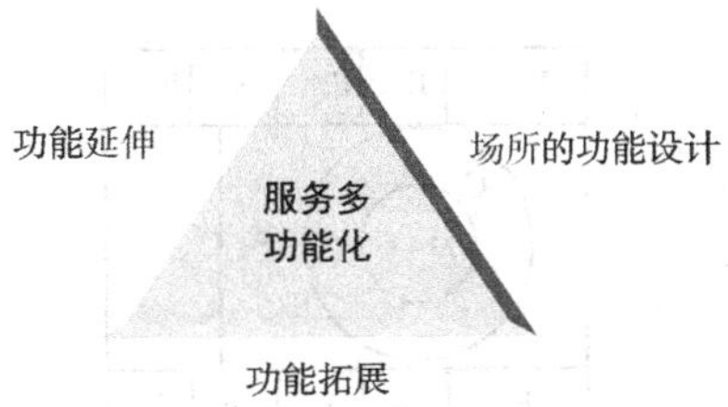

图 11-2 服务多功能化的内容

1. 功能延伸

功能延伸就是向不同的服务领域或类别延伸和由此增加服务功能。功能延伸比较适合综合性和多元化经营的服务商和机构。

南京富贵商厦从“百货商场”转变为服务多功能化的“社区购物休闲中心”，新增了许多社区服务功能，如桑拿、卡拉 OK、老年活动中心、阅览室、健身房、棋牌室等，此外还在商厦一楼四周开出快餐、洗衣、家电修理、鲜花等门店。富贵商厦原有的功能是“供应居民日常生活用品”，即商业服务功能，新增的功能中除“鲜花店”外，都是延伸型服务功能，延伸的领域包括沐浴（桑拿）、餐饮（快餐）、洗涤（洗衣）、维修（家电修理）、娱乐（卡拉 OK、棋牌室）、健身（健身房）、图书（阅览室）和民政（老年活动中心），让富贵商厦成了一家社区综合性的商业企业。因此，它的延伸型多功能服务营销战略是合理的。

2．功能拓展

功能拓展就是向同一服务领域或类别的不同服务品种拓展并由此增加服务功能。功能拓展比较适合专业性或单一化经营的服务商。

中国电信提出了“光纤全业务”的概念，就是在一个网络上全面提供语音、数据、高速数据、图像和 IP（网络电话）等业务。这是电信服务业的一种服务多功能化营销战略。这项战略的实施可以更好地满足电信公司用户多种不同的需要和提高光纤线路的服务效率。电信公司推出的多功能服务是在同一领域即光纤通信网络领域内的不同品种，属于拓展型多功能营销。

3．场所的功能设计

场所的功能设计是服务多功能化的一个主要标志。场所的功能设计就是按照不同服务功能的需要设计服务场所，设计的原则是充分发挥每项服务功能，增强服务功能之间的联系和整体感。

相关链接

美国俄亥俄州一家旅馆的鸡尾酒厅的功能设计是 5 个风格各异的功能区间（见图 11-3）。

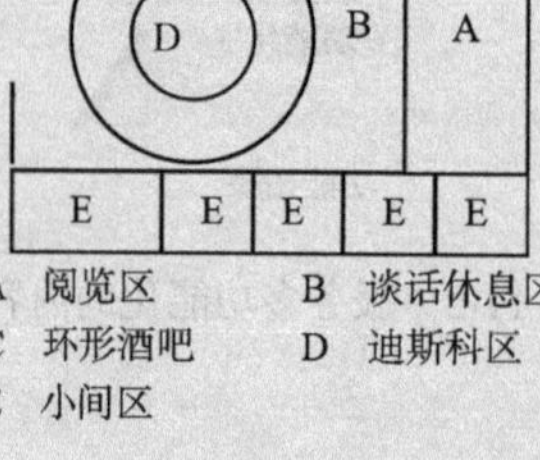

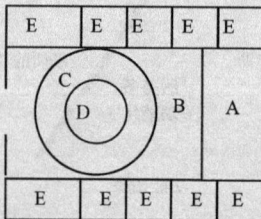

注：A 阅览区　B 谈话休息区
C 环形酒吧　D 迪斯科区
E 小间区

图 11-3　鸡尾酒厅的多功能设计

5 个功能区——阅览区、谈话休息区、迪斯科区、环形酒吧和小间区——非常清晰地提示着鸡尾酒厅的 5 项服务功能，每个功能区都尽量发挥其功能，使顾客充分享受每个功能区的服务。另外，这个设计注意到功能区之间的联系，如功能区有动有静，动静对比，对顾客的消费有很强的心理促进作用。喜欢静的顾客可以坐在阅览区内看着玻璃墙外面的迪斯科区欢动的场景，想象那里的“噪声”，会增强在阅览区的“静”的享受感。因此，这个鸡尾酒厅的设计是符合服务多功能化设计原则的，是合理的。

11.3　服务一揽子化

服务一揽子化是指服务商对同一个或同一细分群顾客提供多种功能不同但相互关联而且成套（或配套）的服务，即一揽子服务（或全包服务），以便提高企业的服务效率和顾客消费的效率。一揽子服务就是成套的多功能服务，是较高层次的服务多功能化。主题公园的成套游乐、饭店的套餐、婚宴和自助餐、旅行社的组团、展览会、长途列车、客运轮船、装修公司的全包装修、寄宿制学校、医院住院部、家政、保姆、社区生活服务等，都是服务一揽子化的典型例子。

11.3.1　服务一揽子化的作用

服务一揽子化作为一种服务多功能化，它具有服务多功能化所具有的作用，而且它的作用比一般多功能营销更显著。另外，一揽子服务的成套性使它具有一般多功能服务所缺乏的整体性。

1．提高服务效率

一揽子服务是成套的多功能服务，而成套的服务具有天然的协作性和整体效应，因而比一般的多功能服务更能提高服务效率。例如，开发区在招商引资中普遍提供一揽子服务，以便提高服务效率和吸引投资商。

南宁仙葫开发区成立了客商投资服务中心，将立项、建设用地、报装水电等办证部门搬到一个办公室，一个窗口对外，实行一条龙办证服务，即一揽子办证服务。

荆州开发区设有章程追踪服务，对每家进区企业，成立一个专班，责成一个专人，所有手续全部由专人负责办理，客商不需操心，而且企业申办完成并开始运作后遇到什么困难和问题，开发区仍有专人跟踪，随时负责协调解决。这种全程追踪服务也是一种一揽子服务。一揽子服务可以提高时间效率、增加投资效益，因此受到投资商的普遍欢迎。

2．促进服务创新

一揽子服务不仅要延伸或拓展新的功能服务，而且要用独特的结构将不同功能的服务联结起来并配成套，而独特的结构也是一种创新，因此，一揽子服务比一般的多功能服务更能促进服务创新。许多一揽子服务都是创新的。

深圳的主题公园锦绣中华是公认的最创新的一个旅游景点，它把近百个分散于中国各地的著名景区按照一定比例缩小，搬入一块形似中国版图的区域内，其中包括万里长城、秦始皇兵马俑、故宫、乐山大佛、敦煌莫高窟等。锦绣中华的营销思路可以看作一种中国旅游景点的一揽子服务。到锦绣中华，几个小时就能“游遍中华”。“游遍中华”或锦绣中华的主题就是一种将服务联结起来并配成套的独特结构，这种服务结构的创新也是一种服务创新。

3．树立服务质量的整体形象

一揽子服务一般是全过程、全方位的服务，比较全面周到，各个功能环节衔接比较紧密，相对不易出漏洞，因此比较能保证和提高整体的服务质量，给顾客以整体或全面的满足，树立服务质量的整体形象。

世界第二大国际化零售连锁集团家乐福有一条基本理念是“一次性购足”，即要使家庭购买者，无论男性或女性，都能在家乐福发现他们所需的日常用品，从食品、日用品到家具、家电等。家乐福向“一次性购足”的顾客提供的零售服务就是一种一揽子服务。顾客既然能在家乐福“一次性购足”，就不易怀疑家乐福商品的齐备性，而商品的齐备性是衡量零售服务质量整体形象的一项主要指标。因此，家乐福的一揽子购物服务起到了树立和增强服务质量整体形象的作用。

4．增加收益

一揽子服务能增加收益，除了前述多功能服务能增加收益的一般原因外，一揽子服务的需求—价格弹性较小也是一个重要原因。一揽子服务都有独特的配套结构，有较强的不可替代性，买者对价格相对不太敏感，而且各项服务配套后也难以单独估价，这也影响购买者的砍价能力。因此，一揽子服务的需求价格弹性相对较小，即服务商比较容易在一揽子服务上获得较高的溢价。例如，现在兴起的一种一揽子服务叫婚庆服务，这种服务的溢价相当高，但只要婚庆活动组织得好，大多数新婚夫妇都可以接受。

11.3.2 服务配套和菜单

服务一揽子化作为一种服务多功能化，它的要素就是服务多功能化的要素，但由于一揽子服务的成套性，需要加上一个要素——服务配套。服务配套就是在全面、深入分析目标顾客需要的基础上，选择和依据某个主题结构为顾客编制服务菜单，菜单上的每项服务（功能）都应当符合主题结构，各项服务之间应当是相互关联、相互配合的，而整个菜单能一揽子地满足目标顾客的需要。

一个典型的例子就是自助餐宴或冷餐宴的配餐。配餐的好坏大有讲究。配餐失误大致因为：① 不了解目标顾客的需要；② 缺乏明确的主题结构；③ 选菜偏离主题结构；④ 菜与菜之间缺乏搭配性或关联性；⑤ 整个菜单不能完全满足顾客的需要。因此，服务配套（菜单）至少有 4 个要素：目标顾客的需要、菜单的主题结构、配套服务之间的关联性和互补性、整个菜单的全面性和平衡性。

相关链接

麦德龙的“套餐”服务

麦德龙推出的“启业套餐”为自主创新者“雪中送炭”：如果客户想开一家小超市或杂货店，它会向客户提供目前市场上最畅销的商品并帮助配货；如果客户想开一家小型装修队，它会配全所需要工具，提供有关商品清单；如果客户想开一家小饭店，则有餐具套餐、酒水（食品）套餐供选择。还有为不同客户精心准备的“商品组合”，其中有为食堂及酒店提供配菜服务，；为工厂企事业单位防暑降温准备商品目录；为新婚夫妇设计经济型及豪华型组合的电器、家具、床上用品套餐。

11.4 服务合作营销

服务合作营销是指同业或不同业的服务公司之间通过合作交换或利用对方的时间资源、空间资源和市场资源，以便提高服务的效率和分享目标市场。服务合作的目的也是提高服务效率，即通过合作减少服务时间和空间的浪费。在服务业中，网络服务、交通、通信、金融、保险、广告、旅游等行业开展的不同行业合作营销较为普遍，其中的网络服务业尤其离不开与其他服务业的合作营销，而整个服务业也有被“一网打尽”（都离不开网络服务）的趋势。

11.4.1 服务合作的作用

1. 支持多功能化

多功能或一揽子服务的菜单往往涉及多项不同业的服务。单家服务商可能难以完全由自己来提供这些服务，这就需要通过合作来解决问题。因此，服务合作能起到支持服务多功能化或一揽子化的作用。这也是服务合作营销成为提高服务效率的重要因素的理由之一。

上海旅游部门在每年的旅游节都要进行一次名为“玫瑰婚典”的大型集体婚庆服务，这是一种一揽子的婚庆服务，效率很高。其菜单包括：婚姻登记部门的结婚登记服务，出租车公司的敞篷婚礼车服务，保险公司的家庭幸福险种服务，旅行社的境外蜜月旅游服务，百货商店的新人服装、皮鞋出售服务等。这份一揽子服务菜单单靠婚庆服务业或旅游业无法实施，需要由政府旅游部门出面组织和数百家服务商合作才能提供。所以，这项一揽子服务实际上是一种服务合作营销。服务合作营销对一揽子服务起到支撑作用。

2. 拓展市场

服务合作是拓展市场的一个有效手段。因为合作可以使服务商利用合作伙伴现成的市场资源，即它可以使服务商直接分享伙伴的市场资源而又不影响伙伴的市场资源。上海南京路上历史悠久的金门大酒店与近邻新世界商厦曾经签订联合促销协议。这个协议是一种旅游业与商业之间的服务合作。协议内容包括：在金门大酒店住宿、用餐的游客可享受新世界商厦的购物优惠；在新世界商厦购物满800元以上，可在金门大酒店得到8折以下的住宿、用餐折扣。金门大酒店通过合作协议可以直接分享新世界商厦的客流，但并不减少新世界商厦的客流；而新世界商厦通过合作协议也可以直接分享金门大酒店的客流。双方都通过服务合作营销拓展了客流市场。

3．获得营销投资

服务合作营销有利于解决营销投资不足的问题，因为合作伙伴有可能提供部分服务投资或服务营销投资。例如，网络服务商与广告商的服务合作营销已经成为较普遍的现象，其原因之一就是网络服务商常常缺乏资金来投资网络软硬件，因此，希望通过与广告商的合作和在网站做广告来缓解资金短缺的问题，广告商一般握有广告主的投资，在资金方面相对比较充裕。

4．促进服务创新的推广

由于服务的无形性，服务创新比产品创新更难推广。而服务创新的合作推广可以增加推广的力度或降低推广的难度。

浦发银行曾经推出过一种服务创新即留学贷款，并与美国西北航空公司进行合作营销，使浦发银行留学贷款借款人自动成为美国西北航空公司的“环宇里程优惠计划”会员，可享受优惠机票等一系列配套服务，有力地推动了该行留学贷款的推广。

5．促进知识营销和文化营销

服务合作或服务合作营销可以促进知识营销和文化营销。服务商开展知识营销和文化营销需要有一定的知识资源和文化资源，而与教育、科学研究和文化产业的合作可以获得知识和文化资源。而教育、科学研究和文化产业在合作营销中也能解决一部分创收问题。重庆京剧团与重庆大酒楼合作进行酒楼演出就是一个典型的例子。京剧进酒楼表演既可陶冶顾客的情操，又能普及京剧艺术，还能锻炼、培养京剧人才。艺术服务与餐饮服务的结合使观众获得满足，同时增加了京剧团的收入。酒楼与京剧团的合作促进了酒楼的文化营销。

11.4.2 服务合作的内容

服务合作包括选择合作方式、合作伙伴和合作关系等内容（见图11-4）。

1．合作方式

服务合作方式可以从基于服务资源的合作、基于产业链的合作和基于产权关系的合作这3个不同的视角来进行分析。

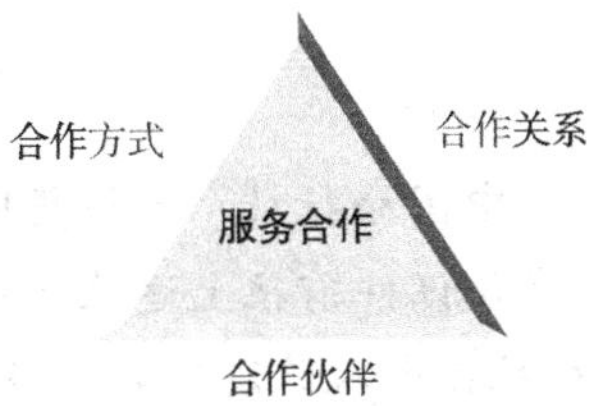

图 11-4 服务合作的内容

（1）基于服务资源的合作

服务资源包括服务空间（场所）、人力资源、物质资源、信息、无形资产、客流等，这些都可以成为服务合作的基础。

1）基于服务空间的合作就是与合作伙伴共享或分享一个服务场所，这是最常见的服务合作之一。例如，大城市有的中小学校的教学楼晚上租给成人教育使用，这是共享服务的场所资源。

2）基于人力资源的合作就是与合作伙伴共同使用某个或某些服务人员，如教师跨校兼课、医生跨医院会诊、演员租借和球员租借等。

3）基于物质资源（服务设施和工具）的合作就是与合作伙伴共同使用某个或某些服务设施和工具。例如，“店中店”可以共享店主的空调、电梯、计算机等一系列物质技术设施；多家航空公司结成联盟后可以共用飞机和机场设施；大学或科研机构在研究项目的合作中共用某些尖端的设备；等等。

4）基于信息和品牌的合作就是与合作伙伴共享信息和共享品牌。例如，图书馆业历来有共享资料信息的合作传统，报业、网络服务业、大学和科研机构也有广泛的信息共享的合作。特许经营也是一种品牌共享，如麦当劳的加盟店通过特许经营可以共享麦当劳品牌这个服务资源。

5）基于顾客的合作就是与合作伙伴共享某个顾客或某批客流（或分享顾客的消费时间）。这也是最常见的服务合作之一。多功能服务或一揽子服务中的服务合作都是基于顾客的合作，因为多功能或一揽子服务就是针对某个顾客或顾客群的。也就是说，合作性多功能服务或一揽子服务都是基于顾客的服务合作。

（2）基于产业链的合作

基于产业链的服务合作有横向合作与纵向合作。

1）横向合作就是同行业之间的合作，即同行业企业互相借用或共享服务场所、服务设施和工具、人员、信息等服务资源，以及分享客流或服务的时间资源。

2）纵向合作就是有纵向供应关系的不同行业之间的合作。纵向合作一般是基于下游顾客的服务合作。

相关链接

浦发银行曾经与国际旅行社、中国旅行社、青旅集团等旅行社签订旅游贷款合作协议：凡是符合条件的游客均可持有效证件前往上述旅行社或浦东发展银行下属的营业网点办理旅游贷款业务。银行和旅行社在个人旅游贷款业务上的合作就是一种纵向合作（见图 11-5）。二者的服务合作可以起到相互促进的作用。

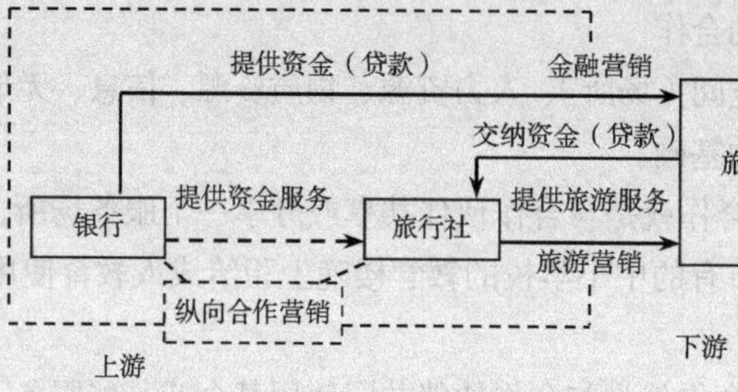

图 11-5　旅游贷款服务中的纵向合作

（3）基于产权关系的合作

基于产权关系的服务合作有协议性合作和整合性合作。

1）协议性合作就是通过协议（合同）达成的合作。协议性合作一般不涉及产权关系的变化，是一种非产权安排。如上述金门大酒店与新世界商厦的服务合作属于协议性合作，合作中两家各自保持独立的所有权（股权）。协议型合作的优点是成本低、进退灵活，缺点是比较松散、缺乏管理和监控，有道德风险。

2）整合性合作就是通过整合（也称一体化）达成的合作。整合性合作一般涉及产权关系的变化，是一种产权安排。如前述肯德基或麦当劳与特许经营加盟商之间基于品牌的合作就是一种整合性合作，因为这里涉及品牌产权的转让。整合性合作的优点是有统一管理，合作的效率比较高，关系比较紧密，缺点是投资或成本比较大。

2. 合作伙伴

合作伙伴的选择是服务合作的一个基本内容。合作伙伴选择总的原则是交易成本低，具体包括不确定性程度低、道德风险小、信息不对称程度较低等条件。

（1）不确定性程度低

服务商应选择比较熟悉的、行为比较规范的、行业发展或市场趋势比较明朗的合作伙伴。上述航空联盟的加盟者都符合这个条件；上述金门大酒店与近邻新世界商厦的合作也符合这个条件，因为两家是近邻，彼此非常熟悉。

（2）道德风险小

服务商应选择比较讲诚信、履约记录较好、品牌名气较大和商誉较好的合作伙伴。

（3）信息不对称程度较低

服务商应选择信息公开披露较好、经过一手调查的合作伙伴。

（4）垄断性竞争优势较显著

服务商应选择市场份额较大、市场渠道较多、营销竞争力较强、服务成本较低、差异化服务特色较显著的合作伙伴。

（5）优势互补

服务商应选择与自己优势互补的合作伙伴，这样可以增加合作的效果。例如，富丽华大酒楼与重庆京剧团的合作属于优势互补的合作。

3．合作关系

合作关系的协调也是服务合作的一个要素。合作关系的协调实际上是一个降低交易成本的问题。

（1）加强管理很重要

整合性合作的不确定性程度和道德风险低于协议性合作，但整合性合作只有加强管理（协调）才能发挥这个优势。在品牌合作中，品牌出让一方必须加强对品牌受让一方的管理，否则来自后者的道德风险会增大。

（2）对合作双方利益分配的协调很重要

例如，商店的刷卡购物是商业与银行的合作营销，但银行的服务收费比例对这项合作的影响很大。上海就发生过有的商店因埋怨银行收费比例高而采取拒绝刷卡的行为。商店的不诚信行为固然是错误的，但银行方面不能根据商业伙伴的实际困难调节收费的比例也有“不道德”的成分在里面。事实上合作就应当风险共担和利益共享。只愿意共享利益而不愿意共担风险，就使得合作缺乏诚信的基础，从而加大合作的成本。

（3）合作过程中信息的沟通也很重要

沟通不畅容易产生和加重信息不对称和交易成本。合作双方应及时向多方报告运行和发展中出现的问题及解决的方法和效果，不应隐瞒对方。

相关链接

货运枢纽物流服务的功能拓展

货运枢纽物流服务的功能一般可分为两大类：一类是基本物流服务功能，主要包含六大功能，即运输组织、储存功能、装卸搬运、包装、流通加工和物流信息服务。这类基本服务功能是区域货运枢纽生存和发展的基础；另一类是物流增值服务功能，是从基本服务拓展而来和用于增值的服务功能。

前沿话题

“网易云音乐”打造“华为G7”自在时刻

（来源：乐活中国-中国网　编辑人：徐梦洁　时间：2015年2月11日）

一个是国内知名度正逐渐提升的音乐产品，另一个是知名企业重点打造的手机新品，双方携手打造原创电台节目“华为G7 自在时刻”。围绕华为G7“自在时刻”的内涵，结合网易云音乐社交平台，“跨界合作”的方式不仅打造了首个以FM电台模式与目标群体情感共鸣的手机产品，也为国内品牌创新音乐营销之路提供了范本。

本章小结

服务是易逝、不可储存的，是随着时间而流逝的。服务时效的作用包括提高服务质量、捕捉营销机会、服务增值、促进时间调节和兑现服务承诺。服务时效管理包括改进服务设备、服务技能、服务标准化、服务简化和时效承诺等内容。

服务多功能化是指服务商对同一个或同一细分群顾客提供多种功能不同但相互关联的服务，以便提高企业的服务效率和顾客消费的效率。服务多功能营销的作用是提高服务效率、促进服务创新和增加服务收益。服务多功能化的内容主要包括功能延伸、功能拓展和场所的功能设计。

服务一揽子化是指服务商对同一个或同一细分群顾客提供多种功能不同但相互关联而且成套（或配套）的服务，即一揽子服务（或全包服务），以便提高企业的服务效率和顾客消费的效率。一揽子服务就是成套的多功能服务，一揽子营销就是成套的多功能营销。一揽子营销的作用比一般多功能营销更显著。一揽子营销的内容主要是服务配套。

服务合作营销是指同业或不同业的服务公司之间通过合作交换或利用对方的时间资源、空间资源和市场资源，以便提高服务的效率和分享目标市场。服务合作营销的作用包括支持多功能营销、拓展市场、获得营销投资、促进服务创新的推广、促进知识营销和文化营销。服务合作营销包括选择合作方式、合作伙伴和合作关系等内容。

关键词解析

时效服务：服务商提供能提高服务时间效率的服务。

服务多功能化：服务商对同一个或同一细分群顾客提供多种功能不同但相互关联的服务，以便提高企业的服务效率和顾客消费的效率。

服务一揽子化：服务商对同一个或同一细分群顾客提供多种功能不同但相互关联而且成套（或配套）的服务，以便提高企业的服务效率和顾客消费的效率。

功能延伸： 向不同的服务领域或类别延伸和由此增加服务功能。

服务合作营销： 同业或不同业的服务公司之间通过合作交换或利用对方的时间资源、空间资源和市场资源，以便提高服务的效率和分享目标市场。

案例讨论 Case Discussing

黄山旅游业的合作营销模式

（1）黄山同类旅游企业之间的合作营销

1）联合开发国内外新旅游客源市场。合作项目主要有市场环境的调查分析、联合做广告等。

2）联合进行旅游形象和旅游景点的宣传促销，如统一标志、联合宣传、促销、共同制作旅游手册、共同制定统一的区域旅游形象标志和主题口号、共同举办旅游推介活动等。

3）进行品牌联盟，如合作打造旅游精品线路，统一线路、统一价格，共同打造市场品牌，合作开发了“徽州文化、自然山水（黄山—南屏—宏村—牯牛降）”和“青山绿水休闲之旅（黄山风景区—太平湖—新安江山水画廊）”等旅游线路。

（2）旅游接待企业之间的合作营销

黄山市旅游接待企业数量众多，如各种酒店、度假饭店、商务饭店等，可以成立度假饭店营销合作伙伴关系、商务饭店营销合作伙伴关系等。例如，黄山景区上下及周围地区的饭店可以实行不同商业方式的连锁经营，实行区内与区外饭店的连锁经营，将周边现有的饭店以契约方式组织起来。旅行社之间也可以合作营销，组成像浙江 27 家旅行社成立的“大拇指”那样的联合体。

（3）黄山不同类型旅游企业之间的合作营销

黄山的旅游景点企业、旅游接待企业、旅行社之间可以共享客户信息等资源、共建旅游网站、共享旅游销售渠道和联合培训旅游人才等。例如，饭店与旅行社之间的合作，饭店可以通过旅行社来销售房间，保证一定的客房销售数量，而旅行社可以获得一定数量的佣金，并且可以保证在客房紧张时优先得到客房安排。

问题讨论：

1．黄山旅游企业的服务合作营销有哪些方式？属于纵向合作还是横向合作？

2．黄山旅游企业的服务合作营销起到什么作用？

第 5 篇

管理服务承诺

第12章

服务承诺

本章学习导航

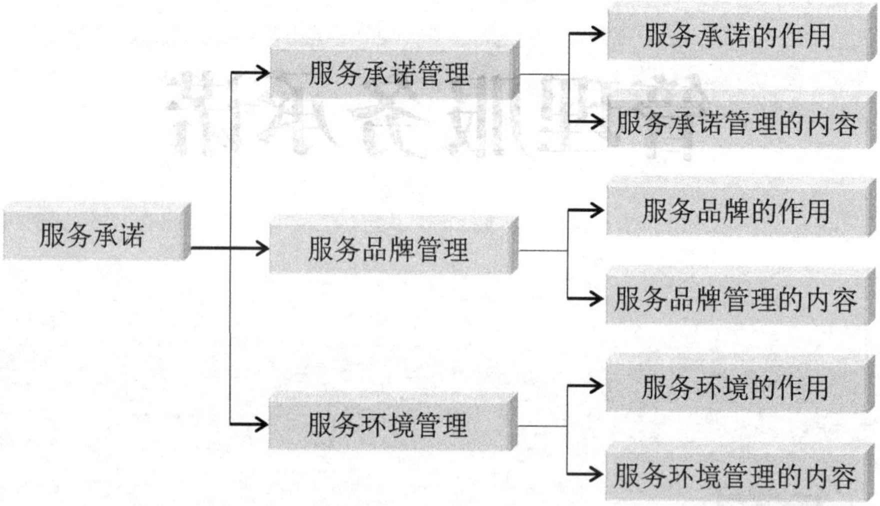

本章学习目标

- 掌握服务承诺的作用和管理；
- 掌握服务品牌的作用和管理；
- 掌握服务环境的作用和管理；
- 了解服务承诺与减小服务质量差距之间的关系；
- 能够应用本章知识进行现象和案例分析。

在服务营销管理模型中，服务质量差距 4 是服务商对顾客的承诺与制定的服务标准和服务实绩之间的差距，它存在的原因是服务商对顾客的承诺超过了服务质量标准或执行服务质量标准的能力，使顾客感知的服务实绩低于服务商的承诺。为了缩小服务质量差距 4，服务商可以加强对服务承诺（包括广告等）、服务品牌和服务环境的管理。在服务营销中，服务广告实质上是明示或暗示的服务承诺，而服务品牌、服务环境是暗示的服务承诺。服务商通过对服务承诺的营销缩小顾客对服务的感知与顾客因服务商的承诺而产生的期望之间的差距，即服务质量差距 4。本章介绍服务承诺管理、服务品牌管理和服务环境管理。

12.1　服务承诺管理

服务承诺是指服务商通过广告、海报、展示、营业推广、人员推销和公共宣传等沟通方式向顾客预示服务质量或服务效果，并对服务质量或服务效果提出一定的保证。

在服务承诺中，有的承诺是明示的，有的承诺是暗示的。例如，有些餐馆的促销海报里说“吃一送一”，这是明示的承诺，而大多数广告都是暗示的承诺。在服务承诺中，仅仅预示质量或效果的承诺是不完全承诺，而不仅预示质量或效果而且提出保证的承诺是完全承诺。

服务承诺是服务商沟通促销的核心内容。因此，服务营销 7P 组合中的促销（Promotion）问题实质上就是服务承诺的问题。服务承诺营销就是通过广告、海报、展示、营业推广、人员推销和公共宣传等沟通促销手段向顾客提供承诺和兑现承诺。

12.1.1　服务承诺的作用

1．调节顾客的期望

顾客对服务的期望与服务商所做的承诺之间是正相关的。服务商可以据此调节顾客的期望。当服务市场低迷或竞争激烈时，服务商可以在广告促销里增加承诺的内容和力度，以此引起和提高顾客的期望，增强顾客的购买动力。当服务市场火暴或竞争不激烈时，服务商又可以减少承诺的内容和力度，以此调低顾客的期望或“胃口”。例如，北美和欧洲快餐市场的竞争激烈，麦当劳、肯德基都有服务时效承诺，即“保证顾客 2 分钟内用餐，超过 2 分钟，顾客用餐免费”，以此增强市场竞争力。而麦当劳、肯德基在中国快餐市场就没有此项承诺，因为它们在中国没有遇到较强的对手，中国消费者对麦当劳、肯德基的兴趣已经够高了，不需要再用时效等服务承诺加强这种购买动力。

2．降低顾客的认知风险

服务承诺可以降低顾客的认知风险。服务承诺可以起到一种保险作用，增强顾客对质量的可靠感、安全感。例如，中国台湾华新餐旅公司对顾客有 4 项“说一不二”的承诺：① 凡发现餐具器皿缺角破损者，发给监督奖 100 台元；② 只要口味不满意，无条件予以更换，直到满意为止；③ 经诊断因食物不卫生而导致身体不适者，可获医疗赔偿；④ 在店内用餐时，因意外伤害（如烫伤、跌伤）等，可获医疗赔偿。华新餐旅公司这 4 项承诺都是餐饮顾客基本的需要（或顾客最关心的方面）：生理的需要（口味）和安全的需要，有效增强了华新餐饮的可靠感和安全感，而可靠、安全的餐饮服务是最有营销吸引力的。

3．加强顾客对质量的监督

承诺实际上是一种信息反馈机制，它为顾客提供了评判服务质量是否合格的依据，这有利于顾客意见的反馈和便于顾客监督，而完善、方便的信息反馈渠道和顾客监督机制，是有营销吸引力的。像上述华新餐旅提出的 4 项承诺都起到鼓励顾客监督服务质量和安全质量的作用，其中“无条件更换”、“赔偿” 等具有很强的激励性。

4．促进内部管理

承诺不但是针对顾客的，也是针对员工的。承诺的质量标准和效果不仅对顾客有吸引力，而且对服务人员也产生压力：如果服务人员的工作达不到承诺的质量和效果，那么服务商不仅要给顾客赔偿，也要相应地给服务人员处罚，而这样的处罚正是内部管理所需要的。

12.1.2 服务承诺管理的内容

服务承诺管理包括服务承诺的设计和服务承诺的履行（兑现）两方面内容（见图 12-1）。

图 12-1 服务承诺管理的内容

1．服务承诺的设计

服务承诺是对服务标准的承诺。因此，服务承诺设计总的原则与服务标准一样，即“顾客导向”，也就是要针对和满足顾客的期望和要求，要吸引顾客。从服务营销的实践看，“顾客导向” 的服务承诺设计主要有以下特征：彻底性、明确性、利益性、可靠性、真诚性和规范性（见图 12-2）。

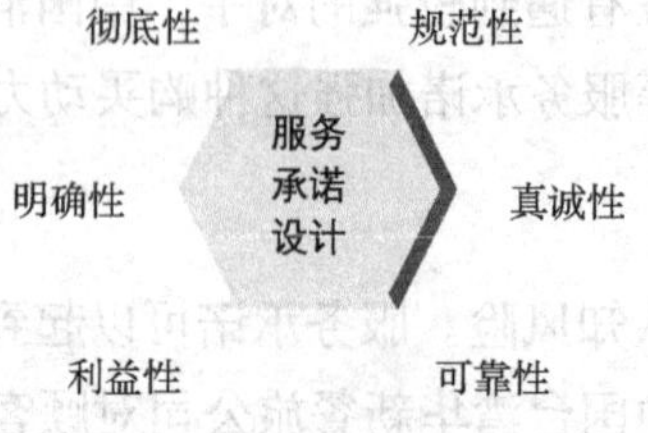

图 12-2 服务承诺设计的特征

（1）彻底性

服务承诺的彻底性就是无条件性。强有力的服务承诺一般是无条件的承诺，不应留有向顾客“还价”的余地。如前述华新餐旅提出的“只要口味不满意，无条件予以更换”的服务承诺就是一种彻底、无条件的承诺。彻底、无条件的承诺显示了服务质量的可靠性和保证性，也显示了服务企业对自己质量的信心，对顾客有很大的吸引力。相反，有些承诺之所以缺乏吸引力，因为它留有一定的“还价”余地。例如，某航空公司承诺“只要不是天气或飞行控制的原因而造成飞机误班，公司将负责误机者的中转航行”。实际上，飞机误班 95%是由天气和飞行控制问题造成的，所以这项承诺留有很大的余地（95%），因而也就对乘客没多大的吸引力。

（2）明确性

有力的服务承诺应当是明确、不含糊、不引起误解的。不明确的承诺难以真正兑现，从某种意义上讲，等于没有承诺。例如，麦当劳、肯德基在北美市场“保证顾客 2 分钟内用餐”的时效承诺是明确的承诺，如果快餐店承诺“保证尽快用餐”，那就是含糊、不明确的承诺。

（3）利益性

有吸引力的服务承诺应当针对顾客迫切的期望和要求，给顾客带来实实在在的利益。承诺所涉及的赔偿或奖励，且最好是明确可见的。

江西省婺源县推出的“游客损失预赔制度”是对旅游治安环境的服务承诺。这项承诺针对旅游客最关心的旅游治安问题，提出“游人在婺源游玩期间，遭遇失窃、抢劫等不可预测的事件使游客财产遭受损失，在公安机关破案之前，由婺源县财政拨款对游客先行照价赔偿”。这项承诺就是利益性的承诺，利益性体现在对游客财产损失“照价赔偿”上。

（4）可靠性

有力的服务承诺应当是可靠的，即说到做到。做不到的承诺或过头的承诺都是不可靠的承诺。服务承诺应当如实地反映服务质量和服务效果。但是，服务承诺的可靠性或真实性与服务广告的性质之间有一定的矛盾。广告作为一种艺术，会存在适当的夸张，而可靠的承诺不能有半点夸张，因此，用服务广告来承诺往往会影响其可靠性或真实性。这也是服务广告难做的一个原因。过头的承诺容易发生在服务创新的推广上。服务创新在推广初期可能不成熟，还存在一些不足，但营销人员为了推广服务创新常常容易夸大其优点，并提出过高的承诺。过高的承诺也容易发生在竞争激烈的情况下，如为了说服和争夺顾客，营销人员也容易提出过高、实际上难以完全做到的承诺。

（5）真诚性

有力的服务承诺应当是真诚或坦诚的。服务承诺的真诚性还应表现在承诺兑现上，即兑现要简便、爽快。如果服务承诺不兑现，或者兑现手续非常烦琐，那么这样的承诺显然是虚假的，没有诚意。

花旗集团所属一家旅行社提出“最低价”承诺，顾客如果提出疑问，旅行社立即进行价格行情搜寻，并在电脑屏幕上显示出所有同行对手的价格。如果顾客的怀疑是对的，就立即兑现承诺，给予赔偿。这是一项比较真诚的承诺。而美国另一家旅行社也在广告里承诺“最低价”，但在游客申述时，需要让价格更低的一家旅行社出面作证才认账。这一条顾客显然很难做到，这是缺乏诚意的承诺。

（6）规范性

服务商的服务承诺还应与行业规范（即行业服务承诺）接轨，增强承诺的社会规范性。例如，铁道部公布的 6 项服务承诺：① 站车容貌美观，整洁卫生；② 站车厕所设备功能完善，清洁卫生，保证旅客的正常使用；③ 列车卧具干净整洁，及时更换，列车终点站到后收回；④ 饮水供应满足旅客需求；⑤ 空调列车、候车室空气新鲜，温度适宜；⑥ 热情服务，礼貌待客。各铁路局或铁路分局在设计服务承诺时应与铁道部的服务承诺接轨，保持一致。

2．服务承诺的履行（兑现）

服务商不但要敢于和善于提出服务承诺，而且要切实、有效地履行服务承诺。服务承诺与（实物）产品承诺不同，产品承诺是关于物的承诺，而服务承诺是关于人的承诺，其中包括一线人员、二线人员和顾客（就参与意义上来讲）这 3 类人。物是“死”的，是听话的，因此产品承诺的履行比较容易；而人是活的，不一定听话的，因此服务承诺的履行比较困难。在服务过程中，上述 3 类人的行为都可能偏离服务承诺的内容，从而影响服务承诺的履行。因此，服务商在履行服务承诺的过程中，应加强与这 3 类人的协调。

（1）一线人员

服务承诺的履行需要加强与一线人员的协调。因为服务商是承诺者，一线人员是承诺履行者，承诺者与履行者之间缺乏沟通和协调，就容易造成服务实绩与服务承诺之间的脱节。加强与一线人员的协调的方法有：利用工作会议与一线人员交流，利用项目（团队）管理加强与一线人员协调，将一线人员与营销人员（承诺者）安排在同一办公室里。

（2）二线人员

服务承诺的履行需要加强二线人员的配合。二线人员是指办公室人员和支持性服务人员。二线人员较少直接接触顾客，对顾客的期望和要求及与之相关的服务承诺了解得不如一线人员多，这可能影响他们在服务过程中履行服务承诺的责任心。加强二线人员配合的方法有：为二线人员创造直接接触顾客的机会，建立二线人员的服务承诺制度，二线人员的业绩考核增加履行服务承诺方面的考核。

（3）顾客

服务承诺的履行还需要顾客的配合。顾客不配合，服务商承诺的服务效果就难以达到，服务承诺就难以履行。加强顾客配合的方法有：对顾客进行指导和教育，与顾客进行沟通和协调。例如，由于天气等客观因素和人为因素，航空业经常有航班延误，这使航空公司有关航班承诺的履行比较困难。因此，在航班延误时怎样与旅客沟通和解决旅客的种种问题是航空公司必须研究的一个大问题。美国航空公司比较重视航班延误时的管理政策。因此，该公司培训机组人员，让他们学会当航班延误时怎样最快地通知旅客，以及如何让旅客接受一个延误时间区间。

12.2　服务品牌管理

服务品牌管理是指服务商建立品牌和利用品牌来提示服务质量和促进营销。服务品牌是指服务商或其产品、人员、岗位等的名称。品牌是给拥有者带来溢价、产生增值的一种无形的资产，它的载体是用以和其他竞争者的产品或劳务相区分的名称、术语、象征、记号或者设计及其组合，增值的源泉来自消费者心智中形成的关于其载体的印象。服务品牌经注册后就是服务商标或服务商号。服务品牌按层次分有公司品牌、店牌、产品品牌、部门品牌、人员品牌和岗位品牌等。服务品牌实质上是服务商用以对服务质量的一种提示和一种承诺。

12.2.1　服务品牌的作用

1．体现服务理念

服务品牌是服务理念的一种传达形式，它起着传达服务理念的作用。例如，花旗银行的一条服务理念是成为“金融潮流的创造者”，而在花旗品牌“CITIBANK”的设计中，将这一排字母设计成斜体，像一队人迈腿向前走，就体现着花旗永远引领金融潮流向前走的理念。

2．提示服务特色

服务品牌的一个主要作用是向市场提示服务的特色。有专家说，“快餐的卖点是体系，风味餐饮的卖点是品牌”。这就是说，快餐的竞争优势主要在制作和服务体系的标准化、规模化和低成本化，而风味餐饮之间的差异相对较大，其竞争优势主要体现在烹饪和服务上的特色，而能提示特色的重要手段之一就是品牌。例如，台北的风味餐饮业的竞争几乎成了店名的竞争：① 内容特色，如“横行霸道螃蟹屋”、“老婆的菜”等；② 正宗特色，如“木瓜牛奶大王”、“老地方鲨鱼大王”、等；③ 怀旧特色，如“太白遗风”、“颐养天和”、“阿Q槟榔”、“水浒传饭店”等。

3．保护产权

服务品牌一旦注册成服务商标，就对服务品牌所代表的服务专有技术及其产权起到保护作用。由于服务技能和创新及其产权难以用专利加以保护，因此，用注册服务品牌来保护服务技能和创新的产权就显得特别重要。

4．内部激励

服务品牌对内可以起到传达理念和激励员工的作用，也就是内部营销的作用。例如，上海南京路人民饭店的“3 号”服务岗位是一个著名的服务品牌，这个品牌几十年来始终激励着人民饭店的内部员工，使他们不断保持和发扬“3 号”岗位的优良服务传统。

5．关系营销

服务商一旦创立了品牌，就意味着拥有一批有品牌偏好的忠实顾客。品牌无论对保持老顾客，还是争取新顾客或发展社会关系都十分有利。首先，品牌可以不断地提醒老顾客保持对企业的忠诚；其次，知名品牌便于口碑“宣传”，这对发展新顾客是有利的；再次，知名品牌便于传播企业形象，有助于发展企业与供应商、中间商、人才市场、金融市场和社区等各方面的关系。

6．拓展渠道

不少服务渠道的拓展涉及服务品牌的转让。服务商如果拥有知名品牌，这种转让就可能比较顺利一些。例如，肯德基公司在世界各地都成功地通过特许转让方式拓展渠道，特许转让的核心就是转让肯德基品牌，而肯德基是世界著名品牌，这一点自然有助于转让。

7．展示市场地位

公司品牌或店牌的估价是一家服务商的市场份额和市场地位的衡量。2015 年福布斯全球品牌价值 100 强中，服务业的麦当劳以 395 亿美元和迪士尼以 346 亿美元的品牌价值分别名列第 6 位和第 11 位，这就非常简明而精确地体现了这两家服务商在世界市场的地位。

8．沟通促销

服务品牌名字取得好有利于广告促销和口碑传播。例如，上海美林阁酒家的店名“美林阁”是沪语“蛮灵格”（蛮好的）的谐音，因此，上海人或懂沪语的人，对美林阁酒家的广告词“美林阁，蛮灵格”印象特别深。美林阁酒家这则广告的效果颇佳。服务品牌名字取得好有利于口碑传播。例如，北京的“天外天”、“郭林家常菜”，上海的“新亚大包”、“红房子”，天津的“狗不理”，湖北的“九头鸟”，杭州的“楼外楼”，广东的“大三元”、“红子鸡”，兰州的“马兰拉面”等，比较适合口头传播。

12.2.2　服务品牌管理的内容

服务品牌管理的内容包括保持服务质量、保持服务特色、培养服务人才、参与服务评奖评级、品牌取名和品牌延伸（见图 12-3）。

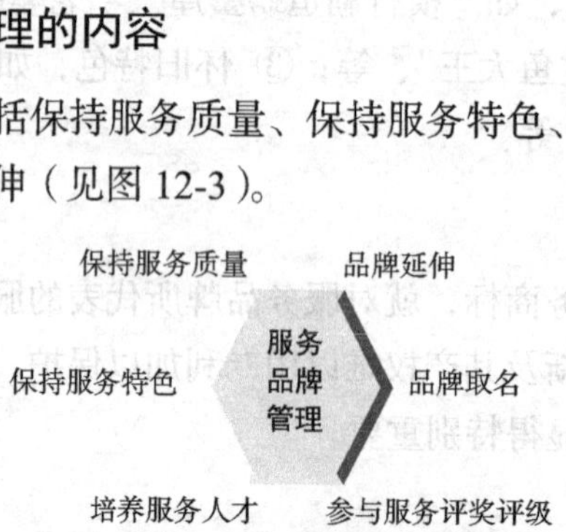

图 12-3　服务品牌管理的内容

1. 保持服务质量

服务质量是服务品牌的基础，名副其实是市场对每个服务品牌的基本要求。例如，有的服务商在创牌阶段非常重视质量，但做大以后放松了质量管理，让顾客产生名不副实的感觉，这是不可取的。

2. 保持服务特色

服务品牌的生命力在于差异化特色。创造和坚持差异化特色是一家服务商创牌、保牌的关键。例如，安徽“风波庄”餐厅现已闻名全国，它的名气就是靠“武侠文化”的特色。武侠文化氛围对顾客形成强烈的心理刺激，使顾客难以忘怀，树立了“风波庄”的品牌形象；奇特的体验和感受也使消费者乐于进行义务宣传，提升了“风波庄”品牌的口碑。

3. 培养服务人才

服务品牌的创立在相当程度上要靠人才，即要让服务品牌出名，就先要让服务人才出名。许多知识、文化或技能含量高的服务业，其品牌的建立都离不开其服务人才的作用（参见第 7 章）。例如，在证券业，基金公司的品牌是否响亮很大程度上取决于基金经理的名气和业绩。

4. 参与服务评奖评级

服务业多数行业都有自己的行业评奖（如航空业的五星钻石奖、旅游业的《康德纳斯特旅行家》杂志奖等）和行业评级（如旅游业的星级制度）。评奖评级是服务创牌和保牌的一个要素。因为评奖评级都有一定的权威性，评奖评级的成功等于向市场提示服务质量的较高水平和保证性，提示服务商的竞争实力。即使评奖或评级不成功，也可以从中找到差距，以便改进服务和下次再参评。

5. 品牌取名

服务品牌名称取得好，对品牌的建立和发展是有利的。从营销的角度看，好的服务品牌名称，首先是比较适合口头传播，即比较通俗或比较奇特或念起来比较上口的；其次，好的服务品牌名称能反映产品特色，能贴近顾客的需要，能符合目标市场的特点。例如，常州“大娘水饺”的品牌名听起来土得掉渣，却有着浓厚的文化底蕴。“大娘”，好记，过目不忘；“大娘”，亲切，朗朗上口；“大娘”，顺耳，易于传播；“大娘”，实在，值得信赖。果然，这个朴实的名称在当今洋名充斥快餐业市场的环境中独树一帜。

6. 品牌延伸

品牌延伸是指将在一个服务领域的品牌用到延伸的服务领域当中去。品牌延伸可以利用品牌的名气和商誉来发展新的业务。例如，南京金陵饭店将品牌延伸至广告公司、汽车公司、旅行社、百货公司、贸易公司等 30 多个领域，大大拓展了服务空间。

12.3 服务环境管理

服务环境管理是指服务商为提示和保证服务质量而提供良好的服务环境。服务环境包括服务地点、建筑、场地、设施、工具、用品、信息资料、人员、顾客、气氛等有形提示物。服务商的服务环境也是服务商用以对服务质量的一种提示和一种承诺。

12.3.1 服务环境的作用

服务环境作为服务的有形提示物，它的作用主要是提示服务质量和提供部分使用价值。服务环境对服务的作用与产品包装对产品的作用是相似的。因此，服务环境也可称为服务包装。

1. 提示服务质量

服务环境的一个主要作用就是向顾客提示服务质量。因为环境中的每种有形提示物都与质量有一定联系，多少都含有服务质量的信息，顾客可以根据这些提示或信息对服务质量进行判断和感知。

饭店的服务环境有以下提示作用：① 繁华的地段可以提示饭店的服务档次不会低；② 整洁的环境可以提示食品卫生的水平和严谨的服务态度；③ 新鲜而芳香的店堂空气可以提示所出售菜肴点心的新鲜程度；④ 温暖宜人的气温、柔和的灯光和音乐、舒适的座位可以提示温情、细腻的服务风格，而强烈的灯光和欢快的音乐又可以提示热情、豪爽的服务风格；⑤ 醒目的指示牌和印制精良的菜单可以提示精心设计的周密服务；⑥ 店堂服务人员和在座顾客语言举止的文明可以提示饭店格调的高雅。

2. 提供部分使用价值

服务环境本身是一项服务生产或消费不可或缺的要素，它参与服务使用价值的创造并使服务增值。在服务消费中，环境本身具有部分使用价值。例如，许多饭店、餐馆对自带酒的顾客收取所谓“开瓶费”，这是有一定合理性的。一瓶酒在饭店喝和在家里喝，其感知的价值是不同的。饭店、餐馆的环境或氛围一般使得喝酒的感知价值升值，因此可以就增值部分收费。而且越是环境档次高的饭店，开瓶费可以收得越多。

12.3.2 服务环境管理的内容

服务环境管理包括服务环境的设计和维护，这里主要介绍服务环境的设计。服务环境设计的要素主要包括烘托服务质量、体现服务理念、体现服务特色、配合服务创新、配合网点建设、环境促销、改善顾客关系和满足顾客需要等（见图 12-14）。

1. 烘托服务质量

由于服务的无形性，服务质量较难被顾客识别，而服务环境作为一种包装，可以提示服务质量，增大其识别度。例如，高质量的餐饮设施和工具（如餐椅、餐桌、餐具、装修乃至洗手间）可以向顾客提示高质量的服务。餐馆、饭店的人气环境（顾客环境）也可以起到烘托质量的作用。上海红子鸡美食总汇在门厅、走廊和楼梯的墙上展示国内外社会政要、名人光顾餐馆的照片，在厅堂的墙上展示社会政要、名人的题字或赠画，也是一种间接的人气展示方式。

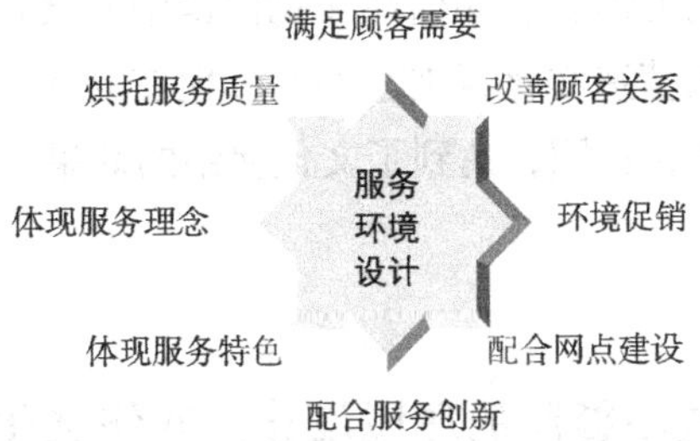

图 12-4 服务环境设计的要素

2. 体现服务理念

服务环境的设计需要体现服务理念，因为理念是整个服务营销的灵魂或指导思想。服务环境应当成为凝固的服务理念，就像“建筑是凝固的诗”一样。服务商还能用环境设计的变化提示服务理念的变化，以达到营销目的。永和大王快餐店用店面环境的变化来展示其“不断学习，与时俱进”的服务理念。

3. 体现服务特色

服务环境的设计要体现服务特色，如专业特色、技巧特色、人员特色、顾客特色、时间特色、原产地特色等。如前述北京腾格里塔拉酒楼的环境设计，既体现顾客特色（蒙古族），又体现原产地特色（内蒙古）。腾格里塔拉酒楼的外观是蒙古包的造型，白色的墙体上雕刻着反映民族风情的黑青色壁画，前厅和楼梯拐角处的工艺品专柜展示着蒙古刀、小银碗、小马靴等极具蒙古族特色的艺术品，酒楼自建的蒙古族艺术团为顾客献歌献舞，这些环境和氛围体现了蒙古族餐饮文化的特色和以蒙古族顾客为主的特色。

4. 配合服务创新

服务创新常常包括服务环境的重新设计，实际上就是环境创新。因此，服务环境的设计需要与服务创新配合起来，使环境设计支持服务创新。例如，许多银行在引进 ATM 服务创新时都进行了网点环境的改造和装修。银行的其他服务创新，包括电话通知支付、售货点支付、电脑账务处理、电脑交易和咨询服务、电脑联网即通存通兑等，都伴随着服务环境（服务设施和工具）的创新或改变而发生变化。

5. 配合网点建设

服务环境设计要配合服务网点的建设和拓展。服务网点的建设和拓展关键是环境的选择（选址）和设计。环境选择正确和设计得好，就有助于服务网点的成功和发展。例如，肯德基快餐网点能在全球成功地拓展，与它对快餐网点环境的精心设计和管理有关：所有网点的内外装修都按统一的图纸进行，无论开在哪里都有统一的装修形象；对分布在世界各地的快餐店员工都按统一的规范进行服务培训，以保证人员和环境的统一。

6．环境促销

服务环境设计要考虑促销的需要。如前述文化促销中的文化包装，既是文化促销，也是环境促销，即靠环境设计来营造文化氛围。例如，现在的一些咖啡书屋就是用图书文化包装咖啡店，增强咖啡店的文化氛围，达到了文化促销的效果。

相关链接

风波庄餐厅的环境设计：武侠文化

武侠是风波庄环境设计的创意主题。店面布局采用了类似武侠电视剧中“客栈”的布置，木桌竹凳、“金”盆洗手，墙上贴有同武侠小说有关联的对联或字画，包房则以武林各派别名字来命名，如少林派、华山派等；服务员自称店小二，并以客官称呼消费者，谈吐和动作也都模仿了武侠小说和电视剧中的样子。菜式虽是普通菜式，然而菜名却都以武侠名词来代替，如糯米丸子名为“大力丸”，叫花鸡叫“凤舞九天”。不仅是菜名，一些用具在风波庄也都有它们的特殊称谓，如菜谱叫“武林秘籍”，牙签叫“暗器”等。

7．改善顾客关系

服务环境的设计要有利于改善顾客关系，因为服务商与顾客的关系尤其是互动关系都是在服务环境中发生的，环境对互动关系是有影响的。要改善互动关系，可能就要改变服务环境的设计。如前述美国银行业在“友好服务阶段”拆除出纳窗口前的栏杆，这就是改善顾客关系的一种环境设计。美国银行业的建筑模式也发生了改变，从罗马式建筑改为快餐店式，目的是让顾客能方便地进入银行，减轻对银行权力的“恐惧”感，增进与顾客的关系。

8．满足顾客需要

满足顾客需要是营销的核心，也是服务环境设计的一个要素。例如，在服务消费中，马斯洛提出的人的 5 种需要都与服务环境有关（见图 12-5）。

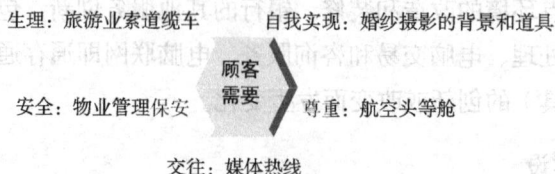

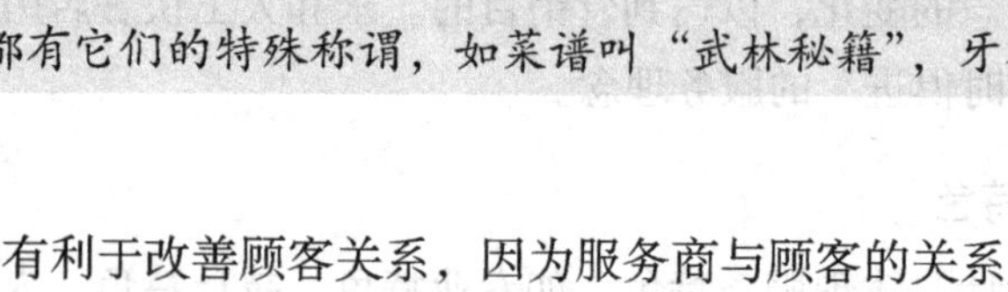

图 12-5　服务环境与马斯洛提出的人的 5 种需要

前沿话题

中国产品如何走向中国品牌？——新常态品牌建设新观察

（来源：新华网 时间：2015年07月17日）

大力发展品牌经济，以品牌为核心，是中国经济在新常态下的必然选择。然而，打造品牌的关键在于创新。随着中国经济向中高速增长，将出现更多的新业态、新模式，加上“中国制造 2025”、“互联网+”等战略的提出，我国企业品牌建设将迎来新时代。此外，在满足消费者需求的同时，对质量的把控也极为关键。国家质检总局副局长吴清海说，下一步，质检总局将联合相关部门围绕重点消费产品质量提升、电子商务、服务业等领域，开展质量提升重大专项行动，以促进培养知名品牌。

本章小结

服务承诺是指服务商通过广告、海报、展示、营业推广、人员推销和公共宣传等沟通方式向顾客预示服务质量或服务效果，并对服务质量或服务效果提出一定的保证。服务承诺的作用有调节顾客的期望、降低顾客的认知风险、加强顾客对质量的监督和促进内部管理。服务承诺管理包括服务承诺的设计和服务承诺的履行（兑现）两个内容。

服务品牌管理是指服务商建立品牌和利用品牌来提示服务质量促进营销。服务品牌按层次分有公司品牌、店牌、产品品牌、部门品牌、人员品牌和岗位品牌等。在服务营销中，品牌的作用主要是体现服务理念、提示服务特色、保护产权、内部激励、关系营销、拓展渠道、展示市场地位和沟通促销。服务品牌管理包括保持服务质量、保持服务特色、培养服务人才、参与服务评奖评级、品牌取名和品牌延伸等内容。

服务环境管理是指服务商为提示和保证服务质量而提供良好的服务环境。服务环境包括服务地点、建筑、场地、设施、工具、用品、信息资料、人员、顾客、气氛等有形提示物。服务环境作为服务的有形提示物，它的作用主要是提示服务质量和提供部分使用价值。服务环境管理的内容包括烘托服务质量、体现服务理念、体现服务特色、配合服务创新、配合网点建设、环境促销、改善顾客关系和满足顾客需要。

关键词解析

服务承诺：服务商通过广告、海报、展示、营业推广、人员推销和公共宣传等沟通方式向顾客预示服务质量或服务效果，并对服务质量或服务效果提出一定的保证。

服务品牌管理：服务商建立品牌和利用品牌来提示服务质量和促进营销。服务品牌是指服务商或其产品、人员、岗位等的名称。

服务环境管理：服务商为提示和保证服务质量而提供良好的服务环境。

案例讨论 Case Discussing

“喜悦房管”：山东省服务品牌

青岛市城阳区房地产管理处的“喜悦房管”服务品牌被山东省质量技术监督局等组织评定为“山东省服务名牌”。“喜悦房管”以“真情维房，喜悦服务”为服务理念，以“追求卓越，创建和谐”为核心价值观，旨在通过全面提升服务水平和服务效能，更好地服务大众。

“喜悦房管”的服务成功，首先是靠强化内部管理，健全保障机制。一是狠抓流程管理，制定多项内部运转流程和配套措施。二是实行岗位责任制。按工作需要设置岗位，并将总体目标层层分解细化，明晰责任，进行绩效考核，奖惩分明。三是健全质量保障机制。强化质量监督、检查，制定质量保证机制；每年定期抽检业务，并备有抽检记录和处理意见。四是规范服务行为，推行政务公开。积极推行服务承诺，强化服务意识，正确处理关系，严格履行承诺；加大政务公开力度，设置了公开监督电话和意见投诉箱，并广泛采用宣传栏、电子显示屏、广播电视专栏等多种形式。

“喜悦房管”的服务成功，其次是靠强化服务理念，突出服务特色。一是从硬件入手营造温馨、舒适的办公环境。如在房地产交易大厅设置大屏幕显示器、电子触摸屏，方便客户查询信息；设置叫号机，营造文明服务环境；设有专门的等候区，配备休息座椅、书报栏等，方便服务对象等候办理业务；大厅内遍设绿色植物，营造优美和谐的办公环境。二是为不同需求顾客提供个性化服务。通过预约服务、上门服务、现场办公、延时服务、绿色通道服务、大项目直通车等服务方式，为不同需求顾客提供个性化服务。三是关注民生，解决百姓难题。定期对群众反映的问题进行分析整理，关注群众关心的热点、难点问题，通过开展调研积极寻求解决途径。

“喜悦房管”的服务成功，第三是靠加强房地产信息系统建设，提升管理水平。一是启用和完善了市房地产市场信息系统，实现了房产信息“地—楼—房”模式管理同时，通过加强系统统计功能，以获取更为科学的数据。二是强化房产信息公开力度。依托房地产市场信息系统，提供公开、便民、高度透明的信息查询服务。面向政府有关部门、银行等提供各类房地产市场信息查询服务。

问题讨论：

1.“喜悦房管”是怎样进行服务品牌管理的？请结合服务品牌管理的作用、内容作答。

2.“喜悦房管”是怎样进行服务环境管理的？请结合服务环境管理的作用、内容作答。

3．本案例第二段提到“服务承诺”，请结合相关知识以及本案例，谈谈你对“服务承诺”的理解。

参考文献

第 1 章

[1] [美]卡尔·E. 凯斯. 经济学原理（下）[M]. 李明志，等，译. 北京：中国人民大学出版社，1994.

[2] 杨波. 汽车服务业与中国汽车产业的发展[J]. 价值工程，2004（2）：7-9.

[3] 王伟. 服务业发展与转变经济发展方式[J]. 经济导刊，2011（2）：7-9.

[4] 潍坊高新区. 着力发展现代服务业[J]. 硅谷，2011（1）：I0012- I0012.

[5] 中华人民共和国国家统计局. 三次产业划分规定[EB/OL]. http://www.Stats.gov.cn/tjbz/t20030528_402369827.htm.

第 2 章

[1] [芬兰]格鲁诺斯. 服务市场营销管理[M]. 吴晓云，等，译. 上海：复旦大学出版社，1998.

[2] 佩恩. 服务营销[M]. 郑薇，译. 北京：中信出版社，1998.

[3] PZB. Problems and Strategies in Services Marketing[J]. Journal of Marketing, Spring 1985: 33-46.

[4] ZPB. Delivering Quality Service:Balancing Customer Perceptions and Expectations[J]. Free Press, 1990: 20-30.

[5] C. Lovelock, Classifying Services to Gain Strategic Marketing Insights[J]. Journal of Marketing , Summer 1983: 9-20.

[6] K. Hoffman , J. Bateson. Essentials of Services Marketing[M]. Harcourt, Inc., 2002.

[7] V.Zethaml, M.Bitner. Services Marketing[M]. NewYork:McGraw-Hill, 1996.

[8] http://www.cmbchinq.com.

第 3 章

[1] 陈祝平. 市场调研与分析[M]. 上海：上海大学出版社，2004.

[2] 张玉阳. 重庆市住宅小区物业管理服务调研报告[J]. 重庆教育学院学报，2010（6）：

80-83.
[3] 章壮本．分行营业网点服务状况调查与思考[J]．新金融，2006（11）：59-60.
[4] V.Zethaml, M.Bitner. Services Marketing[M]. NewYork:McGraw-Hill, 1996.

第 4 章

[1] [芬兰]格鲁诺斯．服务市场营销管理[M]．吴晓云，等，译．上海：复旦大学出版社，1998.
[2] 林宏，陈广汉．银行投诉处理的规定及一般做法[J]．中国人力资源开发，2004（1）：83-86.
[3] 张培．浅析旅行社顾客关系营销[J]．合作经济与科技，2010（9）：72-73.
[4] 罗亮生，等．航空公司关系营销及关系构建[J]．交通企业管理，2009（12）：56-57.
[5] 左仁淑．基于关系营销的服务营销体系研究[J]．上海企业，2008（10）.
[6] 湖北经济学院村镇银行调研课题组．村镇银行金融服务营销模式探究——以湖北仙桃北农商村镇银行为例[J]．湖北经济学院学报：人文社会科学版，2009（11）：42-43.
[7] A.Payne.The Essence of ServicesMarketing[M]. EnglewoodCliffs, NJ: Prentice-Hall, 1993.
[8] V.Zeithaml, M.Bitner. Services Marketing[M].New York: McGraw-Hill, 1996.

第 5 章

[1] 华浩良．无锡肯德基公司企业文化的主要特色[J]．江苏商论，2001（2）：28-30.
[2] 朱慧．营业网点基础服务提升的张家港样本[J]．现代金融，2009（2）：27-27.
[3] 孙晓村，等．陈光甫与上海银行[M]．北京：中国文史出版社，1991.
[4] 冯新梅．浅谈我院的护理服务文化[J]．医学信息（下旬刊），2009（12）：203-203.

第 6 章

[1] 吴仁．餐饮经营“四个用”[J]．中国烹饪，2001（4）：30-30.
[2] 熊少塘．从三个实例谈营销谋略[J]．决策与信息：下旬，2009（3）：92-92.
[3] 黄悬悬，等．应用服务创新四维度模型提升商社汽贸服务质量的研究[J]．北方经济，2010（16）：57-59.
[4] 本刊．坚持学习创新努力掌握现代服务营销技能[J]．商贸与会计，2003（12）：47-48.
[5] 张心悦．餐饮业服务创新实例分析[J]．商业时代，2010（21）：26-27.

第 7 章

[1] 梅葆玖．京剧折服世界[N]．社会科学报，2004-10-28（6）.
[2] 丝丝．风雨百年全聚德[J]．商业时代，2000（3）：30-32.
[3] [芬兰]格鲁诺斯．服务市场营销管理[M]．吴晓云，等，译．上海：复旦大学出版社，

1998.
[4] [美]菲利普·科特勒. 营销管理[M]. 梅汝和，等，译. 上海：上海人民出版社，1997.
[5] 卞赢. 甘家口大厦宣传奖励岗位能手[J]. 中外企业文化：餐饮文化，2009（11）：51-51.
[6] A. Payne. The Essence Of Services Marketing[M]. EnglewoodCliffs, NJ: Prentice-Hall, 1993.

第 8 章

[1] 张立红. 小蓝鲸：用品牌打造未来[J]. 中国商人，2001（11）：24-25.
[2] 王济民. 互联网：餐饮企业全新的、革命性的竞争策略[J]. 中外饭店与餐饮，2002（2）：33-35.
[3] 李雅珍. 保险网络营销与传统营销的整合研究[J]. 数量经济技术经济研究，2002（6）：111-114.
[4] 宋晓蕾. 我国美容美发行业特许连锁经营模式研究[J]. 时代经贸，2010（2）：81-82.
[5] 杨连升. 论餐饮业特许经营与旅游业的发展[J]. 吉林省经济管理干部学院学报，2010（4）：25-29.
[6] 刘慧君. 保险网络营销研究[J]. 中国保险，2010（6）：49-50.
[7] 李伟. 旅游网络营销的功能及其实现策略[J]. 重庆科技学院学报：社会科学版，2011（3）：101-103.
[8] 蒋楠. 对我国经济型连锁酒店网络营销的分析和思考[J]. 中国电子商务，2010（7）：12-12.
[9] 张伟杰. 天津旅游目的地网络营销系统存在的问题及发展对策分析[J]. 价值工程，2011（2）：159-160.
[10] 张旭东. 农产品的 O2O 网络渠道服务正在兴起[J/OL]. http://www.chinavalue.net/Biz/Blog/2013-4-2/965376.aspx.

第 9 章

[1] 宋宁华. 人在旅途有个家[N]. 新民晚报，2000-01-14（18）.
[2] 陈耘. 饮食四大时尚[N]. 国际商报，2002-05-12（12）.
[3] 杨洁. 金融自助服务：全面发展 不断创新[J]. 中国金融电脑，2011（2）：22-23.
[4] 李红. 建立健全图书馆读者服务互动长效机制[J]. 河南图书馆学刊，2008（3）：17-19.
[5] 庞力萍. 餐饮企业个性化服务的对策研究[J]. 浙江教育学院学报，2002（3）：38-42.
[6] 赵艳丰. 餐饮服务营销的 8 大策略[J]. 餐饮世界，2009（1）：16-18.
[7] 成渝. 精在上海[J]. 中国烹饪，2001（6）：16-18.
[8] 熊开达，等. 夫妻联手打造“小天鹅”火锅连锁店[J]. 企业家，2002（12）：10-12.
[9] 袁国华，等. 财务咨询服务机构的营销策略分析[J]. 科技与管理，2009（2）：53-55.

[10] 石章强．个性化服务：不要看上去很美[J]．销售与市场，2013（10）：59-62.

第 10 章

[1] 万夫．定位的学问[J]．镇江学刊，2001（3）：36-36.
[2] 曾菊兵，等．肯德基（KFC）的经营之道[J]．经济时刊，2001（6）：6-11.
[3] 徐华春．中国餐饮业如何面对微利时代的到来？[J]．中外企业家，2002（5）：58-61.
[4] 木易．中华著名风味小吃快餐连锁店[J]．环球市场，2001（7）：46-48.
[5] 王玫紫．航班服务[J]．经营者，2010（13）：80-80.
[6] 李磊．"麦当劳"优惠券中的经济学[J]．改革与开放，2009（6）：28-28.
[7] 张圣忠，等. 基于价值共享的物流服务定价理念与方法[J]. 铁道运输与经济，2007（3）：14-16.
[8] 付华．服务企业怎样利用定价策略培育核心竞争力[J]．甘肃农业，2006（3）：129-129.
[9] 胡常青，黄秋红. 工商部门实行预约服务制度初探[J]. 中国工商管理研究，2008（11）：78-79.

第 11 章

[1] [美]布洛姆斯特姆．饭店业市场营销策略计划[M]．谢慎远，等，译．北京：旅游教育出版社，1992.
[2] 王欣．麦德龙服务营销点子巧[N]．新民晚报，2000-04-28（18）.
[3] 吴平．"黄金宝地"摆餐桌[N]．新民晚报，2000-12-06（3）.
[4] 余洋．价值链再造下的保险营销创新[J]．上海保险，2003（12）：39-41.
[5] 黄梅．中航信拉上国旅总社"抗洋"[N]．青年报，2004-09-25（2）.
[6] 李硕君．多功能服务亭现身居民区[N]．青年报，2004-02-10（7）.
[7] 舒辉，等．基于区域货运枢纽的多功能服务型物流运作模型[J]．现代管理科学，2009（12）：52-54.
[8] 占辉斌．黄山旅游企业合作营销模式研究[J]．黄山学院学报，2009（1）：50-52.

第 12 章

[1] 张玉琢. 国外图书馆个性化特色服务及对我国的启示[J]. 情报探索，2010（7）：105-106.
[2] 本刊．东航承诺赔偿数额开国际先例[J]．品质·文化，2010（9）：10-10.
[3] 梁显力，等．强化管理突出服务特色创建"喜悦房管"[J]．山东房地产，2010（1）：35-35.
[4] 曹祎遐，等．创意餐厅新食尚[J]．上海经济，2010（8）：38-40.
[5] 金志红. 对商业银行基层网点服务环境改善的思考[J]. 经济研究导刊，2010（10）：51-52.
[6] 林建煌. 服务营销与管理[M]. 北京：北京大学出版社，2014.